Génération surdiplômée

Monique Dagnaud
Jean-Laurent Cassely

Génération surdiplômée

Les 20 % qui transforment la France

Odile
Jacob

15, rue Soufflot, 75005 Paris

www.odilejacob.fr

ISBN : 978-2-7381-5402-6

« J'ai reçu la même instruction qu'un enfant issu de la classe supérieure. Nul prince qui puisse faire mieux qu'obtenir des A dans toutes les matières de Stanford et à Cornell. Et même si mon patrimoine familial avoisine zéro dollar, grâce à cette instruction j'appartiendrai toujours à une classe plus haute que Trump ou qui que ce soit de moins éduqué. »

David VANN

Sommaire

INTRODUCTION

Des 1 % (les superriches) aux 20 % (les superdiplômés)

Changer de regard sur la société

Les 20 %, épicentre des sociétés développées

La compétition scolaire, une compétition existentielle

Aucun enfant d'aucun pays moderne n'échappe aujourd'hui à cette fatalité. Perspectives d'insertion professionnelle, d'aisance matérielle, de qualité de vie – en un mot de souveraineté sur son destin – riment avec réussite scolaire[1]. La compétition à ne pas rater, c'est celle qui démarre sur les bancs de l'école – l'école maternelle, précisons. L'objectif est de sortir vingt ans plus tard dans le peloton des personnes qui feront des études supérieures, 45 % des nouvelles générations en France, 48 % aux États-Unis, 52 % au Royaume-Uni. « C'est maintenant un diplôme d'études supérieures qui est devenu la condition minimale d'espoirs permettant l'accès à une vie digne et en sécurité », énonce le sociologue Zygmunt Bauman[2]. En France, 23 % des jeunes accèdent au niveau du master 2 ou plus (14 % master 2, 1 % doctorat, 8 % grande école[3]) soit un peu plus d'un jeune sur cinq (figure 1). Nous retiendrons l'étiage de 20 % pour désigner les plus hauts diplômés, certains masters étant dotés d'une employabilité modeste, et aussi parce que de multiples recherches sur les surdiplômés des pays occidentaux se réfèrent au chiffre de 20 %.

Cette compétition a valeur quasiment existentielle, et au-delà de ses rétributions concrètes en statuts et revenus, elle figure dans l'imaginaire et les représentations. Les films et les médias d'images, dans l'ensemble, puisent chez les 20 % l'essentiel de leurs inspirations : un monde où s'imposent l'aisance culturelle, le voile de légèreté que procure le sentiment de pouvoir choisir sa vie, l'autorité du savoir et le plaisir du langage chatoyant où les mots s'enchaînent et ne se cherchent jamais, la maîtrise du corps et les codes vestimentaires. Même ici la tenue négligée fait l'objet d'une élaboration savante, et tous ces attributs semblent couler d'une source invisible, une sorte de talisman connu de tous, l'éducation supérieure. Dans son roman *Heureuse fin*, l'écrivain espagnol Isaac Rosa suggère de fabriquer des remakes de films connus, de drames sentimentaux et de comédies romantiques dans lesquels les protagonistes appartiendraient aux milieux populaires et auraient des vies aussi épuisantes que la grande majorité des gens. Ces remakes commenceraient comme le film original, emprunteraient les mêmes dialogues et les mêmes situations de départ, puis… le scénario bifurquerait vers des vies qui se crashent ; quelque chose comme : *Quand Harry l'autonome rencontre Sally la smicarde*.

Mark Bovens et Anchrit Wille, politologues aux Pays-Bas, dans leur livre *Diploma Democracy*[4], désignent ainsi les sociétés contemporaines : des démocraties dirigées, pensées et modelées par et pour les diplômés. Cette distribution des individus en fonction des classements scolaires obéit à une loi aussi implacable que jamais affichée, dont on décèle l'empreinte partout : l'emploi que vous occupez, vos revenus, votre lieu de résidence, votre espérance de vie en bonne santé, votre opinion à propos de la globalisation de l'économie et de l'immigration et jusqu'à votre manière de vous alimenter ou aux séries et films que vous regardez dépendent, sinon intégralement, au moins en grande partie, de la durée et de la nature des études que vous avez poursuivies. Vos collègues de travail, vos amis, votre conjoint… vos cercles sociaux les plus lâches comme les plus intimes sont eux aussi les reflets de votre place dans la hiérarchie éducative.

Ce séisme déclenché par la massification des universités a suscité une pléthore d'analyses, qui n'ont cessé de s'affiner et de se recomposer au fil du temps. Parce que le boom universitaire a commencé aux États-Unis, parce que la sociologie outre-Atlantique est moins obsédée par les inégalités sociales que la sociologie européenne, et qu'elle est par contre fascinée par l'exploration des mouvements culturels et des libertés de l'individu, toujours est-il que les retombées de cette révolution ont été abondamment documentées dans les sciences humaines américaines. On observe une première salve d'essais qui tentent de saisir les facettes complexes de cette classe cultivée : ils partent des *Contradictions culturelles du capitalisme* de Daniel Bell[5], de la *new class* d'Alvin Gouldner[6] et de *La Culture du narcissisme* de Christopher Lasch[7] dans les années 1970-1980, et vont jusqu'aux « créatifs culturels » de Paul H. Ray et Sherry R. Anderson[8], puis à la *creative class* de Richard Florida[9] et enfin aux « bobos » de David Brooks[10], essais tous parus à l'aube des années 2000.

Une seconde tranche d'analyses débute en 2017, elle continue à explorer les traits et le positionnement social de ces premiers de la classe, mais ses conclusions prennent un tour particulièrement critique. L'effectif de la classe cultivée a grossi, elle est devenue culturellement et économiquement dominante, elle a généré en son sein le capitalisme numérique, elle s'est drapée dans une posture morale et elle a creusé une vraie distance avec le reste de la société. Ces évolutions sont captées à travers l'*Aspirational Class* d'Elizabeth Currid-Halkett[11], *The Complacent Class* de Tyler Cowen[12] et le livre *Dream Hoarders* de Richard Reeves[13], et bien d'autres essais. Embrayant sur cette littérature sociologique, l'économiste et essayiste britannique David Goodhart[14] a tiré une démonstration magistrale sur le clivage qui sépare les diplômés des autres strates sociales (un guide des analyses effectuées sur cette classe sociale figure en annexe II).

Les *anywhere* et les *somewhere* : le partage des sociétés entre les diplômés et les autres

David Goodhart, à partir de l'exemple anglais, distingue deux catégories de population en fonction de leur mobilité sociale et géographique : les *people of anywhere* – « ceux qui sont de partout » dans la traduction française –, qui sont à l'aise dans la galaxie mondialisée, qui peuvent « faire leur nid » à peu près n'importe où grâce à leur expertise liée à l'économie moderne, garantie par leur diplôme, et sont donc dotés d'une « identité portative » ; et les *people from somewhere* : « ceux qui sont de quelque part » et qui, faute des atouts culturels suffisants, ont les semelles attachées à un territoire, et qui donc se caractérisent par une « identité fixe » s'arc-boutant à défendre un style de vie « local » et se sentent en danger face à l'immigration.

Les premiers ont fait leurs études dans les grandes villes universitaires, travaillent en majorité à Londres, voyagent régulièrement et portent un regard bienveillant sur le monde ouvert, « des cadres BCBG aux universitaires radicaux », souligne Goodhart. À l'opposé, la catégorie de ceux qui sont de quelque part correspond à des populations plus âgées, moins éduquées, plus provinciales, résidant dans les banlieues et les villes industrielles et maritimes : fermier écossais, ouvrier de Newcastle, mère au foyer de Cornouaille, retraités de la classe ouvrière du Nord ou lecteurs du *Daily Mail.* David Goodhart évalue assez précisément les effectifs des « deux clans » en présence en Grande-Bretagne, et plus largement dans l'ensemble des pays occidentaux. Les *anywhere* représenteraient 20 à 25 % des Britanniques, quand les *somewhere*, plus nombreux, seraient environ 50 %.

Plus qu'un découpage sociologique fin, exhaustif et précis de la société, l'opposition schématique et binaire entre les *anywhere* et les *somewhere* décrit une polarisation des parcours de vie, des comportements et des représentations. Pour David Goodhart, la césure entre les deux mondes diplômés du supérieur/non diplômés réorganise la sphère politique, empoussiérant le clivage droite/gauche dessiné par la première révolution industrielle. Si les questions économiques ne disparaissent pas du tableau, un autre clivage vient s'ajouter à la question des inégalités et, dans certaines configurations, l'éclipse : le clivage culturel. « La question de la culture (au sens des valeurs et de l'identité) a pris autant d'importance que la traditionnelle question économique ; autrement dit, la culture "compte" autant que l'argent », écrit-il.

Assez logiquement, les 30 % qui flottent entre les deux clans subissent alternativement l'influence de l'un et de l'autre. Lorsqu'ils penchent vers les *anywhere*, ils élisent Emmanuel Macron ou Barack Obama. S'ils rallient les *somewhere*, le débouché électoral d'une telle alliance ressemble au référendum du Brexit ou à l'accession au pouvoir de Donald Trump.

La littérature aussi s'est emparée de ce thème, doué d'une tension dramatique pour dépeindre les destinées individuelles sur les deux ou trois dernières générations. La Grande-Bretagne fait partie de ces pays dont l'attitude des habitants à l'égard de l'immigration et de l'ouverture à l'étranger suit strictement le sismographe du niveau éducatif. Dans *Le Cœur de l'Angleterre*, plongée douce-amère dans l'histoire d'une famille britannique sur fond de Brexit, Jonathan Coe met en exergue le décalage de perception entre des grands-parents d'origine populaire (le grand-père avait travaillé dans l'industrie automobile) venus de Birmingham et leur petite-fille, docteure en histoire de l'art, qui habite Londres. Lors d'une promenade dans le quartier de Piccadilly le grand-père, Colin, fait remarquer : « Je crois bien que je n'ai pas entendu un seul mot d'anglais sur le trajet » ; et « Sophie (la petite-fille) avait compris que ce qu'il déplorait était précisément ce qu'elle aimait le plus dans cette ville. Ce soir, elle avait déjà entendu du français, de l'italien, de l'allemand, du polonais, de l'ourdou, du bengali et quelques autres langues qu'elle n'identifiait pas. Elle n'était nullement gênée de ne pas comprendre la moitié de ce qui se disait ; cette Babel de voix contribuait à l'effet de brouillage euphorique ; elle était en harmonie avec la rumeur de la ville, le kaléidoscope de couleurs créé par les feux de la circulation, les phares, les feux de position, les lampadaires et les vitrines ; la conscience que des millions de vies distinctes et inconnaissables se croisaient l'espace d'un instant ». Le livre, dans un autre passage, relate l'échange autour du référendum sur le Brexit entre Sophie, devenue enseignante à l'Université, et son fringant mari (elle l'a épousé pour cela), moniteur dans une auto-école. Elle ne supporte pas les discours contre les minorités des Brexiters ni l'exaltation autour de l'identité perdue de l'Angleterre et va probablement voter pour le Remain ; lui évidemment est partisan du Brexit :

« Il y a des choses qui ne t'effleurent même pas ? lance-t-il.

– Qu'est ce qui ne m'effleure pas ?

– La colère que l'on éprouve devant cet air de supériorité morale qui émane de vous autres en permanence. »

Quelques mois plus tard, ils ont entamé « un break », et ne vivent plus ensemble. Elle déclare à une amie qu'ils se sont séparés à cause du Brexit. Comme d'autres couples, précise-t-elle, des conseillères conjugales d'ailleurs se seraient spécialisées dans ce motif de conflit. Toutefois, à la fin du livre, miracle de l'imaginaire du romancier, ils se réconcilient et conçoivent un enfant ensemble, l'enfant du Brexit !

Notons que comme dans *Le Cœur de l'Angleterre*, ce sont les filles qui, dans la période récente, tiennent le haut du pavé des bons diplômes. L'avantage masculin ne demeure que pour certaines filières de sciences fondamentales et pour les écoles d'ingénieurs – 29 % de femmes en France, et encore moins dans les écoles les plus prestigieuses comme Polytechnique ou Centrale, les écoles de management étant parfaitement paritaires (données 2019 de la Conférence des grandes écoles).

Le niveau éducatif, maître étalon des disparités

Les recompositions autour de l'éducation offrent probablement l'angle d'observation le plus pertinent pour comprendre les sociétés contemporaines, en déceler les disparités et les antagonismes, saisir les racines du populisme et décrypter la rancœur populaire contre le monde d'en-haut. En effet, la distance culturelle peut produire des effets particulièrement dévastateurs sur le sentiment de dignité de celui qui est dépourvu de parchemin universitaire de haut niveau. Ce dernier, de fait, délivre une estampille symbolique, l'aura des gagnants du monde nouveau, plus indélébile et plus discriminante que le niveau de revenus. Originaire d'une famille modeste, l'écrivain David Vann ne dit pas autre chose : « J'ai reçu la même instruction qu'un enfant issu de la classe supérieure. Nul prince qui puisse faire mieux qu'obtenir des A dans toutes les matières de Stanford et à Cornell. Et même si mon patrimoine familial avoisine zéro dollar, grâce à cette instruction j'appartiendrai toujours à une classe plus haute que Trump ou qui que ce soit de moins éduqué[15]. »

Le passage par l'université importe non seulement par les connaissances qu'on y acquiert, mais aussi par l'expérience intime qu'elle prodigue. La vie de campus est en elle-même une phase initiatique. Sas entre la formation initiale et le monde professionnel, elle constitue une période privilégiée pour la réflexivité et la maturation des choix de vie. Elle aiguise l'esprit de liberté et ce d'autant plus que sa finalité, l'obtention d'un diplôme, en offre la clé. Elle stimule la curiosité, favorise l'apprentissage du discours critique[16], fertilise l'imagination dans le sens où les échanges intellectuels et les connaissances dispensées aident à s'échapper de la rationalité des organisations modernes[17], ouvre à une multiplicité d'activités artistiques, culturelles ou sportives, offre un creuset pour des rencontres entre individus venus de tous horizons, encourage les séjours à l'étranger et la maîtrise de langues. En d'autres mots, l'expérience étudiante familiarise avec un monde sans frontières, ni géographiques ni mentales, cette *Bildung* cosmopolite que décrit Vincenzo Cieccelli[18] dans un livre consacré au programme Erasmus.

L'expérience universitaire *surtout si elle est longue* induit une façon d'être, adaptée évidemment selon chacun et les parcours personnels. Ces dispositions atteignent un point d'orgue et sont encore davantage sophistiquées pour les formations dites d'excellence, dont le diplôme offre un viatique en or pour la vie. La France, en la matière, est réputée pour détenir la palme du classement précoce des individus par l'école[19], alors que d'autres sociétés européennes paraiss(ai)ent plus ouvertes, comme le Royaume-Uni ou l'Allemagne. Cependant le poids décisif des diplômes du supérieur prend aujourd'hui une envergure universelle et atteint toutes les sociétés développées, y compris aux États-Unis où flottait un rêve à puissance magnétique : la réussite promise au mérite quel qu'il soit. Or l'*American dream* n'emprunte plus qu'une seule trajectoire, celle des *colleges* de l'Ivy League, une destination perçue comme une Babylone lointaine et inaccessible pour une majorité de la population.

Faites-vous partie des 20 % ?

En France, une nouvelle hiérarchie éducative s'est mise en place, en toute discrétion, depuis l'entrée dans le XXIe siècle. Il existe un prolétariat culturel, celui des tout juste bacheliers et de ceux qui ne disposent même pas du bac : la mise en avant des 80 % de réussite au diplôme encore considéré comme le pivot de la scolarité française est une construction narrative qui ne dupe plus grand-monde. Ce chiffre n'existe que par la création depuis les années 1990 des filières de bac professionnel ou bac technique. Or chacun sait que dans la France contemporaine, le niveau bac (toutes filières confondues) ne garantit aucune employabilité et octroie à ses détenteurs le seul droit de poursuivre la partie pendant quelques années supplémentaires. Le bac sert donc surtout de marche-pied pour des études supérieures, et son absence se révèle tristement pénalisante pour la suite de la vie d'un jeune. Or, contre une idée reçue fort répandue au sein des cercles cultivés, la part des jeunes Français dont le bac est le niveau de diplôme le plus élevé forme encore aujourd'hui la courte majorité d'une génération : 13 % de sans diplôme, 10 % de CAP et formation professionnelle courte et 32 % de juste bacheliers (figure 1).

Figure 1. Le plus haut niveau de diplôme obtenu à l'issue de la formation initiale

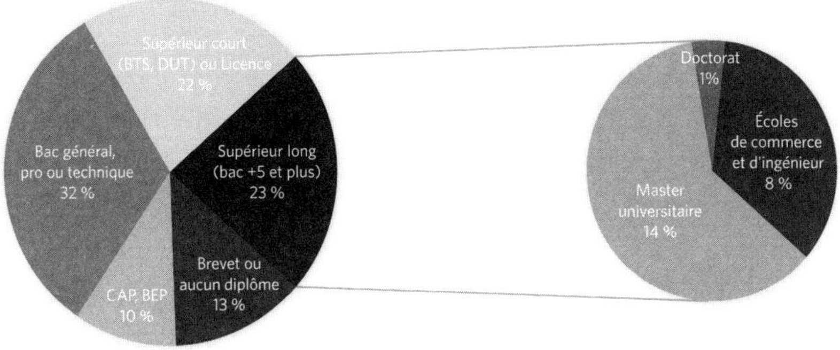

Source : Repères et références statistiques sur les enseignements, la formation et la recherche; rapport 2019 (données 2016).

Au-dessus du bac, une classe moyenne de l'éducation supérieure, celle des formations techniques dites courtes de niveau bac +2 et des licences, représente 22 % des nouvelles générations (figure 1). Les filières techniques courtes ont produit un peu plus de 183 000 nouveaux diplômés pour l'année universitaire 2017. À peine au-dessus en nombre d'années d'études supérieures, mais moins directement insérables sur le marché du travail, les titulaires d'une licence sont à leur tour 187 000 en 2017 (figure 2).

Au cran supérieur, une classe privilégiée composée des diplômés de niveau bac +5 et plus se dégage. Ses effectifs représentent désormais environ 20 % d'une génération, et cet ouvrage leur est consacré. Arrivés à cet étage, nous sommes déjà proches du sommet mais, dans le détail, ces 20 % peuvent se décomposer en au moins trois sous-ensembles :

LES MASTERS UNIVERSITAIRES

Le premier ensemble est constitué des détenteurs d'un master obtenu à l'issue d'un parcours universitaire en lettres, économie-gestion, en droit, en sciences dures ou dans des disciplines moins courues enseignées à l'université : ils sont 131 000 en 2017 (figure 2).

LES DIPLÔMÉS DES « PETITES GRANDES ÉCOLES » ET DES ÉCOLES POST-BAC

Pour l'année 2017, le ministère de l'Enseignement supérieur recensait, tous niveaux confondus, un peu plus de 175 000 étudiants inscrits dans les « écoles » de commerce, gestion, comptabilité et vente, et 129 000 inscrits dans les formations d'ingénieur en 2017. Tous n'accèdent pas aux niveaux les plus prestigieux de qualification, mais ces effectifs sont à mettre en regard des 1,6 million d'étudiants inscrits à tout moment à l'université (figure 3).

Fruit d'une histoire éducative ancienne, qui plonge dans les racines de l'élitisme républicain, l'expression de « grandes écoles » est quelque peu trompeuse. Peu de gens ont conscience que, depuis les années 2010, l'équivalent de la population de la ville de Cannes ou de La Rochelle sort diplômée chaque année d'une école de commerce ou d'ingénieur, soit quelque 80 000 personnes. C'est un triplement des effectifs par rapport aux années 1980, décennie durant laquelle « seuls » 28 000 heureux élus sortaient titulaires d'un diplôme d'une de ces grandes écoles.

En d'autres termes, le sommet de la pyramide s'est élargi, et l'élite scolaire s'est massifiée. La démocratisation des études ne s'est donc pas arrêtée au bac, elle s'est répandue jusqu'au niveau des écoles. Évidemment, toute démocratisation scolaire se paie d'une diminution de la valeur du diplôme, et depuis une vingtaine d'années des filières privées dites « post-bac », parce qu'elles recrutent sans passage par les classes préparatoires, ont considérablement élargi la famille des écoles. À côté des très grandes écoles qui couronnent le système scolaire français depuis des décennies, parfois même depuis des siècles (L'École des mines a été créée en 1783 et Polytechnique en 1795), on trouve des établissements, plus ou moins réputés, qui enseignent pour certains les sciences de l'ingénieur ou du management mais aussi pour d'autres des spécialités de l'ère de l'information (numérique, design, communication, marketing, journalisme) et dont le nombre a lui aussi explosé. La Conférence des grandes écoles (CGE), association créée en 1973 et qui se présente comme un *think tank*, rassemble 229 écoles en France, et accorde son label à un nombre d'institutions bien plus vaste que ce que le public moyen associe à une « grande école » : les statistiques qu'elle établit chaque année sur les dites « grandes écoles », et qui constituent une sorte de trombinoscope du milieu, brouillent un peu la lisibilité du phénomène « grande école ». De cet ensemble, il faut donc tenter d'extraire la crème de la crème de la hiérarchie éducative, les très grandes écoles.

LES DIPLÔMÉS DES TRÈS GRANDES ÉCOLES POST-PRÉPA

Les très grandes écoles sélectionnent une sorte d'aristocratie au sein d'un conglomérat plus large de diplômés. Leur liste est assez courte, et sa délimitation sujette à discussion : ENA, Sciences Po Paris, écoles de commerce comme HEC, Essec, ESCP Europe ; grandes écoles d'ingénieurs dédiées historiquement à la formation des corps spécialisés d'État comme Polytechnique, les Mines, Centrale, les Ponts et Chaussées, les Eaux et Forêts, les Télécoms, etc. et l'École normale supérieure. Leur recrutement s'opère traditionnellement par un concours hautement sélectif, préparé dans une classe préparatoire aux grandes écoles (CPGE) – environ 42 000 nouveaux élèves entrent dans une CPGE chaque année[20]. Mais dans une période récente, ces écoles ont ouvert quelques couloirs étroits d'accès en dehors du concours classique, par des passerelles avec l'université. Surtout, un numerus clausus entretient cette rareté : quelque 80 étudiants dans une promotion de l'ENA (concours interne et concours externe), quelque 420 étudiants pour Polytechnique, près de 900 à Centrale-Supélec, autour de 400 étudiants pour HEC, et pour l'Essec aussi. Environ une dizaine de milliers d'étudiants sont diplômés annuellement dans ce sérail* – nombre d'entre eux, loin de se contenter d'un seul diplôme, enrichiront leur cursus d'un parchemin supplémentaire obtenu dans une école d'application ou une autre grande école, en France ou à l'étranger – parfois en fréquentant une des universités du réseau Ivy League américain.

---

* Chiffre à manier avec précaution en raison du caractère fragile et évolutif de la notion de très grande école.

Figure 2. Diplômes délivrés dans l'enseignement supérieur en 2017 (en milliers)

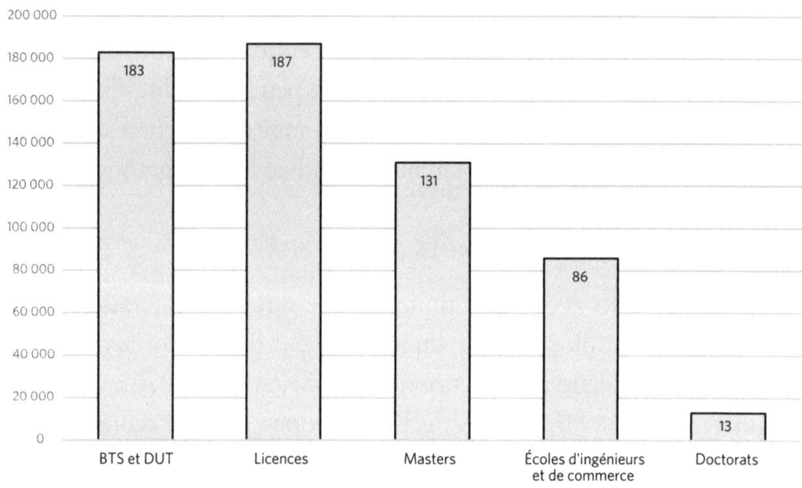

Sources : Ministère de l'Éducation nationale.

Figure 3. Étudiants inscrits dans l'enseignement supérieur en 2017 (en milliers)

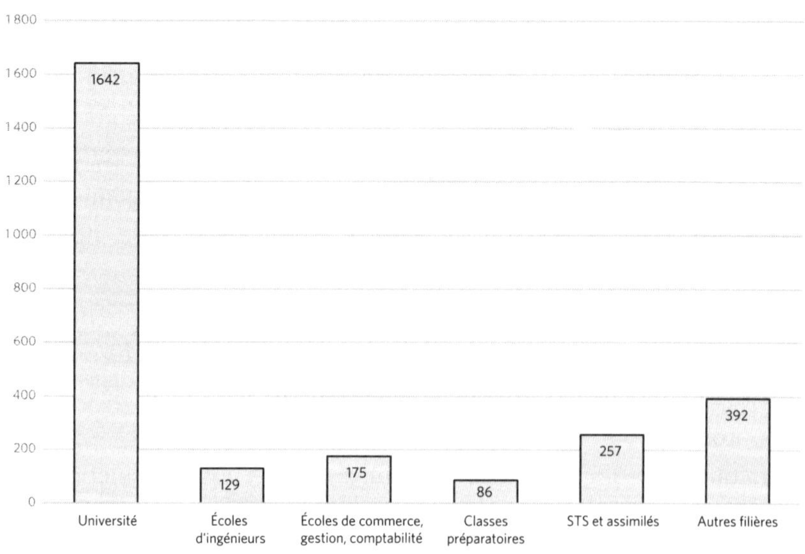

Sources : Ministère de l'Éducation nationale.

Les 20 % : une société dans la société

Paradoxe de la révolution éducative : le nombre de superdiplômés* est devenu suffisamment important pour que ces vainqueurs de la compétition scolaire forment « un monde en soi », sans d'ailleurs qu'ils aient consciemment choisi cet enfermement, l'ouverture culturelle étant plutôt l'empreinte que laisse un cursus universitaire long. À la fin des années 2000, Emmanuel Todd[21] constate qu'alors que les études supérieures ont été réservées à une infime minorité dans la France noble puis bourgeoise, le fait qu'une bonne proportion[22] d'une génération accède à celles-ci donne au groupe des éduqués supérieurs un caractère massif inédit, et autorise à parler de l'apparente contradiction d'une « élite de masse » dont l'unité de décompte n'est plus le millier, mais la centaine de milliers, voire le million. « Le monde de ceux qui sont de "partout" (les *anywhere*), fait de mobilité géographique et souvent sociale, d'éducation supérieure et de belles carrières, était jadis la chasse gardée d'une petite élite ; il est devenu un phénomène généralisé, quoique pas universel », complète dans le même sens le Britannique David Goodhart.

Tout le paradoxe est que la véritable élite était, par son étroitesse même et sa vie radicalement différente du commun des citoyens, contrainte de se préoccuper des masses, ne serait-ce que pour les garder à l'œil et les discipliner. Mais lorsque l'élite devient elle-même une masse, se développe un phénomène d'enclavement involontaire et non formulé, que renforce la concentration spatiale de ces diplômés : « Pour la première fois, les "éduqués supérieurs" peuvent vivre entre eux, produire et consommer leur propre culture », souligne Emmanuel Todd. Ce repli sur soi, et cette capacité à faire prospérer en son sein un mode de vie, des goûts et des opinions propres

* Au fil du texte, nous emploierons des termes proches comme « superdiplômés », « surdiplômés » voire « hyperdiplômés » ou « hauts diplômés ». Notre intention est d'établir une distinction entre l'ensemble des diplômés du supérieur, dont les effectifs sont massifs dans les jeunes générations et dont le statut n'a plus rien de privilégié, et la strate des plus titrés scolairement, dont le destin est sensiblement différent.

et un système de valeurs et de représentations original aboutissent à ce que Jérôme Fourquet, dans son livre *L'Archipel français*, désigne comme la sécession des élites[23]. Celles-ci, au final, ne se soucieraient que d'elles-mêmes. Il argumente sur cette rupture des élites éduquées face aux autres couches sociales en pointant plusieurs aspects : leurs choix résidentiels (la gentrification des grands centres urbains), leurs pratiques éducatives (l'obsession éducative à l'égard des enfants, avec un recours important aux institutions scolaires privées), la disparition de la mixité dans beaucoup de secteurs (les adhérents et les électeurs des partis de gauche appartiennent de plus en plus au monde des cadres et des professions intellectuelles, et chez ces derniers, les loisirs sont de plus en plus privés et culturellement sélectifs) et leurs idéologies. Notamment, il remarque le recul du sentiment d'appartenance nationale chez les classes supérieures et l'importance du paramètre « niveau de diplôme » qui, dans les sondages, départage les avis et les croyances sur pléthore de sujets et de pratiques. *Last but not least*, il cite la désinhibition des élites économiques à l'égard de l'exil fiscal. À la mi-mars 2020, la crise sanitaire du coronavirus a fourni une illustration inattendue de cette sécession : plus mobiles grâce à la pratique du télétravail, pouvant financièrement assurer plusieurs semaines de location de vacances ou trouver refuge dans une résidence familiale, une part des membres des classes diplômées ont pu vivre leur confinement dans un relatif confort par rapport aux populations contraintes de rester dans les grandes agglomérations en raison de leur emploi ou par manque de moyens[24].

Le postulat d'une échappée belle des élites éducatives à l'égard du reste de la société résonne avec une certaine pertinence. En effet les surdiplômés sont unis par de nombreux liens qui cimentent un ensemble social cohérent et les incitent à des pratiques solidaires. Ils travaillent dans les mêmes entités de l'économie globalisée et se fréquentent lors de leurs loisirs. Ils se reconnaissent entre eux à mille signes. La fluidité oratoire : l'art de la communication est crucial dans l'exercice du pouvoir et les activités intellectuelles. Des goûts : de l'écrit aux industries de l'image, ils sont omnivores de culture et de connaissances, l'anglais est leur esperanto, ils circulent sans encombre entre de multiples halos culturels et apprécient les métissages. Des styles de consommation : de l'alimentation de qualité, des services à domicile pour le bien-être et pour gagner du temps, aux nouveaux moyens (vélo et trottinettes diverses) de la mobilité urbaine. Et pourtant…

Les 20 % constituent-ils un monde en soi, au sein de la population française ? Nous avons voulu explorer le postulat de sécession de la classe culturelle, ou plutôt de son échappée belle à l'égard du reste de la société – terme préférable car il implique qu'il ne s'agit pas d'un acte volontaire –, en menant une enquête approfondie. Celle-ci comporte une dimension quantitative (sondage effectué par l'Ifop auprès d'une population représentative de Français et d'un suréchantillon de 350 diplômés de niveau bac +5) et un volet qualitatif fondé sur une quarantaine d'interviews biographiques et une exploration de lieux fétiches où certains d'entre eux travaillent comme les espaces de coworking et les start-up. Notre projet était de vérifier, confirmer ou nuancer cette impression d'homogénéité endogène et de distance, d'indifférence, voire de retrait vis-à-vis des autres couches sociales. Cette enquête porte sur les 25-40 ans, ce qui introduit une dimension générationnelle dans la réflexion puisque jamais les nouveaux venus sur le marché du travail n'ont été aussi diplômés, et permet de se projeter vers le futur. Les détails de l'enquête figurent en annexe I.

Nous avions l'intuition que ces 20 % forment un archipel composé d'îlots relativement distincts plutôt qu'une île d'un seul bloc. En effet, l'usage permanent et sans précaution du mot élite pour nommer communément ce vaste territoire des gagnants du système scolaire perturbe la réflexion, et parfois l'opacifie complètement. Nous éviterons nous-mêmes le plus possible d'utiliser le terme élite isolément, sans plus de spécification. Il occulte un fait essentiel : les positionnements des différents segments des 20 % à l'égard du pouvoir et de la décision sociale, et leurs visées idéologiques, varient sensiblement. Cet ensemble réunit des dirigeants, qui fixent des orientations à la société, une classe de professionnels et de managers, et des cadres qui malgré leur bon niveau de formation côtoient des couches moyennes par leurs revenus et leur inscription sociale. Certains suivent des trajectoires ascendantes dans les grandes organisations modernes, d'autres sont tournés d'abord vers l'expertise et les fonctions intellectuelles (groupe que les sciences humaines anglo-saxonnes englobent dans la *professional managerial class*), d'autres se veulent des acteurs professionnalisés du changement culturel et social. Nous proposons un autre postulat, qui organise la réflexion conduite au fil de ce livre : les 20 %, certes, constituent bien un univers en soi au sein des sociétés développées, mais ils sont traversés par de multiples tensions internes, autour du clivage idéologique qui oppose un establishment solidement arrimé à ses prérogatives de classe et un bloc rebelle en recherche de nouvelles solidarités et de formes sociales innovantes. Autrement dit, les 20 % forment une minisociété aux traits composites, avec ses gardiens du temple et ses contestataires.

Pourquoi étudier les 20 % ?

Les 1 % au cœur des représentations politiques

En 2011, en occupant de septembre à novembre le Zuccotti Park dans le quartier de la finance au sud de Manhattan, des étudiants et des précaires ont créé un choc électrique aux États-Unis en forçant le débat sur le creusement des inégalités. Ils visaient une cible emblématique : les 1 % les plus riches, dont l'accumulation spectaculaire de richesses était le fruit du capitalisme débridé activé par Wall Street (les entrepreneurs du Net étaient moins riches qu'aujourd'hui et pouvaient encore s'abriter sous l'aura de la révolution technologique). Pour ces militants, les gouvernants s'étaient disqualifiés par leur impuissance à réguler la finance. Plus, ces derniers étaient suspectés de connivence avec elle : ainsi à l'époque, deux Américains sur trois pensaient que Barack Obama en faisait trop pour les riches.

Occupy Wall Street a passionné l'Amérique et même au-delà. De fait, la protestation a fédéré la colère de nombreux segments de la société américaine et, pour cette raison, l'écho qu'elle a reçu dans les médias a été amplifié de manière surdimensionnée par rapport à la taille des troupes sur le terrain, en vérité seulement quelques centaines de tentes habitées. « Mesuré en nombre de mots par mètre carré de pelouse occupée, Zuccotti Park constitue sans aucun doute l'un des lieux les plus scrutés de l'histoire du journalisme », affirmait, narquois, l'essayiste Thomas Frank[25] à propos de cette mobilisation glamour de la nouvelle gauche.

Symboliquement, Occupy Wall Street a fait tomber le rideau sur le rêve américain encore chanté il n'y a pas si longtemps avant la crise de 2008. Si les tentes furent démontées dès les premières neiges et l'intervention de la police, l'indignation à l'égard des 1 % les plus riches est demeurée gravée dans la mémoire contemporaine : elle incarne la révolte contre les dérèglements du capitalisme. Le slogan contre les 1 % est chargé de la même puissance de résonance que la référence aux 200 familles dans les années 1930, familles dont on pensait qu'elles dirigeaient l'économie française. Certes, on peut prendre le sujet par divers angles, mais le constat est difficilement réfutable : on assiste à une croissance accélérée des revenus (du travail et surtout du capital acquis ou hérité) pour les riches, une sorte d'aspiration des ressources monétaires par le haut de la pyramide sociale, et ceci selon un rythme qui va crescendo à partir du dernier décile des revenus et qui explose littéralement à partir des 1 %.

La mobilisation par Occupy Wall Street[26] était appuyée ainsi par un appareillage statistique sur les revenus qui lui insufflait une crédibilité. Le mouvement, pourtant, n'était pas accompagné d'un projet politique clair, au-delà de quelques pistes issues de la mouvance écologiste – rompre avec la croissance – ou altermondialiste – se débarrasser de la finance. La loyauté de ces protestataires allait vers la démocratie participative et l'exemplarité des comportements, à des années-lumière de la scène politique classique. Elle s'est traduite par un vote massif des jeunes en faveur de Bernie Sanders lors des primaires démocrates de 2016 et un affaiblissement de Hillary Clinton – elle-même incarnant une gauche en collusion avec Wall Street. Finalement, par des chemins complexes et indirects où le mécontentement populaire a pesé fortement, Donald Trump a été élu président des États-Unis… La question des 1 % et du capitalisme en roue libre, associée aujourd'hui à l'image dégradée des milliardaires de la Silicon Valley, demeure patente dans le débat politique américain et rejaillit sur notre propre appréhension des inégalités sociales.

Le thème des 1 % galvanise le sentiment d'injustice. Il nourrit un imaginaire dans tout le monde occidental et son efficacité est d'abord d'ordre politique. Il est devenu médiatiquement périlleux de chercher des circonstances atténuantes à Carlos Ghosn, l'ancien patron du groupe Renault-Nissan devenu la risée des internautes après sa fuite du Japon où il était maintenu en résidence surveillée avec interdiction de quitter le territoire. Certes, les membres de la caste du 1 % souvent n'inspirent guère de sympathie, mais l'insistance avec laquelle une partie de la classe intellectuelle y revient rituellement, en en faisant son point de focalisation exclusif et parfois obsessionnel, a quelque chose de prévisible à l'excès : la critique du 1 % est en passe de devenir un poncif inoffensif qui, si l'on ose l'image, s'est démonétisé idéologiquement à force d'être employé à tort et à travers.

S'ils ont indéniablement gagné leur autonomie, et même acté leur sécession en se soustrayant pour certains au jugement des hommes, les membres de la caste du 1 % ne forment pourtant pas une classe-modèle. Qui a envie de vivre comme Donald Trump, sorte de caricature d'une oligarchie dont la limousine, la *trophy wife* et le penthouse de marbre et de dorures paraissent tout droit sortis de *Dallas*, la série américaine culte des années 1980 ? La représentation des ultrariches est souvent caricaturale, confondue avec celle des stars du cinéma ou du sport qui ne constituent pourtant qu'une maigre sous-catégorie des personnes fortunées. D'ailleurs, leur style de vie réel est mal connu. En France, les vacances sur des yachts, les hôtels particuliers et la sociabilité dans des cercles inaccessibles au commun des mortels sont certes toujours d'actualité au sein des « ghettos du gotha » étudiés par les Pinçon-Charlot. Mais à l'heure où les biens ostensibles comme les Porsche ou les cabriolets Alfa Romeo, les vêtements de marque ou les montres griffées fascinent une partie de la jeunesse éloignée de l'accès à la société de consommation, une fraction importante des « vrais » riches se glissent dans une neutralité vestimentaire, pratiquent une discrétion de bon ton et se tournent vers des consommations immatérielles ou culturelles. Selon Elizabeth Currid-Halkett, auteure d'une enquête sur les modes de vie et les goûts des nouvelles classes éduquées américaines, « l'obsession médiatique pour la vie extravagante des élites financières, des oligarques et des ploutocrates nous distrait de problèmes bien plus urgents en termes de stratification culturelle, sociale et économique. La vie des superriches a beau être intéressante, ces gens ont toujours existé et ils n'ont pas une influence déterminante sur la plupart des dimensions de nos vies[27] ».

Entre le 1 % qui s'envole et la classe moyenne qui s'étiole : l'émergence des 20 %

Les élites culturelles, en revanche, sont bien plus nombreuses. Si elles ne font pas toutes partie des 1 % d'ultrariches, loin de là, « elles vivent dans un univers culturel totalement distinct et beaucoup plus privilégié que presque tous les autres », poursuit la sociologue américaine. Ce sont elles qui fixent les normes de la société. Plutôt que d'acheter des cuillères en argent et de consacrer son temps libre aux mondanités, comme le faisait la bourgeoisie industrielle étudiée un siècle plus tôt par le sociologue de la consommation Thorstein Veblen, la bourgeoisie du XXIe siècle s'éduque, travaille, investit dans l'éducation de ses enfants, soigne son alimentation, sa santé et sa forme physique et fournit un modèle socioculturel bien plus désirable et puissant que celui, à la limite de la vulgarité, des fortunés du 1 %. Tragiquement, au même moment, la classe moyenne, souligne la sociologue, autrement dit la classe pivot du rêve américain et occidental, s'est enfermée dans une quête matérialiste de maintien d'un mode de vie centré sur la maison individuelle, la voiture et la consommation ostensible, au détriment de ce qui est considéré (par les privilégiés) comme une rareté : la qualité de l'éducation et l'approfondissement du savoir, et plus encore la maîtrise du temps et la capacité de l'employer au mieux pour façonner sa vie à son image.

Ce qui fait rêver, ou du moins ce qui fournit un modèle, ce n'est donc pas la vie des superriches, mais celle des habitants éduqués et mobiles des grandes villes, qui s'expriment partout et que l'on sonde à propos de tout et de n'importe quoi. Par là, ces derniers recèlent une position d'autorité, car leurs conditions de vie et de travail semblent infiniment plus épanouissantes et intellectuellement gratifiantes que la moyenne.

Quel que soit le nom dont on l'affuble, *new class*, *creative class*, *aspirational class*, créatifs culturels ou *professional managerial class* dans les écrits universitaires nord-américains, *anywhere*, bobos, catégories supérieures ou CSP+ parmi les essayistes ou dans les tribunes des médias, cette population des 20 % les plus éduqués de nos sociétés dispose des cartes et de la boussole pour forger son mode d'existence, changer, progresser, évoluer, bouger, expérimenter*. Elle bénéficie d'une marge de manœuvre personnelle très supérieure à celle de ses congénères. La classe visible, celle qui envahit les médias et l'espace public, et entend imposer sa philosophie du monde, c'est elle. Elle lance des start-up, elle innove dans le management, elle *disrupte* à tout va. Plus captivant : la classe culturelle, à l'heure de l'obsolescence programmée et des dérèglements climatiques, se pose, par ses comportements et plus encore par sa rhétorique, comme un

* Voir le tableau des auteurs et des définitions de la *new class* en annexe II.

parangon de vertu pour affronter les défis du futur. Pour cela on la regarde, on se compare à elle et, quand elle ne séduit pas, elle irrite ou met franchement en colère.

Autre fin décrypteur de la nouvelle structure sociale des sociétés occidentales, l'économiste britannique exilé aux États-Unis Richard V. Reeves considère que « la fracture la plus importante de la société américaine [se situe entre] les classes moyennes supérieures, définies comme le premier cinquième de la société, et le reste[28] ». Ces classes moyennes supérieures américaines sont plus riches, plus cultivées, plus compétitives, plus minces, plus sportives, plus décontractées que le reste de la société. En usant de leur aisance pour faire de leurs enfants de futurs champions scolaires, en faisant jouer leur carnet d'adresses pour leur trouver ensuite des stages dans de prestigieuses entreprises de finance, de conseil ou de média, en bloquant l'accès aux meilleurs quartiers par des politiques restrictives, ces 20 % ont « confisqué le rêve américain » à leur profit, accuse Reeves. Il énonce d'ailleurs la contradiction à laquelle il est lui-même confronté : « Certains d'entre nous [...] ressentons déjà un degré de dissonance cognitive à propos des avantages qui s'accumulent pour nos propres enfants, en comparaison des opportunités réduites qui subsistent pour les autres », assène-t-il. C'est ce que résume parfaitement un journaliste, cité par l'auteur, à propos de la double conscience de la classe cultivée : « Je passe mes semaines à dénoncer la question des inégalités et je passe mes soirées et mes week-ends à les renforcer. »

Pour Elizabeth Currid-Halkett, le paradoxe est qu'en passant des ressources économiques au capital culturel, la nouvelle compétition sociale permet aux plus privilégiés culturellement la reproduction de leur statut social plus et mieux qu'aucune accumulation d'argent ne le ferait. Cette lecture du monde social suppose donc un changement de perspective : pour la plupart des auteurs mentionnés, l'homogénéité des 20 % est plus culturelle qu'économique. Autrement dit, la population des 20 % les plus avantagés culturellement (les plus diplômés) ne recoupe qu'imparfaitement celle des 20 % les plus riches, même si l'intersection entre les deux groupes rassemble une majorité de chacun des deux clans.

Si le clivage culturel est plus apparent que jamais, la dimension financière n'a évidemment pas disparu de l'équation. Tout le monde est de nos jours au courant de l'existence du 1 % de superriches, en revanche peu ont une image claire de leurs représentants, qui n'arborent pas tous des pulls de cachemire saumon lors de week-ends de golf à Deauville. Selon l'économiste Thomas Piketty, les 1 % sont d'abord des salariés : leurs revenus dépendent à près de 80 % des salaires. Ce n'est que lorsqu'on s'élève dans le club très fermé des 0,1 % (le millime), voire dans le 0,01 % (le dix-millime), que l'on rencontre de véritables rentiers[29]. En redescendant cette fois l'échelle de la richesse en sens inverse, on découvre avec Piketty qu'en France, le XXe siècle a donné naissance à « une classe moyenne patrimoniale », c'est-à-dire à une généreuse proportion de 10 % de citoyens qui disposent d'un patrimoine d'environ 750 000 euros. Or, et la situation se complique, les plus riches sont aussi de nos jours les plus diplômés et donc les mieux rémunérés pour leur travail. Thomas Piketty montre que la France est passée d'une société de rentiers à une société de supercadres, c'est-à-dire d'une société dans laquelle les riches gagnaient de l'argent sans rien faire (grâce aux revenus de leur capital) à une société dans laquelle ils sont cadres dirigeants ou à la tête des entreprises les plus prospères, cumulant de ce fait salaires et patrimoine en un cercle vertueux de réussite sociale et de pouvoir.

Cette distinction a son importance. Si vous n'avez probablement jamais trinqué au champagne avec un membre du 0,01 %, puisqu'il faudrait pour cela que Bill Gates vous invite sur son yacht à hydrogène, en revanche il est probable, lorsqu'on évolue dans le cercle des élites culturelles, de tomber sur des semblables dont le patrimoine avoisine 2 millions d'euros, ce qui les range automatiquement dans la tranche des 1 % les plus riches (plus exactement, le montant moyen du patrimoine des 1 % de plus riches est en France de 1 941 600 euros, soit l'équivalent de deux appartements de 80 mètres carrés situés dans un bon quartier parisien). Quant aux 10 % de ménages les plus dotés en patrimoine, ils disposaient en 2019 selon l'Insee de 607 700 euros d'actifs en moyenne[30], 70 % de ce montant étant composé de patrimoine immobilier. Si vous connaissez un couple de Parisiens propriétaire d'un 60 mètres carrés dans un ancien quartier populaire comme le Xe arrondissement, alors vous connaissez un membre des 10 % les plus riches de France... Et vous connaissez probablement dans votre entourage quelqu'un qui gagne au moins 3 700 euros nets par mois (pour une personne seule). Autrement dit, vous êtes l'ami, le conjoint, le parent ou le collègue d'un membre des 10 % les plus aisés.

Certes, ces chiffres concernent l'ensemble de la population et non les jeunes générations de superdiplômés sur lesquels porte notre étude, et dont une fraction est désormais victime d'un phénomène inédit de déclassement social. C'est ici qu'entre en jeu la question, jugée cruciale par nombre de spécialistes des inégalités, de l'héritage : les dimensions économiques et financières d'une part, culturelles et éducatives d'autre part, sont donc enchevêtrées.

Élite dirigeante, sous-élite et alter-élite : l'archipel des premiers de la classe

L'île des premiers de la classe est un petit archipel dont nous proposons d'explorer les îlots. Si l'on soustrait l'élite dirigeante traditionnelle, issue elle aussi des institutions d'excellence, mais aux traits maintes fois étudiés et sur laquelle nous nous attarderons donc peu dans ce livre, et si l'on met de côté les métiers traditionnels de l'encadrement économique et culturel, eux aussi bien connus, on découvre la faune des nouveaux métiers. C'est sur eux que nous porterons notre focale : le consultant en innovation financière de la Défense qui réside au Vésinet, le *data scientist* du Grand Lyon, le CEO* de start-up incubé sur le campus d'HEC, le podcasteur de Montreuil, la chargée d'*UX design* de site de e-commerce basée à Paris ou le consultant en urbanisme nantais ne se ressemblent ni par leurs comptes en banque, ni même par leurs votes. Tous néanmoins résident, au moins ponctuellement, au cœur des métropoles pour accéder aux bonnes opportunités professionnelles, nourrir leurs réseaux et peuvent partager un certain nombre de modes de travail communs (outils numériques, mode projet, télétravail, coworking), de références culturelles (comme les séries en V. O. ou la restauration créative et cosmopolite), de loisirs (les voyages et les tours du monde, le culte du sport et des activités de bien-être comme le yoga) et plus largement un éventail de codes culturels et sociaux acquis lors de leurs études et de leurs expériences dans les entreprises. Ils sont unis par un esprit compétitif opérant comme une seconde nature, même dans leurs tentatives de ralentir ou de faire autrement, ce qui n'est pas le moindre de leurs paradoxes. Enfin, dans le cadre du travail comme dans la vie privée, les membres de ces fractions de premiers de la classe se côtoient et se fréquentent, se complétant plus qu'ils ne s'opposent.

Pour rendre compte de cette diversité relative, nous proposerons de scinder les différents segments en deux sous-familles : la sous-élite et l'alter-élite. D'un côté, un pôle défendant l'innovation technique, économique et entrepreneuriale, de l'autre un courant alternatif qui partage certaines valeurs du premier clan (comme l'ouverture et le goût de l'expérimentation) mais propage une innovation d'essence plus culturelle, au service d'un changement de société. En d'autres termes, la haute société éducative est aujourd'hui arrivée à maturité au point d'avoir inventé non seulement un nouveau modèle de « premiers de cordée », sorte de techno-élite contemporaine, mais également une alternative socioculturelle elle-même culturellement homogène : une alter-élite ou contre-élite, qui propose sa propre

* Sigle de *chief executive officer*, équivalent dans l'organigramme des start-up d'un directeur général.

vision de la réussite sociale, selon sa propre échelle de succès, dans laquelle l'excellence peut être plus morale ou socioculturelle que strictement financière. De nos jours, les 20 % donnent le cap du nouveau monde économique, mais c'est également en leur sein que s'invente le monde d'après, raccourci médiatique employé pour désigner les utopies de rechange au libéralisme et à la société de marché dans la France post-Covid.

Tout en haut de cette nouvelle stratification, l'élite techno-économique est composée des fondateurs de start-up, des ingénieurs et des consultants qui renouvellent le monde économique avec leurs concepts, leurs algorithmes et leurs modèles managériaux innovants. C'est en son sein que les opportunités de carrière sont les plus lucratives et qu'il est possible de tutoyer le sommet des 1 %. Cette famille fait figure de relais entre l'ancienne génération des élites technocratiques et bureaucratiques, celle issue de l'ENA et du CAC40, et la nouvelle, celle de la French Tech et du capital-risque. Une espèce moins directement concernée par l'innovation, sorte de sous-élite, lui sert de renfort et l'accompagne dans ses aventures entrepreneuriales, espérant récupérer une partie de la valeur créée sur ces nouveaux marchés. C'est également parmi les hauts diplômés que se recrute de nos jours une proportion non négligeable de ceux qui font figure de contre-modèles générationnels, comme les artisans à la mode ayant suivi une reconversion, les humoristes qui séduisent un public éclairé, les intermédiaires culturels créateurs de médias innovants (mooks, podcasts, *pure players* de l'information…), les entrepreneurs qui inventent des manières différentes de produire, de consommer, de travailler, de vivre en couple, d'éduquer ses enfants. Dans ces cercles qui essaient d'anticiper sur le monde de demain – innovation culturelle, écologie, *tech for good*, « entreprises à mission », ESS, *civic tech*, etc. – les diplômés mobiles sont partout. Et les lieux de l'alter-innovation, qu'il s'agisse de laboratoires, d'incubateurs, d'agences, de friches, de plateformes, de fablab, de coworking ou de tiers-lieu, sont très souvent peuplés exclusivement de profils issus de grandes écoles devenus des viviers de l'alter-élite.

Figure 4. Schéma de l'archipel des 20 % les plus diplômés

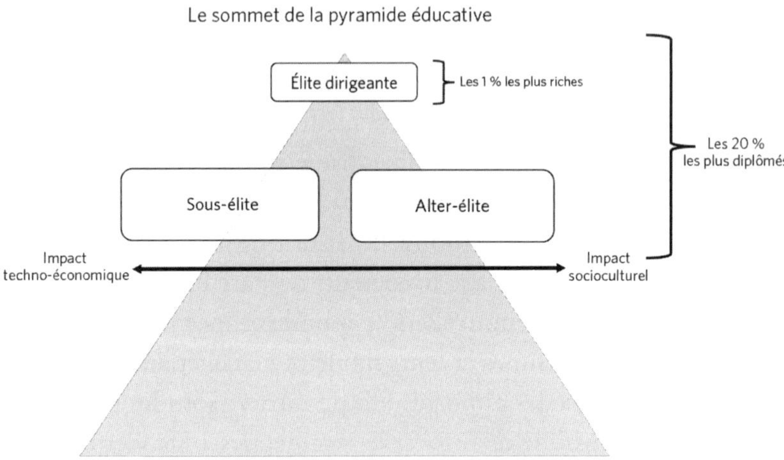

Plutôt qu'un dépassement tant de fois martelé du clivage gauche/droite, la traduction politique de ce conflit est une réécriture subtile du clivage autour de nouveaux enjeux qui n'efface pas l'opposition ancienne, mais la complexifie. Si le macronisme, dans sa version originelle de 2017, a coalisé la première famille derrière lui grâce à son projet techno-libéral de start-up nation, les mouvances écologistes sont en train de donner forme à une alternative culturelle qui séduit une autre fraction des diplômés. En effet, la rébellion verte puise ses porte-parole et ses soutiens les plus fervents parmi les profils éduqués. N'oublions pas enfin que de chaque côté subsistent chez les jeunes générations de diplômés des représentants des catégories supérieures traditionnelles, héritiers de métiers bien installés (médecins, avocats, cadres de l'industrie, etc.).

Les 20 % se refragmentent en camps opposés et rejouent ainsi l'opposition gauche/droite par le haut et en modèle réduit, car des deux côtés de l'échiquier politique renouvelé un niveau de diplôme de l'enseignement supérieur est bien souvent une condition nécessaire, quoique jamais explicite, pour participer. Après l'euphorie de l'an 2000, de ses bobos et de ses classes créatives réunies sous la bannière du double libéralisme économique et culturel, s'ouvre une période d'incertitude, dans laquelle les citoyens les plus éduqués risquent de s'affronter entre eux pour imposer leur modèle de société souhaitable. S'il est difficile d'anticiper sur l'option qui sortira gagnante de cette bataille, on peut le pronostiquer : c'est au cœur de cette classe culturelle que s'écrit notre avenir commun.

PARTIE 1

Un jour, tu seras un « talent »

Du bon élève au « talent »

Les 20 %, le vivier des talents

La déferlante éducative qui a suivi l'après-guerre tentait de concilier deux impératifs : l'un politique, sous l'oriflamme de l'égalité des chances, visait à étendre le droit à l'éducation en permettant à chacun de pouvoir jouer sa carte et de gravir des échelons dans la société ; l'autre, économique, voulait élever le niveau de qualification de la main-d'œuvre dans un univers productif de plus en plus complexe et technicisé. L'économie globalisée d'innovation prend son essor dans les années 1990 et surgit alors une figure rare, donc éminemment recherchée : celle des talents. Le terme puise sa source dans les industries de l'image, sonne comme une exportation de la Californie du Sud vers celle du Nord, de la *film industry* de Los Angeles vers la *tech industry* de San Francisco, et aujourd'hui il essaime partout – dans le jargon du top management, dans les médias économiques, et par extension dans le langage qui se veut savant. Les talents sont censés concilier une large palette de savoir-être, de savoir-faire et de savoir-paraître, de connaissances et d'aptitudes émotionnelles, de rapidité mentale et d'intuition et, *last but not least*, d'endurance à l'effort ; en conséquence les entreprises s'arrachent ces êtres d'exception. La méritocratie scolaire est alors repensée, et les bons élèves entrent dans une compétition d'une nouvelle allure, où il ne suffit pas d'avoir le niveau intellectuel mais des qualités différentielles, les fameuses *soft skills* tant prisées par les recruteurs.

Particularité de ce marathon aux talents : seuls les 20 % s'y engagent. Avoir un diplôme de haut niveau donne le ticket pour entrer dans la danse. En effet, il faut avoir suffisamment de bagages scolaires et de confiance en soi pour se lancer. Les talents sont presque tous surdiplômés et cet enchâssement postule que le diplôme est une condition nécessaire pour intégrer le monde du haut encadrement et de l'innovation – donnée puissamment discriminatoire, puisque, sans que ce ne soit jamais explicitement dit, l'autodidacte paraît d'emblée disqualifié : « Qu'est-ce que l'excellence, si ce n'est le nom glorieux de l'exclusion ? » remarquent Chantal Jaquet et Gérard Bras dans *La Fabrique des transclasses*[1]. Cette potentialité de participer à la Bourse aux talents insuffle un intense sentiment de liberté. On peut renoncer à s'engager dans la course, prendre avec enthousiasme la ligne de départ et ensuite faire ce que l'on veut de ce privilège gagné de haute lutte : voler vers une carrière ascensionnelle, ou opter pour des chemins de traverse ou de dissidence, ou même n'en rien faire du tout et ouvrir une boulangerie bio au lieu d'entrer chez Google, L'Oréal ou McKinsey. C'est ce passeport pour la liberté de vie qui pose la distance et creuse un écart irrattrapable avec les autres membres générationnels. Les attributs comme de bons revenus, le confort moral né de la détention d'une expertise qui met à l'abri du chômage, le bien-être procuré par un statut professionnel, le contact avec un univers culturel privilégié, parfois même la proximité avec les zones de pouvoir ou des célébrités, nul ne niera l'importance de ces bouffées d'oxygène pour le mental, mais le Graal auquel accèdent ces 20 % trentenaires, c'est d'abord la souveraineté qu'ils peuvent exercer sur leurs choix de vie.

« Je savais que je voulais faire du conseil depuis l'âge de 11 ans »

À 26 ans, Aurélien, consultant depuis trois ans dans un cabinet international, a accompli une entrée fracassante dans l'univers professionnel. Il a déjà effectué une dizaine de missions sur les questions d'environnement – sa passion –, et il intervient sur divers chantiers internes : notamment il a créé un groupe d'échanges hebdomadaires d'une trentaine de personnes sur l'énergie durable, et ce, afin de développer le savoir-faire de l'entreprise dans ce secteur et de lui fournir des relais de croissance. Parallèlement, toujours pour son département logistique et transports, il fait de la veille et pilote une sorte de service de presse sur l'actualité du développement durable. « J'ai la chance d'être dans une trajectoire (*fast track*) pour les hauts potentiels. »

À l'âge où d'autres se cherchent encore, il avance avec détermination. Son itinéraire scolaire s'est déroulé à une allure de météorite – Kedge Marseille, London School of Economics où il glane un master en économie circulaire, puis MBA à Sydney – pendant la période de césure de son école de commerce. Il a d'ailleurs signé un CDI avant la fin de ses études : « J'avais commencé tôt à chercher du travail pour prendre de l'avance. Sinon j'aurais dû attendre trois mois pour toucher mon salaire et payer mon loyer, mais au fond si j'ai accéléré ce n'était pas pour la sécurité, c'était l'impatience de rentrer dans du concret. » À l'image de beaucoup de cadres touchés par la grâce d'un métier particulier, il a construit soigneusement son parcours : « Je savais que je voulais faire du conseil depuis l'âge de 11 ans. Je savais que je voulais faire une école de commerce. Avant 15 ans, j'écoutais déjà les conférences de l'Insea (Institut national de statistique et d'économie appliquée), j'ai toujours été passionné par l'économie et le commerce. Déjà, à 8 ans, je vendais des radis dans la rue… J'ai fait exprès un bac ES, alors que tout le monde me conseillait de prendre la filière S. » Il raconte une étape décisive : « La plus belle chose de ma vie, c'est ma rencontre avec Ellen MacArthur. Marraine de ma promo d'école, c'est grâce à elle que j'ai pu bénéficier de The Schmidt MacArthur fellowship. Seulement 12 écoles peuvent postuler à cette bourse dans le monde et il y a une place par école. Les candidats doivent présenter un projet pour la sauvegarde de l'environnement. La première année j'ai échoué. J'ai beaucoup protesté car je trouvais le classement injuste et donc ils m'ont invité à une conférence. J'ai renouvelé ma demande, et j'ai remporté la bourse la seconde année. Je devais concevoir un projet d'innovation que j'aurais pu concrétiser si je gagnais. J'étais accompagné par un économiste du FMI, l'année la plus merveilleuse de ma vie. J'ai présenté un projet pour HEM : créer une plateforme de collecte de vêtements pour femmes enceintes, des vêtements que l'on peut faire circuler et réutiliser. Je n'ai pas remporté le concours final. Un million de dollars était prévu pour les gagnants : des chercheurs américains qui fabriquaient des baskets avec des algues l'ont touché. Aujourd'hui, leur produit est commercialisé par les grandes marques. »

Dans cette histoire figurent beaucoup des ingrédients qui façonnent les vainqueurs des temps modernes : maturation précoce, engagement passionné dans un secteur, talent stratégique pour progresser rapidement, pour construire une expertise, souci de se former continuellement et habileté à saisir toutes les occasions de sociabilité, de rebondissement et de prise de risques. Rien n'est laissé au hasard et pourtant Aurélien ne donne en rien l'impression d'être un polard dans l'âme.

C'est même presque tout le contraire, autre face de ce Janus : c'est un jouisseur, et on décèle quelque désinvolture dans son comportement. Juste avant de prendre son premier job, il a vécu dans 16 pays différents en un an et demi, au gré de péripéties qui se sont enchaînées – voyages avec des amis, vacances pour faire du surf (autre passion), stages de fin d'études, suivi au Mexique d'une autochtone dont il était tombé amoureux : le cabinet de consultants où était logé son CDI a dû attendre près de huit mois qu'il revienne de cette quasi-année sabbatique. Aurélien est un fêtard, il prend des cours de rock et, environ deux fois par semaine, participe aux soirées festives organisées au sein de son entreprise. Il va nager tous les dimanches et, autant qu'il peut, pratique le surf et le ski.

Aujourd'hui, il travaille « comme un malade » – dix heures par jour en moyenne, parfois le week-end et le soir. Redevenu célibataire, il vit en colocation dans un 60 mètres carrés près du Trocadéro avec une Anglaise (« C'est plus grand et moins cher, je parle anglais, et c'est sympa de dîner avec quelqu'un le soir »). Il gagne 3 000 euros nets par mois impôts compris – faisant partie des hauts potentiels son niveau de salaire a été accéléré – mais il en épargne plus du tiers, car l'hyperconsommation n'est pas son royaume : « En fait je n'achète rien et surtout rien de neuf. » Constitue-t-il un capital pour acheter un appartement ? « Sûrement pas, j'y ai beaucoup réfléchi, j'aurais un sentiment de privation de liberté : si je veux devenir prof de surf à Bali comment je ferais ? [...] Pour l'instant, je n'ai pas envie de me mettre une corde. Le plus probable, c'est que dans deux ans j'habite Sydney, Melbourne, Singapour ou San Francisco. » À 26 ans, pour lui la Terre est plate, et l'avenir un océan d'opportunités.

La méritocratie idéalisée, et sans illusion

Né dans une famille de la bourgeoisie culturelle de province, père ingénieur, mère professeure de physique-chimie, Aurélien incarne la méritocratie telle qu'elle est célébrée dans les pays occidentaux. Sous la plume du sociologue britannique Michael Young[2], un des premiers à avoir fait la critique (au vitriol) d'une société qui se recompose sur le partage entre élite scolaire et les autres, le mérite est défini comme la synthèse de l'intelligence et de l'effort. Le fait que le classement scolaire soit biaisé par l'appartenance sociale et surtout l'environnement culturel de l'enfant est un secret de polichinelle : une floraison d'études désigne les centaines de petits cailloux blancs qui acheminent vers la réussite scolaire.

L'idéologie méritocratique, pourtant, bénéficie d'une adhésion, en particulier car elle participe de la régulation sociale. Elle fonctionne selon deux mécanismes que rappelle Marie Duru-Bellat[3] : « Elle permet de résoudre la tension entre le principe d'égalité pour tous et la réalité des inégalités de fait » d'une part, et, d'autre part, elle opère comme un pacificateur social, un onguent pointé par les psychologues : « Les individus ont besoin de croire que les mérites sont et seront récompensés pour organiser leur vie autour d'un principe de justice et de réciprocité pour faire face aux aléas et aux difficultés de l'existence[4]. » La méritocratie scolaire est ainsi une sorte de norme intériorisée des sociétés développées, une norme qui rassure en dépit du doute qui l'assaille, de la grande difficulté à la penser comme une donnée objective. Il s'agit plutôt d'une fiction à laquelle tout le monde a envie de croire, une fable républicaine, une unité de mesure qui refléterait vraiment les qualités des individus, car même si seulement une minuscule fraction des enfants atteint le sommet de la pyramide scolaire, chaque parent caresse secrètement l'espoir, notamment dans les classes moyennes, que cet élu soit son enfant.

Parallèlement, un autre élément tente de donner une crédibilité à cette fable républicaine : la plupart des gouvernements occidentaux ont instauré depuis des décennies des politiques éducatives de discrimination positive pour pallier les inégalités de départ des enfants. Mais ces nombreuses mesures d'ouverture achoppent sur des résultats incertains, voire franchement décevants, tant les jeux sont pipés dès les premières années de développement de l'enfant. Prenons un exemple, celui d'un établissement qui nous intéresse, l'École polytechnique : celle-ci a mis en place depuis 2006 un programme en amont du concours intitulé « Une grande école : pourquoi pas moi ? », fondé sur des dispositifs qui combinent tutorat, internat, soutiens scolaires et activités d'ouverture culturelle et qui toucheraient 5 000 jeunes par an sur tout le territoire. Or le bilan dressé par l'École polytechnique sur son investissement en faveur de candidats issus de milieux défavorisés n'est pas vraiment à la hauteur de ses espérances : « Un quart des candidats au concours d'entrée est déjà constitué d'étudiants boursiers, mais seulement un étudiant admis sur neuf l'est aussi. Cette sélection s'opère principalement aux épreuves écrites "anonymisées" où un écart de résultat entre boursiers et non-boursiers est significatif dans chaque épreuve. » Les trois premières écoles de commerce (HEC, ESCP, Essec) et les Écoles normales ont, elles aussi, établi une évaluation de leurs actions pour démocratiser la sélection à l'entrée, afin de répondre au Plan national lancé en 2010 sur l'égalité des chances. Toutes affirment faire un effort en direction des « boursiers », mais comme l'indique pertinemment la note du réseau des Écoles normales supérieures : « "Boursier" est une catégorie qui ne recouvre que mal les milieux défavorisés et il faut bien garder en tête qu'il y a des niveaux de boursiers très différents. » Dit autrement, l'ouverture sociale tant attendue de ces établissements est loin d'être acquise et les politiques censées y mener se révèlent un chemin de croix.

Le nouveau gagnant n'est plus nécessairement un premier de la classe

Aurélien ne se laisse pas enfermer dans un profil de bon élève, même s'il en a la mentalité : il mentionne qu'il était premier de sa classe de la sixième à la terminale, qu'il a passé le bac avec la mention bien, mais que, à 0,2 point près, il accédait à la mention très bien. Dans sa présentation de lui-même, ce consultant de 26 ans, labellisé « haut potentiel » par ses managers, ne cesse de vouloir casser le portrait du personnage ambitieux à la carrière toute tracée. En effet, il construit touche après touche un récit autobiographique frappant par sa singularité et ses paradoxes – il maîtrise déjà l'art du *storytelling* si abondamment exercé par les gagnants du nouveau monde, chacun se positionnant comme un être de légende. Son centre d'intérêt, c'est le développement durable (un thème, certes, guère original pour une génération élevée dans le culte de la protection de la planète), il l'habite depuis son adolescence et plusieurs de ses choix en découlent, comme nous l'avons vu.

Pourtant, certains éléments brouillent ce portrait de premier de la classe. Il n'exclut pas de devenir prof de surf en Australie, à l'instar de sa meilleure amie issue de la même école. Ensuite il a déjà pris une année sabbatique pour parcourir le monde, un intermède dû en partie au fait qu'il était tombé amoureux d'une Mexicaine, et d'ailleurs il se demande quelles bifurcations pourrait prendre à nouveau sa vie s'il retombait amoureux – cette référence intime dans une interview portant sur l'itinéraire professionnel paraît inopinée, mais peut être tenue pour une marque générationnelle. Puis il précise : « Je n'ai pas envie d'avoir une vie conforme, j'ai envie de "marquer" mon temps, peut-être créer une boîte ou travailler dans une ONG, éventuellement, tôt ou tard, entrer dans la politique. C'est la meilleure voie pour changer les choses. » Enfin, brisant une nouvelle fois son image avec un zeste de cocasserie involontaire, il avance qu'au cours de ses loisirs, pourtant partagés entre surf, ski et natation, cours de rock et fêtes flambantes, il regarde souvent *C'est dans l'air* sur France 5 – autrement dit, l'émission préférée des plus de 70 ans !

Impliqué dans des enjeux du futur, guidé de manière obsessionnelle par ses engagements, ouvert à toutes les bifurcations, décalé, voire insaisissable, Aurélien doit sûrement être tenu pour « un talent », une personnalité intéressante à chérir, pour une entreprise tournée vers l'innovation.

Difficile de capter les diverses couches psychologiques et mentales de ces « élites ». Tant de facettes et tant d'aspirations contradictoires se sont sédimentées au cours de leur parcours éducatif qu'à 30 ans, quoi qu'ils fassent *hic et nunc*, beaucoup envisagent leur avenir comme une page blanche. La vie comme une série dont le scénario bouillonne de rebondissements. Dans un film culte, *L'Âge des possibles*, Pascale Ferran trace le portrait de l'adolescence dans la fin des années 2000, situant cette ivresse de liberté à l'orée du stade adulte. Mais l'idée d'un éternel recommencement rayonne sur tous les âges de la vie quand on possède un haut diplôme. Ainsi, loin d'être tiraillés entre divers pôles d'intérêt et rêves, ces jeunes ambitionnent de tout mener de front, ou successivement, d'avoir plusieurs vies, et de conjuguer avec virtuosité réussite monétaire, bien-être personnel et participation au mieux-être de la société. « Faire carrière et avoir un impact sociétal, c'est possible ! », tel est le titre d'une conférence organisée par et pour les Alumni HEC, troisième rencontre prix Trajectoires 2019 #PowerforGood et réunissant quelques dirigeants de start-up. « Diplômé(e)s HEC avec de très belles carrières – déjà matures ou en devenir –, ce sont des modèles comme on les aime. Et surtout, cerise sur le gâteau, ils portent haut et fort un combat pour aider les plus démunis, pour l'environnement, le renforcement du paysage industriel français, pour la diversité, une santé de meilleure qualité ou encore un tourisme équitable », énonce l'affiche de cette rencontre.

« Bien-vivre », « bien-être » et « accomplir le bien », ce programme dégage une optimiste prétention – une tournure d'esprit que couronne l'ère des héros de la révolution numérique. Les biographes de Mark Zuckerberg déplient avec perplexité les aspects de ce millionnaire/missionnaire qui, sincèrement et naïvement semble-t-il, entend construire une fraternité universelle grâce à Facebook, se passionne pour le latin et l'histoire des technologies, se pose et pose en réjouissant nouveau père soucieux de l'avenir de ses deux bambines, et finance des fondations pour l'éducation. Et qui, dans le même temps, alors qu'il est débordé par les exactions qui traversent son réseau, demeure inflexible et n'entend pas que l'on puisse affaiblir la rentabilité de ses affaires, même pour des motifs « démocratiques[5] ».

La consécration de l'étudiant globe-trotter

La course aux diplômes prend un tour différent à partir des années 1990-2000 sous les effets conjugués de la globalisation économique et de la montée d'un capitalisme de l'innovation numérique[6]. Jusque dans les années 1970, l'amélioration du niveau de formation de la main-d'œuvre était pensée au sein de chaque pays, lui-même doté d'un système éducatif façonné par l'histoire, les traditions culturelles et le modèle économique national. À partir du moment où l'économie se mondialise et se positionne comme une économie de la connaissance, où les nations cherchent à développer des groupes d'envergure pour conquérir les marchés planétaires, les besoins éducatifs se redéfinissent. Les *business schools* et les écoles d'ingénieurs augmentent en nombre et se transforment en entreprises concurrentielles, pilotées par des managers au profil international, opérant des recrutements partout dans le monde. Elles nouent des partenariats avec d'autres établissements du même type situés dans les grandes conurbations mondiales, et fonctionnent en réseaux. Les étudiants de haut niveau deviennent alors des globe-trotters, leur cursus inclut des échanges avec des universités étrangères et des séjours linguistiques : dans notre enquête Ifop, 51 % des bac +5 avaient effectué un tel circuit, et 64 % de ceux passés par une classe préparatoire (contre 23 % pour les diplômes inférieurs à bac +5) – les pays européens sont la première destination (75 % des séjours), puis viennent l'Amérique du Nord (29 %) et l'Asie (17 %). De surcroît, 12 % des bac +5 avaient déjà pris un congé sabbatique à l'étranger ou fait le tour du monde. En 2019, 10 % des élèves d'écoles françaises d'ingénieurs et 18 % des étudiants des écoles de management débutent leur carrière à l'étranger, majoritairement dans un autre pays européen – ce chiffre est de 34 % pour les étudiants de Sciences Po Paris, dont les promotions comprennent beaucoup d'étudiants d'origine étrangère. Désormais, les avantages compétitifs des multinationales, et même des entreprises de plus petite taille, se mesurent à leur efficacité à drainer ces « talents », aptes à penser et stimuler l'innovation et à naviguer entre plusieurs cultures et plusieurs langues. Uniques par leur singularité et leur savoir-faire, ils détiennent une valeur forte sur le marché du travail.

Figure 1. Séjour à l'étranger
(hors voyage touristique ou linguistique)

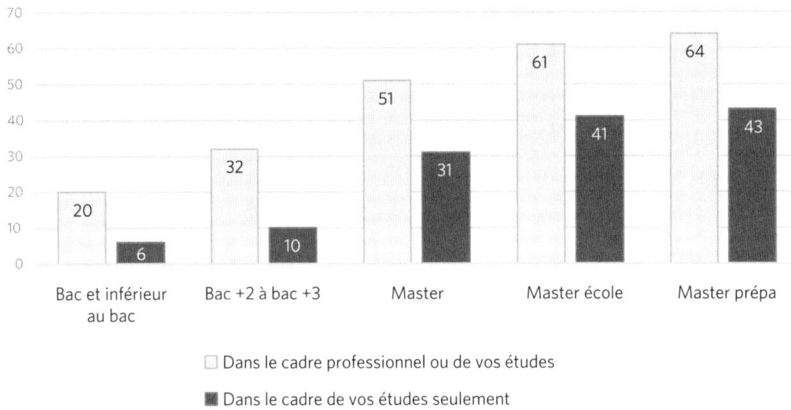

Sondage Ifop, octobre 2019, en pourcentages. Base : Français âgés de 25 à 39 ans.

« Master » signifie diplômé de niveau bac +5 et supérieur, « Master école » signifie diplômé d'une grande école, « Master prépa » signifie passé par une classe préparatoire (se reporter à l'annexe méthodologique pour plus de détails sur l'enquête par sondage).

Un « talent » ou une qualité purement différentielle

Quelles sont les implications de ce mouvement pour le système éducatif de base ? Phillip Brown argumente ainsi que, dans les pays développés, l'on serait passé de sociétés méritocratiques à des sociétés de performance (performativité). La logique dominante de l'école ne serait plus de donner à chacun une chance de succès ou de mobilité, ni de prodiguer largement des savoirs, ni de permettre l'élévation du niveau général d'éducation dans un contexte national. Pris dans la dynamique du *winner takes all*, son objectif premier serait de former et de sélectionner les étudiants les plus talentueux, et aptes à travailler pour n'importe quelle entreprise engagée dans la compétition mondiale. Si l'on songe au nombre important de jeunes qui sortent sans formation ou diplôme de l'enseignement (13 % en France) ou tout juste avec le bac (22 % en France) (voir figure 1 de l'introduction) dans les pays développés, on constate que l'effort éducatif est d'abord concentré sur une fraction des élèves.

Ainsi, l'idée d'une *achieving society*, une société guidée par l'impératif de réussite, marque sa pertinence.

La compétition entre les multinationales passe par une mobilisation pour attirer à elles les cadres de haut niveau performants et inventifs qui sauront faire la différence. Comment définir ces profils gagnants de la globalisation ? Robert Reich, universitaire et secrétaire au Travail (1992-1997) dans le gouvernement de Bill Clinton, théorise cette nouvelle donne[7], en désignant le rôle que vont désormais jouer les « manipulateurs de symboles », ces personnes hautement éduquées qui vont saisir les problèmes, imaginer des solutions, et servir d'intermédiaires entre les entreprises et les clients. Cette superstructure englobe les spécialistes du design et du logiciel, les ingénieurs civils et des biotechnologies, les managers, les financiers et les consultants experts en droit, en fiscalité et en énergie, les chercheurs scientifiques et les cadres du marketing et de la publicité – au total environ 20 % de la main-d'œuvre, d'après Reich.

Inspiré des enquêtes sur les créatifs culturels qui fleurissent à la fin des années 1990, l'économiste Richard Florida[8], dans un livre célèbre de 2002, *The Rise of the Creative Class*, met au cœur du dynamisme des économies modernes tous les acteurs qui participent à l'innovation et la créativité, « des individus dotés de talents », selon son expression. Ceux-ci réunissent une grande variété de métiers – des spécialistes qui travaillent dans l'économie du Net, mais aussi des financiers, des juristes, des professionnels des services de santé, des professionnels des médias et plus largement des artistes. La classe créative ne possède pas les moyens de production, elle détient en revanche un actif immatériel intangible : sa créativité, sa capacité de réflexion et, *in fine*, une compétence qui lui confère une valeur sur le marché du travail. Ces talents peuvent travailler où ils veulent et exigent un environnement intellectuellement stimulant et des facilités financières pour s'installer, comme le rappelle Richard Florida[9].

La perspective tracée par ce dernier s'inscrit dans une tradition de recherche américaine qui tente d'identifier le groupe social en constitution issu de la massification de l'enseignement supérieur et de la tertiarisation de l'économie, un groupe dont les membres occupent les nouvelles professions techniques et managériales et dont l'action va révolutionner les sociétés modernes. Les individus qui composent cette nébuleuse ont été qualifiés tour à tour de *knowledge workers*, travailleurs du savoir définis par Peter Drucker dans les années 1960, de *professional-managerial class*, expression forgée par Barbara et John Ehrenreich, ou de *new class*, par le sociologue Alwin Gouldner dans les années 1970 : l'approche de Robert Reich sur les « manipulateurs de symboles » fait partie de cette école de pensée.

Le mot talent pour désigner ces professionnels de haut niveau a surgi depuis une dizaine d'années dans le vocabulaire du management à la place de la référence habituelle à l'expertise ou au professionnalisme. Ce terme contient la notion de profil singulier et exceptionnel, mais il inclut aussi une dimension impénétrable. Importé du langage artistique, terme phare et carburant de l'industrie hollywoodienne, il est ainsi défini par les sociologues de la culture : « Le "talent" peut être défini comme ce gradient de qualité qui est attribué à un individu à travers des comparaisons dépourvues de repères externes absolus. La difficulté de définir le talent vient de ce qu'il est une qualité purement différentielle. » La fascination qu'exercent les métiers du talent vient de « leur capacité de singulariser les contributions individuelles au résultat d'ensemble[10] ».

D'ailleurs, la communication autour des marques « employeurs » pour toucher ces nouveaux talents est devenue une véritable spécialité des ressources humaines. Candice, une de nos interviewées issue de Sciences Po Lille et détentrice d'un master Gestion et ressources humaines, évoque « une niche prometteuse » et un métier en plein essor. Les entreprises ne ménagent donc pas leur peine pour attirer ces jeunes : elles organisent des opérations de séduction dans les salons pour l'emploi et les écoles ; le Web est mis à contribution (réseaux sociaux, LinkedIn en tête, création de Web-séries, etc.) ; et, finalement, elles cherchent à se présenter comme éthiques ou écoresponsables pour devenir « désirables » au regard d'une génération exigeante sur le sens de son travail – création de fondations ou de programmes à but social, humanitaire et/ou environnementaliste. Difficile, de nos jours, de ne pas rencontrer une entreprise sans son *purpose*, sa « raison d'être » ou son « impact ».

Ces talents sont extrêmement bien rémunérés, et pour les retenir les dirigeants sont prêts à organiser leurs conditions de travail de telle manière qu'ils se sentent épanouis et encouragés à se dépasser. On ne lésine pas sur les services mis à leur disposition, on rend flexibles leurs horaires, on leur accorde du temps libre pour se ressourcer et on multiplie les gratifications financières (stock-options, bonus, participations au capital, bons d'achat, etc.) pour les motiver. Pour les « talents », le marché du travail se présente sous un jour inversé par rapport aux autres demandeurs d'emploi : ce sont eux qui font le choix, et non pas l'entreprise. Cette position de force signe ainsi un élargissement du domaine de leur liberté.

Les « talents », démiurges du capitalisme d'innovation

La détection des talents a pris pleinement son essor avec l'avènement du capitalisme d'innovation articulé au numérique dans les années 2000. L'idée d'un modèle économique tiré par la science et la technologie n'a rien de nouveau, c'est même la base de la société industrielle. Mais cette vision du progrès est profondément revue avec l'avènement de l'Internet, qui, chargé d'une scénarisation du futur en Technicolor, entend bousculer radicalement les modes de production et les modes de vie à partir d'un tout-communicationnel émanant de la révolution cybernétique. « La révolution numérique dans l'industrie, ce n'est pas la substitution des robots aux hommes. C'est l'intelligence de la mise en réseaux des machines entre elles, des machines et des hommes, et des hommes entre eux », rappelle utilement Pierre Veltz[11]. La rhétorique sur les talents est donc un mantra de la Silicon Valley.

Free, free speech, free of charge, ces préceptes entendent recomposer l'organisation économique consacrant la libération des flux d'information et le partage sans limites, parfois désintéressé, mais souvent hautement marchand, des contenus. Ce projet est englobant, il introduit une rupture anthropologique qui va bien au-delà de la sphère du travail et des entreprises : il engendre une autre façon de vivre, un autre rapport à l'activité professionnelle, un ethos qui a maturé à partir des années 1970 en Californie, centre névralgique de la nouvelle économie-monde[12]. Fondé sur des technologies dites disruptives soumises à de permanentes améliorations, il sublime l'idée d'autonomie individuelle, l'esprit collaboratif ainsi que la force de l'entrepreneuriat. L'économie de l'innovation s'emboîte à un mode organisationnel : plateformes comme places de marché, création de valeur grâce à la multitude et aux data, logiques de sous-traitance, management agile et collaboratif, idéologie du solutionnisme. Les start-up en incarnent l'état d'esprit et en sont le bras armé.

En France, des hauts diplômés issus des écoles d'ingénieurs ou de commerce s'en sont emparés, et ce d'autant plus que la plupart des grandes écoles ont créé des cursus pour encourager l'entrepreneuriat (voir partie 2). Les jeunes diplômés, la plupart ont moins de 30 ans, ne représentent que 8 % des créateurs d'entreprises[13] en France, mais ils rassemblent des profils fort typés : haut niveau de formation, 30 % ont été sensibilisés à l'entrepreneuriat pendant leurs études, ils sont surreprésentés dans les activités scientifiques et techniques, notamment le conseil pour la gestion et les affaires, et le numérique (communication et programmation informatique).

L'économie du software, plus précisément, est pilotée par une armée de spécialistes : les *founders**, les managers de l'industrie, les ingénieurs, les informaticiens, les développeurs, les experts du design et tous les métiers de la communication, du journaliste/blogueur au *community manager*, au spécialiste du marketing. En gros, trois filières professionnelles dominent aujourd'hui ce secteur : les financiers/managers/commerciaux/communicants ; les technologues ; les artistes, notamment les designers. Dans la Big Tech de la

---

* C'est le terme utilisé pour désigner les créateurs d'entreprises dans le high-tech.

Silicon Valley (le secteur Innovation and Information Products and Services), 75 % des quelque 380 000 emplois sont détenus par une main-d'œuvre hautement qualifiée et à haut revenus. À San Francisco et dans la Bay Area, 10 % de tous les emplois sont constitués par des « talents » (le terme est utilisé dans les statistiques et renvoie à une haute expertise), un pourcentage plus élevé que dans tout autre centre industriel des États-Unis, et entre 2012 et 2017 cette concentration de « talents » a crû de 31 % (près de 80 000 personnes), croissance gigantesque comparée aux autres grandes villes américaines[14]. Experts confirmés, ils convergent vers un point commun : ils doivent gérer non pas une seule expertise, mais plusieurs expertises à la fois. Ils sont tous à la croisée des chemins entre marketing, technologie, contenu, commerce et mathématiques, avec bien sûr une dominante. Cette catégorie de travailleurs est désignée comme la « classe virtuelle » dans *L'Idéologie californienne*[15], texte critique célèbre de 1995 qui anticipe (avec effroi) l'avenir de la Silicon Valley. Compte tenu des multiples bouleversements sociaux dus à la numérisation, cet univers professionnel inspire un imaginaire puissant à mi-chemin entre science-fiction[16] et capitalisme déréglé.

Les activités de la Tech se concentrent dans certains quartiers des centres-villes (Shoreditch à Londres, South Market à San Francisco, Le Sentier à Paris, etc.) ou des périphéries (Silicon Valley, La Plaine Saint-Denis), toutes réparties dans quelques régions du monde (nord de la Californie, région de Berlin, de Tel Aviv). De fait, en emplois, cette révolution englobe un tout petit monde : informaticiens, ingénieurs, développeurs et *founders* (les fonctions pouvant évidemment se recouper), ces profils à la cote économique en vertigineuse ascension ne représentent guère plus que 3 à 4 % de la main-d'œuvre dans chaque pays développé. Dans ce chambardement territorial, le cadre politique national engendre une moindre importance par rapport aux pouvoirs politiques locaux et par rapport aux réseaux professionnels.

Ici, le talent implique certaines qualités. D'abord, être acquis à la flexibilité intellectuelle, savoir apprendre à apprendre, se reconvertir, se reprogrammer mentalement dans un contexte où les innovations culturelles et les technologies émergent à un rythme accéléré, avoir la curiosité de saisir les enjeux émergents, donc pratiquer une veille constante, et surtout avoir la hardiesse de concevoir des produits ou des services inimaginables qui renversent l'ordre établi comme l'indiquent deux livres parus en 1997 : *The Innovator's Dilemma,* du professeur de management Clay Christensen, et *Briser les conventions et redessiner le marché,* du publicitaire Jean-Marie Dru. Ensuite, s'employer à développer sa singularité en sublimant les traits de sa personnalité, de son histoire et de ses expériences. D'autre part, pouvoir fonctionner dans un environnement international qui communique en anglais, un univers où foisonnent les cultures et les identités, où les changements de collaboration sont fréquents : en résumé, prouver une aptitude à la plasticité psychologique. Enfin, dans un contexte de redoutable compétition, être dur au travail.

Dans la Silicon Valley, le talent suppose un enracinement dans la culture scientifique. « Un talent, c'est un ingénieur, un type qui programme depuis l'âge de 10 ans », affirme catégoriquement Marc Andreessen, inventeur de Mosaic, premier navigateur grand public du Web, devenu par la suite une personnalité incontournable du capital-risque. Les dirigeants de la Tech déplorent que ces perles rares soient en nombre insuffisant pour développer toutes les fulgurances qui ne cessent de les traverser. Ainsi, la révolution technologique fait émerger de nouvelles élites, des virtuoses du logiciel issus des *computers sciences*, le plus souvent munies d'un haut savoir scientifique et d'une expertise dans la créativité numérique. Cette promotion des technologues et des ingénieurs signe un certain affaiblissement de la position des élites généralistes, celles qui tiennent le haut du pavé dans le modèle social français. Cette suprématie des sciences dures est moins évidente en France, même si le pays de Diderot peut s'enorgueillir d'avoir créé de longue date des écoles d'ingénieurs prestigieuses. En effet, dans la bataille pour l'occupation des fonctions de direction de l'entrepreneuriat numérique, les grandes écoles de commerce ont avancé avec succès leurs pions, en incitant les étudiants à se lancer dans l'entrepreneuriat au cours de leurs études grâce à un accompagnement particulier – copiant sur ce point les grandes universités américaines (voir partie 2).

Le management des talents, au début des années 2000, se proclame une science à part entière. Pierre Mirallès, auteur d'un article consacré à ce sujet[17], signale le rôle joué par ces profils à haut potentiel comme Aurélien, que nous avons décrit en préambule : « Ces individus ne sont pas nécessairement des dirigeants ou des leaders. Simplement, ils disposent d'atouts personnels exceptionnels et contrôlent des processus déterminants pour l'organisation ». Cela explique que dans le contexte de la concurrence mondiale se soient mises en place, en consolidation de la méritocratie scolaire habituelle, des méthodes et des valeurs pédagogiques fondées sur la détection et la formation des talents. Outre l'éventail des savoirs et des compétences qu'il faut réunir pour mériter un tel qualificatif, c'est surtout une façon d'être et de penser qui y est promue. Dans la novlangue de la nouvelle économie : un *mindset* (une tournure d'esprit).

Un exemple. Après un parcours scolaire un peu chaotique, car il cherche sa voie, Marius passe une thèse de doctorat en informatique à l'université de Nancy à l'âge de 28 ans – au lycée il était bon élève et un peu geek. Il a opté pour un champ qu'il souhaitait approfondir : le traitement informatisé du langage humain. Cette formation suscite les convoitises des entreprises de la Tech et finalement, son histoire c'est celle de quelqu'un qui veut échapper à l'appel des GAFA, qui l'ont sollicité à maintes reprises. Pendant plusieurs années, il enchaîne des contrats qui lui sont proposés par différentes équipes universitaires, allant de Singapour à Marseille où finalement il s'installe quand sa femme médecin y trouve un poste. Après quelques années, il décide de s'évader du monde universitaire car il a rencontré des personnes qui montent une Scop (Société coopérative et participative) sur des données ouvertes : il s'agit d'aider des administrations locales à mettre en ligne gratuitement les data qu'elles possèdent. Combinant recherche pratique (travail sur des bases de données) et créativité dans la conception de nouveaux logiciels, il s'engage dans cette petite équipe qui comprend, entre autres, un doctorant en sciences politiques, un ingénieur des Mines, un diplômé d'école de commerce et une archéologue reconvertie en informaticienne en open data. « Ce qui m'intéresse dans ce statut de Scop, c'est la finalité sociale et l'implication de tous les salariés sur un mode égalitaire, y compris de rémunération ; de surcroît, j'utilise pleinement ma spécialité, le *language processing.* » Investi dans cette aventure d'entrepreneuriat solidaire, il travaille neuf heures par jour, souvent le soir, et le week-end aussi pour un salaire de 2 400 euros par mois. « Je suis en permanence sur des projets et il faut que ces projets avancent. »

La psyché du premier de la classe

Ethos des « talents » : une vie à se bonifier et à se choisir

Gaspard, 28 ans, polytechnicien, a suivi le master Entrepreneuriat de l'École polytechnique. Après un séjour d'un an à Berkeley organisé dans le cadre de ce cursus, il a immédiatement créé une start-up technologique, sans passer par la case « grande entreprise ». Son cas illustre bien l'épure intellectuelle et sociale des jeunes gagnants d'aujourd'hui. Ses deux parents sont diplômés de Sciences Po, un de ses frères a fait aussi Polytechnique, l'autre HEC, une de ses sœurs est triplement diplômée HEC/SP/ENA, l'autre travaille au Vietnam après un passage à l'université. Plus généralement, sa famille navigue dans le village planétaire. Son père était « expat' » en Grèce puis en Italie, Grégoire lui-même est né en Grèce, un de ses frères a consacré un an à un tour du monde à vélo : « Il y a le culte du voyage dans la famille », précise-t-il, notant que la nouvelle génération est dispersée entre Londres, Zurich, le Vietnam et Paris.

Se lancer dans l'entrepreneuriat correspond à une certaine exigence envers lui-même, et prend place dans une culture du challenge personnel. « Je ne voulais pas uniquement être considéré comme un bon élève, un matheux, avec une carrière toute tracée par une grande boîte » – il cite avec ironie les recruteurs des grandes boîtes qui planchent devant des étudiants de grandes écoles, usant de *slides* pour faire mouche, dans un exercice ouvert de propagande. « Je ne voulais pas être un bon produit, avoir un parcours tout tracé. Ce système m'a choqué. On se sent comme un pion, et que l'on fasse bien son travail ou non, c'est pareil. On va entrer dans un autre moule. Alors que l'on n'est pas formé pour être cela : à Polytechnique, on est baigné dans l'esprit scientifique, pour chercher, pour avoir un impact, pour créer de la valeur. Pas pour être une pièce dans une grande organisation. » Ces exigences, bosser plus de soixante heures par semaine, élargir ses limites, prendre des risques, tout cela a son pendant : le sentiment d'avoir mérité. « Je suis privilégié, certes, reconnaît-il, mais sans chercher à profiter de cela. Je fais partie de l'élite, j'en suis même fier, et je suis agacé par l'antiélitisme qu'on trouve parfois. Mais l'idée de me mettre dans une case me déplaît. »

L'idéal méritocratique, fondé sur une éducation intensive, accordant une grande part aux évaluations quantitatives, aux défis que l'on se lance à soi-même et au dépassement de soi, est porté en drapeau dans les sociétés modernes ; en particulier, ce thème fleurit abondamment dans les discours politiques, et il flamboie comme un hymne à la vertu individuelle. Il est subtilement diffusé dans le système scolaire français qui tout en prônant l'épanouissement de l'enfant organise, grâce au classement par les notes et par les filières de formation, un tri social précoce et impitoyable[18]. Cette sélection est connue, presque un « marronnier » de la critique sociale, mais elle emporte une force : le mode opératoire par les notes et les performances dans les savoirs abstraits construit une image d'objectivité et donc assure une certaine légitimité aux gagnants de la course. Les premiers de la classe, souvent, loin d'être dupes, ont le recul « raisonné », ils savent que leur réussite repose sur un ensemble d'atouts accumulés au sein d'un univers culturellement privilégié. Dans *L'Illusion méritocratique*, l'énarque David Guilbaud[19], lui-même issu d'une famille de cadres supérieurs, dénonce le mythe d'un mérite « objectif » et rappelle combien les verdicts scolaires sont biaisés en faveur des enfants d'origine aisée. Sans hésitation, lorsqu'on demande à ces bons élèves d'évaluer leur place au sein de la société, la réponse spontanée fuse : « J'ai eu de la chance. » Néanmoins, cette chance ne se limite pas à être perçue comme un hasard heureux, un don du ciel, c'est toujours, pour eux, aussi une chance qu'ils ont su saisir et aider : « Je me vois clairement comme quelqu'un de très privilégié, enfance très privilégiée, avec le revers de médaille (ça n'apprend pas beaucoup à se battre et à sortir de sa zone de confort). Mais j'estime qu'il y a une part de mon confort d'aujourd'hui que je dois à moi-même – j'ai réussi mes études, j'ai bossé, je ne crois pas être feignant, je suis né du bon côté » (Romain, 31 ans, ingénieur Arts et Métiers, master Entrepreneuriat d'HEC, développe une entreprise dans l'ingénierie financière). Entre biais social et investissement personnel, les nouvelles élites ne privilégient pas une seule explication à leur succès scolaire.

Ces itinéraires scolaires façonnés par l'effort, la réflexion stratégique et la capacité à saisir les opportunités forgent une mentalité particulière, « la capacité à être entrepreneur de soi-même » – formule rhétorique qui en appelle au courage individuel et est scandée par les pédagogues et les psychologues. Celle-ci implique une impatience permanente à s'améliorer, à aller de l'avant – rien n'est pire que de se sentir plafonner dans ses performances, rien n'est pire, pourrait-on dire, que de retomber dans le lot commun.

Lola, 25 ans, est consultante dans un des grands cabinets français de conseil. Décidée, visage agréable dépourvu de maquillage, habillée dans un style sans prétention, pantalon noir, tee-shirt plutôt chic, chaussée d'escarpins Repetto avec un nœud en soie sauvage (elle est venue de la Défense vers le centre de Paris en Vélib'), elle débarque pile à la minute prévue au rendez-vous fixé pour l'interview.

L'exactitude tranquille spécifie ces hyperdiplômés, habitués à gérer un agenda où ne figurent ni temps mort ni débordement.

Ingénieure spécialisée dans l'énergie, elle est passée par l'École des Mines de Saint-Étienne, et appartient à une famille où tout le monde sans exception est devenu ingénieur : ses grands-parents, ses parents, son frère et sa sœur, seuls les établissements de formation (l'Insa à Rouen, ICA à Lille, etc.) diffèrent. Elle précise : « Il n'y avait pas de pression familiale particulière, j'ai des cousins qui sont passés dans le droit ou en médecine. » On imagine tout de même l'univers studieux qui fut le sien. Titulaire d'un bac S avec mention TB, Lola répète « Je déteste apprendre par cœur », et, d'après elle, c'est cette aversion qui l'a poussée vers les sciences puisque dans ce domaine seules les aptitudes au raisonnement comptent. Elle finit quasiment en dépression sa seconde année de prépa : « J'avais atteint mes limites, j'ai passé tous les concours, et j'ai pris la meilleure école dans laquelle j'avais été sélectionnée. » Ses années de formation sont jalonnées de stages : stage ouvrier en première année dans un atelier de réparation de moteurs d'avion, nettoyage, démontage et remontage des moteurs ; stage dans une raffinerie, chez Total où elle fait un sondage pour évaluer l'état des connaissances des employés en termes de gestion des risques industriels ; séjour Erasmus à Édimbourg, pour entamer un master sur la transition énergétique ; enfin stage de fin d'études chez GRDF (Gaz Réseau Distribution de France) à Lyon. Au fil de ce parcours, mûrit un projet : faire du conseil pour voir différentes entreprises, changer régulièrement de poste, apprendre. En ce moment, deux ans après son embauche dans un cabinet de conseil, elle exprime sa désillusion vis-à-vis du management de son employeur : elle est seule chez son client (elle est envoyée pour des missions de quelques mois chez des entreprises), elle dit être livrée à elle-même et ne plus avoir d'évaluation suffisante pour s'améliorer, donc elle n'avance plus. Bouger, progresser, élargir ses compétences, chez elle aussi on repère l'aspiration à une amélioration de soi-même signe de l'ethos méritocratique.

Avoir franchi tous les barrages qui mènent vers le sommet de la pyramide scolaire laisse des traces. On peut discuter des critères d'évaluation, être même pleinement conscient d'avoir participé à un jeu relativement truqué, néanmoins ce parcours du combattant forge le caractère et construit une assurance personnelle, une certitude qui peut être vue comme de l'arrogance : « Je sais que si je veux faire des choses, j'y arriverai même si cela doit prendre du temps », déclare Lola. Cette vision de la méritocratie continue pourtant d'imprégner les esprits de beaucoup des « premiers de la classe ». En effet, quelles que soient les dispositions culturelles ou mentales dont on est doté au départ, on doit franchir *de facto* une longue série d'obstacles pour arriver au sommet et par conséquent on en retire une impression de « mérite personnel ». D'une certaine façon, contrairement à une société où la reproduction repose principalement sur le pouvoir monétaire ou l'assignation à un titre nobiliaire, ces nouvelles recrues possèdent une carte infiniment plus complexe à qualifier. Leur formation en effet sanctionne (ou sanctifie) des connaissances formelles, des capacités de raisonnement, mais aussi une nuée de petits indicateurs qui forment un tout – une capacité d'ascèse et d'effort dans le travail, un mental de stratège, des codes culturels et langagiers, une confiance en soi, un sentiment de liberté, une curiosité et un certain goût du risque, des ambitions naturellement inscrites dans une lignée familiale mais aussi des choix singuliers propres à chacun. Et pour piloter sa vie, le haut diplôme offre une carte gold : des réseaux, en fait tous les réseaux, terrestres (notamment les réseaux professionnels) et numériques.

L'exigence d'un retour sur investissement

De ce marathon, le haut diplômé retire une conviction, celle d'être légitime où qu'il soit, et estime tout naturel de poser ses exigences en matière de contenu et de statut du travail. Pierre, détenteur d'un master en droit et du master Entrepreneuriat d'HEC, évoque en riant sa sidération lorsque, émigrant à Dublin où sa compagne avait été engagée au siège social de Google, il a été contraint d'accepter un travail dans le secteur commercial ! « J'ai cherché un travail à Dublin : c'était une période un peu dure pour nous, car il y a eu un problème d'ego de ma part. Juste avant, j'avais été catapulté au Vietnam dans un job à fortes responsabilités pour mon âge [il a dirigé des missions dans une entreprise allemande, entité hybride entre fonds d'investissement et usine à start-up]. Et là, mon profil généraliste, patron de start-up ou de boîte, ne trouvait pas à s'employer. Le gros des emplois proposés en Irlande, ce sont des jobs de commerciaux et moi, je pensais que c'était bas de gamme, dégradant de devenir commercial – j'avais une perception très "grande école française" : c'est nul de devenir commercial, quand on est juriste et HEC. Je résiste trois à quatre mois et je réalise que je ne trouverai pas l'ombre du boulot que j'avais avant ! Ravalant ma fierté, je me présente pour un job de commercial, tout en bas de l'échelle dans une boîte que je connaissais à peine, repérée grâce à quelqu'un rencontré en soirée. Comme j'avais contracté un emprunt HEC pour financer mes études qui tombe tous les mois, j'ai accepté la proposition. Ça fait six ans que je suis dans cette entreprise-plateforme américaine, qui s'affiche comme le Google de l'emploi, qui met en relation des demandeurs d'emploi du monde entier et des recruteurs de tout type d'emploi. » Revenu en France, il est aujourd'hui à 33 ans le numéro 2 de la filiale française.

Observons les consultants des cabinets de conseil – terreau réservé exclusivement aux bac +5 dans les filières de l'ingénierie, du commerce, du droit et de la finance. Dans ces cabinets, les consultants tout frais émoulus de leurs études sont envoyés dans des entreprises pour remplir une mission, en général un problème technique, de communication ou d'organisation à résoudre – la mission peut être courte (quelques semaines) ou aller jusqu'à un an environ. On débute comme consultant junior supervisé par un manager ; puis, approchant la trentaine, on peut devenir consultant senior, étape qui dirige vers le statut de manager. Lors de ces missions, le jeune consultant a régulièrement des points de rencontre avec son superviseur pour être évalué et franchir les stades hiérarchiques de l'entreprise (évaluation à six mois et évaluation à un an), un entretien relativement bienveillant (« On est du même monde ») qui débute souvent par une autoévaluation – l'autoappréciation, qu'on ne saurait assimiler à l'autocritique, fait partie de la mentalité des hauts diplômés. Conjointement, on est évalué par le manager de l'établissement où l'on effectue la mission, tâche qui d'ailleurs peut s'effectuer dans des domaines où l'on ne connaît strictement rien, et par ce détour, cette expérience tourne en test et devient une preuve que le jeune cadre est apte, ou non, à affronter une problématique inédite et à se former rapidement sur le tas. Au cours de cette enfilade d'évaluations, le consultant peut demander à bénéficier d'une formation courte sur un sujet qu'il souhaite améliorer. Ce premier passage en cabinet de conseil constituera une carte maîtresse pour la suite de la carrière – seuls quelques-uns deviendront managers en interne, la plupart de ces cadres quittent le cabinet au bout de quelques années.

Chercheur en sciences de gestion, Sébastien Stenger a mené une enquête sur les consultants d'un grand cabinet d'audit américain[20]. On y trouve les mêmes logiques de carrière, le même processus de test et de compétition que dans le département « Énergie et Transport » du cabinet de conseil français où nous avons enquêté. Chaque semestre les salariés d'une même cohorte sont évalués et classés les uns par rapport aux autres ; les meilleurs sont promus et les moins bons invités à quitter le cabinet. Au terme de ce parcours d'une dizaine de grades, les meilleurs peuvent espérer être cooptés en tant qu'« associé » et devenir propriétaire d'une partie du capital. Le premier point qui frappe dans cette enquête est la croyance fondamentale que cette élite partage dans *les vertus de la méritocratie*. La plupart d'entre eux estiment qu'il est nécessaire et légitime de hiérarchiser et de distinguer les individus entre eux et donc de rétribuer les plus méritants sur un mode différentiel, sur le même modèle que la compétition scolaire dont ils sont sortis vainqueurs. Ainsi est privilégié un type de justice dans laquelle les promotions et les dénivelés de rémunération sont reconnus du moment qu'ils reposent sur le mérite (les associés de ce cabinet américain, un des fameux Big Four, gagnent entre 300 000 euros et plus de 1 million d'euros par an). Ce sentiment d'être légitimes en raison de leur mérite est accentué par le fait qu'au-delà des diplômes gagnés à la suite d'un long itinéraire scolaire, les consultants travaillent à un rythme frénétique et sont soumis aux pressions dues à cette compétition du *in and out* : d'abord par la montée en compétence incessante qu'exige l'entreprise, par la loyauté qu'il convient d'afficher à son égard, mais aussi par les signes et comportements au quotidien qu'elle implique d'émettre et qui prouvent une bonne intégration à la culture interne.

Dans l'enquête française auprès des consultants sur l'innovation (rappelons que tous ont entre 25 et 40 ans), s'esquissent deux profils. Certains sont des Himalayens de l'escalade professionnelle, ils en possèdent toutes les cordes : émerveillement de pouvoir se confronter « à des gens brillants » qui les élèvent intellectuellement, longues heures de présence au travail, enthousiasme pour leurs missions, contribution à des activités internes de l'entreprise (participation à des groupes informels, rédaction de blogs, suivi par toutes les antennes possibles de l'activité de son secteur, participation aux nombreuses occasions de sociabilité de l'entreprise). Souvent, ils ont d'ailleurs un temps d'avance, en termes de grade et de rémunération, sur leurs congénères. D'autres continuent de cultiver un profil de bons élèves, suivent sans ambages le cursus qui consiste à s'aguerrir en enchaînant des missions plus ou moins intéressantes, mais leur fibre « carriériste » reste à prouver. Ils arrivent au bureau à 9 heures, le quittent vers 18 h 30, ne font jamais d'heures supplémentaires le soir ou le week-end, ont un engagement ailleurs qui peut être associatif ou personnel – un recentrage sur eux-mêmes après tant d'années à sauter les obstacles : « J'essaie de faire que le travail soit moins au centre, me concentrer un peu plus sur moi en tant que personne et non que salarié, de mettre des jalons dans ma vie. Je me rends compte que ce qu'on demande aux jeunes c'est d'apprendre par cœur, passer des obstacles, sauf que sur le terrain, on n'a pas nécessairement besoin de toutes ces compétences. Il est vrai que je me suis construit les éléments de ma liberté, c'est vrai que je ne crains pas le chômage. Mais parfois je me demande "Tout ça pour ça" » (Léonard, 27 ans, *business analyst*, Institut d'administration des entreprises, master de Business consulting à Dauphine). Le sentiment de méritocratie ne se mue pas uniquement en ambition professionnelle, il peut s'intriquer à une autre aspiration, intime et de nature existentielle, qui parfois dévie vers un autre choix que la carrière. Mais, y compris dans la dissidence, qu'il s'agisse de butinage ou de posture radicale, le haut diplômé se sent légitime à être là où il est.

Métier : plombier, tendance start-up

La quête de sens atteint un acmé chez des hyperdiplômés qui font le choix de s'investir dans l'artisanat. Dans le livre *La Révolte des premiers de la classe*, on suivait des bac +5 ayant choisi des métiers de bouche : boulangers, pâtissiers, brasseurs, ou charcutiers. Un tel cheminement existe aussi pour les métiers du bâtiment. Diplômé de Sup de Co Reims, et détenteur d'un master de Sciences Po, Mathias a passé trois années dans un cabinet de consultants, sans enthousiasme : « Mes missions n'avaient aucun intérêt. » Ayant toujours aimé bricoler, il décide de devenir plombier, soutenu d'ailleurs dans ce projet par son ancien employeur qui signe une rupture conventionnelle, ce qui lui ouvre les allocations-chômage.

Son préalable est de décrocher un CAP, examen qu'il passe en candidat libre après un an de travail sur le tas comme ouvrier chez des artisans rencontrés grâce à des proches familiaux et surtout grâce au bouche-à-oreille de son école de commerce – d'anciens étudiants ont monté l'entité « Les plombiers gentlemen » qui débarquent chez leurs clients en costume-cravate en apportant une rose ou un pain au chocolat.

« Juin 2018. Les épreuves durent trois fois un jour. Ayant le bac, je suis dispensé de certaines épreuves écrites, mon inscription est acceptée directement. Je passe deux examens écrits, de type éducation civique appliquée à l'entreprise, très accessibles. L'examen pratique comprend deux épreuves que l'on doit effectuer en quatorze heures maximum étalées sur deux jours : on est devant un mur blanc, on doit reproduire le schéma que l'on a devant les yeux : des tuyaux qui vont dans tous les sens, vingt-cinq soudures à faire, puis mettre de l'eau dans le circuit. Si ça fuit, ce n'est pas bon, mais si ça ne fuit pas, c'est bon. Les évaluateurs sont plutôt des surveillants bienveillants. Ils sont très contents de voir des jeunes qui optent pour ce métier par goût. On était une vingtaine de candidats, deux avaient un profil comme le mien, quelqu'un qui passait ce CAP pour le plaisir après avoir suivi des cours de chaudronnerie avec la mairie de Paris, et un ingénieur employé dans une entreprise à la Défense. Le candidat classique est d'origine immigrée, a entre 17 et 20 ans. Certains avaient déjà travaillé avec un plombier et ont terminé très vite leur montage, bien avant moi ; d'autres, qui suivaient cette filière un peu par défaut, peinaient complètement. Je me suis dit que si j'embauchais un jour un ouvrier, il faudrait que je vérifie ce que vaut sa formation. »

CAP en poche en juillet 2018, il contacte un ami avocat pour monter une SAS, achète un camion et contracte une assurance payée très cher, en raison de son peu d'expérience. N'ayant pas encore de local, il met ses outils chez ses parents et dans son camion. « Ma première facture, c'est ma sœur, pour son appartement. Ça me fait de la trésorerie. La seconde facture, c'est un plombier pour lequel j'avais travaillé. Pour octobre, j'ai un chantier : une salle de bains à refaire chez la maman d'une copine. Ma clientèle c'est 98 % du bouche-à-oreille, je n'ai pas encore construit de site Internet faute de temps. J'ai du boulot depuis que je me suis installé, j'ai déjà fait 70 factures et d'ici la fin de l'année j'aurai un chiffre d'affaires de 150 000 euros environ. » Il se verse 2 200 euros nets de salaire par mois, certes moins que son ancien emploi de consultant (3 800 euros nets), mais le plaisir est là, et de toute façon ce n'est qu'un début. « Je suis emballé par ma reconversion. C'est varié : dans la même journée, je peux avoir les mains dans un évier et le lendemain faire ma compta, réfléchir à mon futur site Internet ; j'ai la liberté de prendre un jour de vacances, d'aller chercher ma fille à la crèche, par exemple. Et j'ai l'impression de travailler pour moi. Je voulais me prouver quelque chose à moi-même, j'ai toujours été impressionné par les chefs d'entreprise. Évidemment, si je plafonne à 2 200 euros et qu'on a d'autres enfants, peut-être la contrainte financière m'obligera à autre chose [sa femme, rencontrée à Sup de Co, est cadre dans le marketing], je pourrais alors devenir cadre dans le bâtiment, ou dans une petite entreprise de plomberie. C'est très manuel ; j'ai les mains dans le cambouis. Quatre jours sur cinq, je suis en bleu de travail, et le soir je dois prendre une grosse douche. C'est stressant aussi : un chantier, c'est compliqué, il peut y avoir une inondation. Et surtout faire marcher une entreprise, on y pense tout le temps : le soir, le week-end et les vacances. C'est aussi fatigant, et si je veux développer l'entreprise, il faudra que j'embauche : dans cinq ans, j'espère être moins sur le terrain et avoir des ouvriers qui travaillent pour moi. L'idéal, ce serait d'avoir des chantiers comme des salles de bains ou des appartements et quand je le souhaite, pouvoir faire moi-même un dépannage pour garder ce côté concret. Je ne redeviendrai jamais consultant. Depuis deux ans, il n'y a pas un matin où je me suis réveillé sans avoir envie d'aller travailler. »

Aux États-Unis, l'hommage rendu à la compétition universitaire constitue le pendant de la vénération envers la société de marché et les jeux de concurrence. Et cette philosophie de l'élitisme atteint des sommets chez les dirigeants de la Tech. Une enquête sur l'ethos professionnel des créateurs d'entreprise de la Silicon Valley démontre combien s'est installée chez eux une plénitude de légitimité[21] à incarner l'excellence et l'esprit de la « gagne » à l'américaine. Les dirigeants du Net se révèlent, comme on pouvait s'y attendre, radicalement pro-business : ils sont peu favorables aux syndicats, revendiquent l'extension des libertés des entrepreneurs, et ils pensent, par exemple, que le système scolaire pourrait être amélioré, s'il était géré comme une entreprise. Leur vision de la société est celle d'une méritocratie génératrice d'inégalités. Ainsi ne sont-ils pas choqués par les écarts colossaux de revenus – notamment, pour eux, les revenus doivent être alignés sur la contribution que chacun apporte à la société, ce qui naturellement induit des inégalités entre les individus et d'ailleurs, et sans plus de précaution, « ils pensent que les citoyens n'ont pas tous le même potentiel, le même talent, pour contribuer à la société ». Ces premiers de la cordée scolaire se lovent dans la bonne conscience de celui qui a remporté un marché à la loyale, à l'instar du *self-made-man* qui se sent justifié par les risques qu'il a pris et les investissements qu'il a déployés pour mener ses affaires. Dans le « nouveau monde » californien, on croit aux vertus du marché et de la concurrence, et personne n'a envie de trop se prendre la tête pour savoir si la sélection scolaire résulte d'une concurrence réellement libre et non faussée. Ils s'estiment pleinement de leur bon droit sur leur Olympe.

Le diplôme supérieur est donc un sésame pour beaucoup de portes, tant pour acquérir le confort économique que pour décider de sa vie. La dissidence des élites fait chavirer de curiosité les médias, comme s'il s'agissait d'une incongruité. De fait, c'est presque tout le contraire. Chez la plupart des bourgeois sommeille un bourgeois bohème et les gagnants du système scolaire se placent spontanément du côté du mouvement et des valeurs de rupture. Dès les années 1980, Daniel Bell avait bien noté les aspirations et le système de pensée de ces nouveaux diplômés du supérieur, cette fraction sociale que des travaux ultérieurs nommeront la nouvelle classe ou les « créatifs culturels » : hédonisme, anticonformisme, principes de liberté et d'émancipation individuelle. Pour ceux-là, souvent, la réussite s'habille de bien plus d'exigences que de la simple récompense financière ou de la griffe statutaire. Bifurquer vers un métier « détonnant », chercher un ancrage professionnel plus convivial ou moralement gratifiant font partie des options possibles pour des bac +5 et *a fortiori* pour des diplômés de grandes écoles ou des Ivy League, puisque, de toute façon, la cote de leur diplôme dilate leur espace de liberté[22]. Tout autant, la détention d'un tel parchemin opère comme une assurance risque, car elle facilite, en cas de besoin ou d'échec d'un choix dissident, un retour à la case départ.

Adèle, X-Mines de Saint-Étienne, vit avec Jean-Baptiste, Centrale Lyon

Ce portrait de la classe culturelle serait incomplet si l'on ne signalait pas un trait essentiel : l'homogamie des couples qui se forment au sein des surdiplômés. Depuis le boom de l'enseignement supérieur et son ouverture aux femmes, plus le niveau de diplôme est élevé, plus on se marie, et plus on se marie entre niveaux universitaires équivalents. Notre enquête Ifop en donne l'illustration : dans la tranche des 25-39 ans, 73 % des bac +5 vivent en couple avec ou sans enfant contre 62 % de ceux dont le diplôme est inférieur à bac +5, le taux de mise en couple étant maximal chez les recrues de grandes écoles, les ingénieurs en tête. Chez ces personnes en couple 41 % des bac +5 vivent avec une personne au niveau de diplôme équivalent, contre 33 % de ceux dont le diplôme est inférieur à bac +5 *, l'homothétie de diplôme étant maximale chez ceux qui sont passés par une classe préparatoire (51 %) ou qui sont ingénieurs (43 %). La démonstration est impeccable : à ce niveau de parchemin on ne se mélange pas ! Notons aussi que si 39 % des femmes surdiplômées vivent avec un homme qui l'est autant qu'elles, 55 % d'entre elles vivent avec quelqu'un qui l'est moins, une disparité due au moindre niveau de diplôme des hommes en moyenne face aux femmes dans les nouvelles générations – nous avons rencontré cette situation plusieurs fois dans notre enquête. Parallèlement, 45 % des hommes surdiplômés vivent avec une femme qui l'est autant qu'eux, et 50 % avec une femme dotée d'un moindre niveau de diplôme. Point d'orgue : l'homogamie au sein des 20 % se comprend d'autant plus que, bien davantage que les individus dotés d'un moindre diplôme, ils rencontrent souvent leur conjoint au cours de leur cursus universitaire – la tendance est maximale pour ceux qui sont passés par une classe préparatoire (figure 2). Les grandes écoles sont presque la première

---

* Pour ce groupe, 32 % des conjoints ont un niveau inférieur et 35 % un niveau plus élevé.

Figure 2. Lieu de rencontre du conjoint

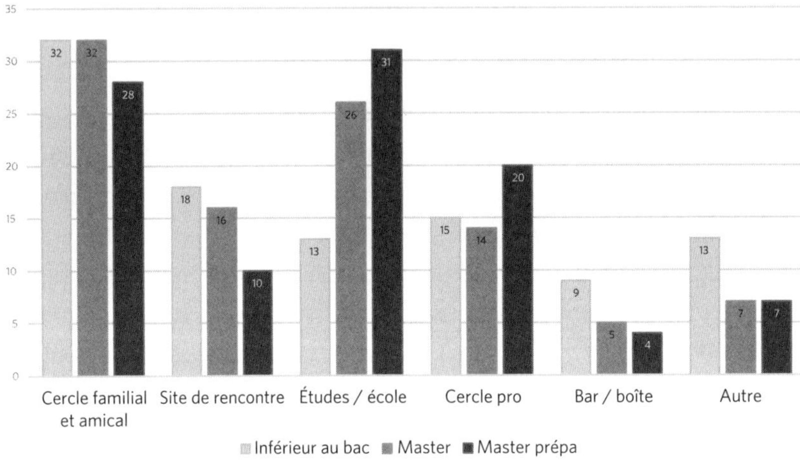

Sondage Ifop, octobre 2019, en pourcentages. Base : Français âgés de 25 à 39 ans.

agence matrimoniale pour ceux qui les fréquentent (après la famille et les amis, toutefois). Plus on passe par les classes préparatoires et moins on use des sites de rencontres ou des lieux de loisirs (bars, boîtes de nuit) pour « trouver l'âme sœur* », tant ce milieu sélectif offre des opportunités de rencontres affinitaires.

« Loin d'abandonner le mariage, les Américains diplômés l'ont réhabilité au profit d'une institution éducative adaptée à l'âge de l'économie de la connaissance. » David Brooks, auteur de *Bobos in Paradise*, démarre son livre par une succulente exploration des annonces matrimoniales du *New York Times* des années 2000. Alors que traditionnellement, ces dernières insistaient sur les accouplements entre noms de famille connus, la plupart du temps situés au sein des WASP, aujourd'hui, ce qui est publicisé avec superbe, c'est le pedigree universitaire : « Si vous regardez le carnet mondain, vous pouvez sentir la force qui se dégage de tous ces taux de réussite aux examens d'entrée à l'université. Dartmouth épouse Berkeley.

* Ce sont les professions intermédiaires qui usent le plus souvent des applis de sites de rencontres pour trouver un compagnon ou une compagne (26 %).

MBA se marie avec Ph. D… Fulbright épouse Rhodes… Un MBA de Duke qui travaille à la Nations Bank épouse une diplômée de la Michigan Law School qui travaille chez Winston & Strawn. » Ces appariements scolaires existent aussi en France, notre enquête l'atteste, mais une discrétion de bon aloi les entoure. En particulier, ils ne s'annoncent pas dans les carnets mondains, devenus rares par ailleurs. Aux États-Unis, c'est tout le contraire : la poudre aux yeux autour des mariages passe par l'affichage de ces parchemins.

L'incubation des « talents »

De la méritocratie à la *parentocracy*

Sous la plume du spécialiste de l'éducation anglais Phillip Brown, la méritocratie se pare du nom de *parentocracy*. Dans un article de 1990[23], il désigne de cette manière la troisième vague de la révolution éducative, après l'accès des couches populaires à l'école au XIXe siècle, et après l'idéologie de la méritocratie qui s'épanouit dans l'après-guerre. L'ère de la *parentocracy* correspond, selon lui, à la privatisation familiale du système éducatif, et incarne une époque où l'éducation d'un enfant est essentiellement déterminée par le niveau de revenus et les projections de ses parents. Il y a évidemment dans sa démarche une vive inspiration bourdieusienne, et il est intéressant de relier son propos au contexte de la fabrication des talents. À l'ère de la globalisation, pour les couples de classes moyennes supérieures, presque toujours biactifs, être parent est conçu et accepté comme un métier à part entière qui va mobiliser les ressources affectives, intellectuelles mais aussi financières et en temps de la famille pendant de nombreuses années. Le principe de méritocratie se décline sur tous les niveaux, y compris les plus personnels.

La lutte des places autour des diplômes et maintenant de la course aux talents implique un itinéraire éducatif infiniment plus complexe et approfondi que celle qui consistait à produire des têtes bien faites, comme nous l'avons vu. Les premiers de la classe ne sont plus ce qu'ils étaient, et jusqu'à un certain point, il devient plus important de construire un parcours qui contribue à l'épanouissement de toutes ses potentialités, quitte à prendre son temps, que de tenir la corde continûment en tête de classe. Créer un humus favorable à la floraison du talent, une superbe *uniqueness*, suppose un plan de bataille stratégique tout au long du cursus universitaire, savoir intelligemment naviguer entre les opportunités qui s'offrent, et avoir l'impulsion d'aider sa chance.

Élise, 29 ans, ingénieure, cofondatrice d'une start-up lilloise spécialisée dans les capteurs pour chevaux, illustre ce type de cheminement quelque peu chaotique mais dirigeant vers une expertise originale. Son enfance et son adolescence qui se déroulent à Orléans sont dominées par une passion : l'équitation. « C'est un sport qui prend du temps et qui est très coûteux, alors que mes parents ne roulaient pas sur l'or. » Bac S en poche à 16 ans, elle entame des études de médecine, mais échoue deux fois le passage en seconde année. « Je suis rentrée penaude chez mes parents, c'était un échec douloureux, et je ne voulais plus entendre parler d'études. Tout ce que je savais faire c'était monter à cheval et j'avais une passion pour l'armée. » Elle décide de devenir garde républicain, passe un été à se préparer aux épreuves physiques du concours, pense qu'elle pourra se dispenser des deux ans de gendarmerie qu'il faut effectuer en préalable car elle bénéficie d'un contact haut placé dans la garde républicaine – contact qui se révélera infructueux et rendra impossible son projet : « À 19 ans j'étais pratiquement déscolarisée ». Elle poursuit pourtant son idée de faire de l'équitation un métier et décide de tenter l'école militaire de Saint-Cyr. Pour cela, le détour par une classe préparatoire est indispensable : elle appelle alors son ancien lycée, qui accepte de l'intégrer bien que les cours aient déjà commencé. Au fil des deux années de prépa, elle abandonne progressivement le projet de tenter le concours de Coëtquidan qui implique une excellente préparation physique qu'elle n'a plus. « C'est à ce moment-là que j'ai regardé ce que voulait dire être ingénieur, et finalement j'ai présenté mon dossier à l'université technologique de Compiègne (UTC), où j'ai été acceptée. »

Dans notre enquête française, les hauts diplômés sont presque tous nés dans des familles à bon capital culturel (les deux parents sont diplômés du supérieur), des familles aisées mais pas nécessairement fortunées, et résidant souvent dans des grandes ou moyennes villes de province – ce qui met à mal une vision parisienne de l'origine de l'élite de masse. À l'exception de quelques enfants de la haute bourgeoisie parisienne, ils n'ont pas vécu leur enfance dans une opulence ostensible, mais par contre ont toujours bénéficié d'une sécurité culturelle, accompagnée d'un certain confort matériel. Ce ne sont pas « des gosses de riches », mais des enfants d'univers culturellement privilégiés – cela pour bien marquer la différence avec les hyperdiplômés américains dont nous parlerons ensuite.

Dans son livre *Enfances de classe*[24], Bernard Lahire met les enfants nés dans un milieu où les deux parents sont tous deux diplômés dans le groupe de « l'enfance des classes supérieures », dont acte, mais pour beaucoup d'interviewés de notre enquête cette immersion dans une strate supérieure ne se traduit pas subjectivement par un sentiment d'avoir vécu lors de leur enfance dans le haut du pavé de la société française, mais plutôt dans des classes moyennes supérieures. Certes, les parents ont soutenu financièrement les études des interviewés de notre échantillon, mais n'ont pas opéré (encore ?) de transferts en capitaux à leur égard : signe notoire, rares sont ces jeunes cadres qui, quelques années après leur entrée dans la vie active, ont bénéficié d'un apport familial pour accéder à la propriété. Situés dans la tranche d'âge 25-40 ans, la plupart d'entre eux, qu'ils résident à Paris ou dans une autre grande ville, sont encore locataires et souvent épargnent eux-mêmes pour acheter un jour un appartement. Si l'on remonte à la génération d'avant, beaucoup ont des grands-parents paysans ou petits artisans ou petits entrepreneurs. Les itinéraires familiaux suivent l'évolution de la France de l'après-guerre avec un nombre sans cesse plus important d'individus diplômés du supérieur qui se sont investis dans la mission éducative de la génération d'après.

La massification de l'enseignement supérieur doit se lire aussi à travers le regard croisé entre générations. Un rapport de l'OCDE de 2015, *Regards sur l'éducation,* met en lumière un aspect important : le différentiel du niveau d'éducation d'une génération à l'autre en comparant celui des parents et celui des enfants. La mobilité intergénérationnelle est particulièrement nette en France et, chose stupéfiante, comparativement à d'autres pays développés, celle-ci ne se révèle pas tant la championne de la reproduction sociale que celle de l'ascension éducative : ici, 40 % des 25-34 ans ont atteint un niveau de formation plus élevé que leurs parents – pour les deux tiers en passant par l'université – contre 32 % en moyenne dans l'OCDE ; 50 % ont un niveau de formation identique à celui le plus élevé atteint par leurs parents, contre 52 % en moyenne OCDE ; et 10 % seulement n'ont pas pu égaler le niveau de formation de leurs parents, contre 16 % en moyenne OCDE.

De toute notre enquête, Jeanne, diplômée de la prestigieuse École des commissaires de police de Lyon et occupant un poste élevé dans un office central du ministère de l'Intérieur, est la seule personne ayant radicalement changé de classe sociale *via* la méritocratie scolaire. Elle grandit à Blois dans une famille catholique où ses parents, ouvriers, travaillent dans le cadre de l'hôpital public : père peintre en bâtiment, mère secrétaire médicale. Son récit autobiographique est celui d'une mobilité sociale ascendante tranquille et réfléchie qui dure une dizaine d'années, au plus loin d'un cynisme à la Rastignac. Il manifeste l'exercice d'une vraie souveraineté sur son itinéraire, ce qui apporte évidemment bien des nuances à une vision trop déterministe des trajectoires sociales : la qualité de l'entourage familial, l'image de soi, les rencontres, la capacité à savoir sourire à sa chance, les particularismes psychologiques, tout compte comme le manifestent les exemples figurant dans le livre de Chantal Jaquet et Gérard Bras, *La Fabrique des transclasses*[25].

« Depuis l'âge de 13-14 ans, je voulais être avocate. Dans le cadre de ma scolarité, j'avais effectué un stage dans un cabinet d'avocats. J'étais une élève moyenne, mais avec un an d'avance. J'ai passé un bac littéraire, avec mention AB. Je pars faire mes études en fac de droit à Assas à Paris, je savais que c'était la meilleure fac et que je n'avais pas tellement d'avenir professionnel dans ma région d'origine. Et comme c'était compliqué pour s'inscrire, j'ai fait ma première année de droit à la Faco, fac privée de droit, où c'était payant, mais mes parents ont contracté un emprunt pour financer ces études. Puis, j'ai intégré Assas en seconde année de Deug. Je me suis lancée dans une maîtrise de droit international privé car j'aimais les langues et je voulais voyager. J'aurais dû passer l'examen du barreau, mais après quelques stages en cabinet d'avocats, le métier me paraissait moins séduisant. Il fallait beaucoup se battre pour en vivre confortablement. Ces cabinets étaient très masculins et je me suis projetée : "Est-ce bien pour moi ? Ce métier sera-t-il compatible avec ma vie privée ? Ai-je l'envergure ?" Je me sentais perdue et j'ai renoncé.

« Mon beau-frère qui travaillait à Londres dans une banque me dit que sa banque recrute. C'est l'occasion qui a fait le larron, et je me suis présentée. En huit jours j'étais recrutée chez UBS comme petite main pour préparer des contrats assez simples, mais qui supposaient une certaine technicité du droit. En deux ans, je deviens complètement bilingue et j'ai une vie superbe : je voyage en Grande-Bretagne, je gagne extrêmement bien ma vie, trois ou quatre fois ce que j'aurais pu avoir en France. Même si la vie est chère à Londres, je mets de l'argent de côté. J'aurais pu faire une carrière là, j'avais des ouvertures. Mais j'avais des interrogations sur l'intérêt de mon travail. Au niveau des valeurs, ce n'était pas du tout ce que je recherchais, on y rencontre des milieux incroyables, avec énormément d'argent en circulation. Donc beaucoup de questionnements. À ce moment-là, toujours par l'intermédiaire du mari de ma sœur, je rencontre un homme qui était commissaire de police à Reims. J'ai eu un coup de foudre pour le métier. Je me suis dit : ça peut être très intéressant. Je me suis documentée. Je décide de m'inscrire et puis de voir. Et je démissionne de mon poste à UBS. »

Elle s'inscrit à Assas dans un master 2 spécialisé pour le concours, qu'elle finance elle-même grâce aux économies réalisées à Londres et aux allocations-chômage. Elle passe le concours, le rate une première fois, se réinscrit (« Il faut persévérer, j'étais bien accroché à ce métier »), postule, dans le cadre de l'École des commissaires, à une sorte de classe préparatoire dédiée aux jeunes issus de milieux modestes comme elle et est admise au sein d'une petite promotion de 15. Finalement, elle réussit le concours. « Ce furent les deux plus belles années de ma vie. École dans un cadre magnifique. Hyper ambiance. On était une promotion de 59, dont 30 % de femmes. »

Jeanne surprend car si elle a été l'artisan de sa vie à chaque étape, elle a aussi bénéficié d'un entourage bienveillant. Quels parents ouvriers empruntent à la banque pour financer les études de leur fille à Paris dans une faculté privée ? Pas assez sûre d'elle-même pour poursuivre son projet de devenir avocate, elle s'envole pour Londres et travaille dans une des multinationales de la banque à la logique financière la plus pure, mais elle goûte le dépaysement que cela procure, en profite pour voyager et devenir bilingue. Plus tard, elle opère un virage en épingle à cheveux pour présenter le concours des commissaires, un retournement peu évident et qu'elle finance sur ses économies personnelles.

À aucun moment n'émane de son propos le sentiment de honte si souvent présent chez ceux qui, venus d'un milieu populaire, intègrent la bourgeoisie : il est vrai qu'ici, il s'agit de la bourgeoisie d'État et que la police est un monde en soi, où la promotion sociale *via* les concours internes est facilitée. Son salaire comme commissaire est confortable (un peu plus de 5 000 euros nets par mois), plus élevé que celui de beaucoup de start-upeurs que nous avons rencontrés – eux, souvent issus de milieux privilégiés. Et elle ne tarit pas d'éloges sur son métier présenté sous un jour que ne renierait pas une série policière : « La mission est passionnante à la base (le droit, la justice). J'ai toujours été intéressée par les grandes affaires, rechercher la vérité, et là on est au cœur de l'enquête, on rencontre plein de gens, c'est très riche humainement, et c'est un travail d'équipe. On vit vingt-quatre heures sur vingt-quatre, comme les médecins, les hôpitaux, les gens qui ne se couchent jamais vraiment, comme à

New York. On a une mission managériale, on est meneur d'hommes. J'aime le côté service public : la police rend un service énorme à la population. On est confronté à une vision très fine, parfois très sombre, de la société. C'est ce qui m'a conquise au départ, c'est une vraie radiographie de la société. »

La douce matrice éducative des familles privilégiées à l'heure de la globalisation

Bernard Lahire, dans l'enquête qu'il a supervisée, *Enfances de classe*, dessine à partir de 35 études de cas distribués en trois groupes – « couches populaires », « classes moyennes » et « classes supérieures » – les modèles éducatifs à l'œuvre et ce faisant indique comment se construit le rapport à l'institution scolaire. À la lecture de ce riche document focalisé sur des enfants de 5 ans en dernière classe de maternelle, certains constats sautent aux yeux. Tout d'abord, dans toutes les familles, le rapport à l'école et donc à l'instruction fait toujours l'objet d'un souci et d'un suivi plus ou moins affirmés – sauf dans des univers totalement désocialisés où les urgences figurent ailleurs et où les profits que l'enfant retire de l'école ne font pas l'objet d'une spéculation des parents, car ils ne la relient pas à l'avenir possible de leur progéniture. Il est clair aussi que les itinéraires familiaux – celui des parents, des grands-parents et des fratries –, le lien des uns et des autres entretenu envers l'école, les conditions de vie, la régularité ou pas de la vie familiale, les modèles culturels, mille détails comptent et, au fond, on est surpris par le caractère très personnel du vécu et de l'organisation de chaque famille. Si beaucoup de variations existent dans la façon dont les diverses fractions des classes supérieures gèrent l'éducation, toutefois, on repère une matrice commune.

Dans leur sphère privée, leurs enfants bénéficient abondamment de la présence d'adultes : les parents, les grands-parents, des nounous, éventuellement des enseignants particuliers. Tout est organisé pour qu'ils connaissent un sentiment de protection et d'accompagnement au quotidien, et qu'ils reçoivent un apprentissage de tous les instants qui les prépare au mieux à l'autonomie et aux attendus de la vie scolaire et de l'insertion sociale. L'espace familial est conçu en fonction d'une vision à la fois individuelle des activités des enfants – chacun a sa chambre, chacun possède sa petite bibliothèque et ses jeux – et d'une possibilité d'interactions permanente avec les adultes – mais aussi avec ses frères et sœurs. Dans les espaces communs, livres et jeux éducatifs sont aussi présents. Toute occasion est bonne pour stimuler l'enfant, notamment pour le langage – il assiste et participe aux conversations, on rectifie son vocabulaire, on fait des petits exercices de mémorisation ou de logique, le tout spontanément et dans une ambiance ludique et affectueuse, au plus loin d'une perspective scolaire. L'apprentissage de l'humour, de la distance critique en usant de la lecture d'histoires, de jeux et de jeux de rôles, de devinettes ou même de l'organisation de petites pièces de théâtre est un humus éducatif primordial. Les écrans sont pour l'essentiel évacués (souvent d'ailleurs on ne possède pas de télévision), et en tout cas contrôlés strictement en matière de contenus et de durée : ces milieux transmettent, à l'instar de l'école, une image « enchantée » du livre comme vecteur de connaissance et sésame pour l'imaginaire. Les notions de méritocratie et d'efforts et de persévérance sont inculquées dans certaines familles ainsi que la valeur de l'argent, mais ce n'est pas systématique car chez beaucoup d'entre elles, la culture « légitime », la valorisation de l'école, l'élargissement des connaissances, la fréquentation des lieux culturels ou artistiques sont tellement inscrits comme un habitus qu'il s'avère inutile de rappeler la consigne de ne pas céder à la facilité. Comme l'évoque Bernard Lahire à propos d'une petite fille qui grandit, avec sa sœur, dans un milieu particulièrement sélectif dans ses choix culturels : « Quand le capital culturel fait partie intégrante de la vie des deux parents, nul n'est besoin pour eux d'ordonner ou d'interdire, c'est-à-dire de procéder à des injonctions explicites ou coercitives. Il suffit, au fond, pour eux d'être ce qu'ils sont, d'être présents et de corriger les façons de parler, d'emmener les enfants à la bibliothèque, de choisir pour elles des dessins animés, et de faire des remarques négatives sur d'autres qu'elles ont vus à l'extérieur de la famille ou qu'elles n'ont même parfois jamais vus, de leur raconter des histoires le soir, de choisir des livres pour elles, de leur installer des bibliothèques personnelles dans leur chambre, d'accrocher à des tableaux aux murs, de s'intéresser quotidiennement à ce qu'elles font à l'école en leur posant des questions ou en regardant leurs cahiers, de les emmener de temps en temps dans les musées ou à des spectacles, d'applaudir à leurs propres spectacles d'enfants, de parler de films ou de livres devant elles et de les amener à fréquenter des adultes fortement dotés en capitaux culturels qui, par leurs manières de parler, leurs façons de faire, leurs conversations, manifestent ces capitaux incorporés pour produire les résultats escomptés. »

Contrairement à l'idée préconçue d'un enfermement dans une culture élitiste, la plupart de ces enfants ont aussi accès aux productions culturelles *mainstream*, notamment à travers les dessins animés (Disney est loin d'être oublié et *La Reine des neiges*, plusieurs fois citée), les spectacles pour enfants, le cirque et les chansons – les chansons du répertoire populaire français. Presque toutes ces familles inscrivent leurs enfants à des activités sportives, souvent en suivant le goût de l'enfant ou dans une visée pédagogique pour développer une aptitude, l'objectif étant plus fréquemment d'assurer son bien-être physique, de favoriser une bonne tenue de son corps, que d'encourager l'esprit de compétition – même si cette dernière orientation existe aussi chez quelques familles. Trois apprentissages marquent plus spécifiquement la vie des enfants dans ces milieux privilégiés : la pratique du ski, sport onéreux et qui fournit l'occasion de séjours d'hiver en famille à la montagne ; le solfège et la musique (quel que soit l'instrument), mais l'enfant ne mord pas à tous les coups et parfois abandonne sans que ce soit un drame ; les langues étrangères, l'anglais est incontournable, et les voyages. Enfin, le modèle éducatif repose sur des règles de vie et la régularité des rituels et des horaires, l'autocontrôle autour de certaines disciplines – à l'égard de la consommation des écrans, ou des sucreries par exemple –, un encadrement souple, incitatif, faisant appel à la raison et non à la répression.

Ce modèle éducatif suggère toutefois comme une évidence que l'enfant effectuera un cursus universitaire long – la reproduction culturelle signant la reproduction sociale. Mais il incorpore les notions de liberté et d'épanouissement, donne sa part à la contingence individuelle et n'est pas strictement orienté vers l'accumulation monétaire et la carrière, donc vers les emblèmes ostensibles de la réussite. Cela explique la diversité des choix professionnels que nous examinerons en partie 2.

Les statistiques françaises évaluant l'intensité de la reproduction sociale s'appuient sur la profession des parents, jamais sur leur niveau de revenus – celui-ci est censé s'accorder à la profession. Certes, en France, les couches sociales privilégiées ont su s'organiser pour que leurs enfants soient les premiers bénéficiaires de la méritocratie scolaire et du système dit d'égalité des chances, et ce avec un succès certain, ce que confirme la figure 3.

Figure 3. Part des enfants des cadres supérieurs et des enfants d'ouvriers dans les filières supérieures

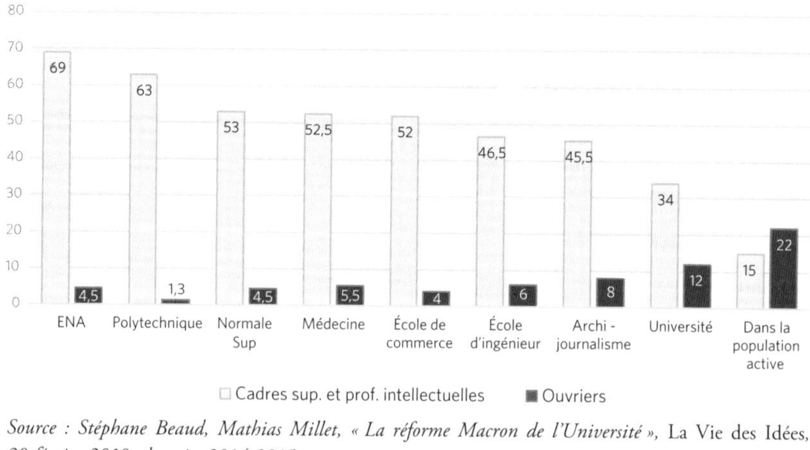

Source : Stéphane Beaud, Mathias Millet, « La réforme Macron de l'Université », La Vie des Idées, *20 février 2018, données 2014-2015, en pourcentages.*

Lecture : dans les promotions 2014-2015, les enfants de cadres supérieurs et de professions intellectuelles représentaient 69 % des étudiants de l'ENA.

Figure 4. Origine sociale des étudiants dans les filières supérieures

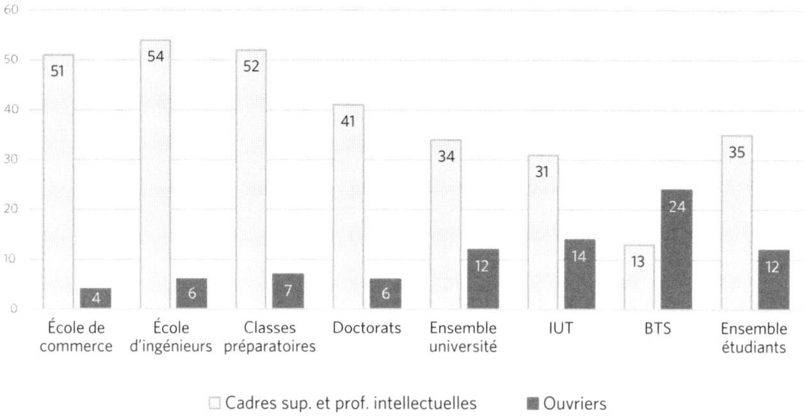

Source : Observatoire des inégalités, données 2017-2018, en pourcentages.

Lecture : dans les écoles de commerce, 51 % des étudiants sont des enfants de cadres supérieurs ou de membres des professions intellectuelles.

Les chiffres des figures 3 et 4 sont éloquents. De l'ENA à Polytechnique, des écoles de commerce aux écoles de médecine, les enfants de cadres supérieurs et professions intellectuelles (dont les enseignants) sont majoritaires, et les enfants d'ouvriers ne sont presque pas représentés. Ce recrutement est encore plus élitiste que celui des docteurs de l'université (41 %), lui-même socialement plus élevé que l'ensemble des étudiants des établissements universitaires (34 %). À l'inverse, les filières BTS comprennent plus d'enfants d'ouvriers que de cadres. Sans surprise, la fréquentation des études supérieures épouse strictement la courbe des disparités culturelles de la génération des parents.

Peut-on parler, comme le font certains hauts fonctionnaires, d'une « discrimination de fait » et non de droit puisque le recrutement se fonde sur l'excellence scolaire ? En réalité, dans ce système de sélection, le capital culturel de la famille d'origine compte davantage que ses ressources économiques : en témoigne la forte surreprésentation des enfants d'enseignants dans le microcosme des grandes écoles. Près de 50 % des étudiants de l'ENA ont au moins un parent enseignant.

Figure 5. Part des élèves de sixième qui atteignent le niveau bac +5 selon la profession des parents

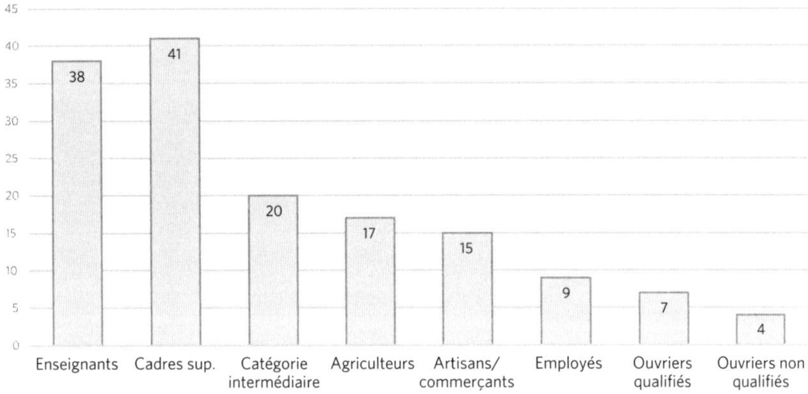

Source : Observatoire des inégalités, d'après les chiffres de l'Éducation nationale.

Lecture : ensemble des élèves entrés en sixième en 1995, en pourcentages. Parmi les élèves entrés en sixième en 1995, 38 % de ceux qui avaient un parent enseignant sont titulaires d'un diplôme de niveau bac +5.

En effet, les enseignants partagent un « secret d'initié » et sont les mieux placés pour transmettre les codes scolaires, favoriser l'autonomie dans le travail, introduire de la pédagogie dans tous les éléments du quotidien, rendre attractif le savoir et organiser sorties et vacances culturelles, comme l'indiquent Guillemette Faure et Louise Tourret dans leur enquête sur *Pourquoi les enfants de profs réussissent mieux*[26].

France/États-Unis : la fracture culturelle et la fracture de l'argent

Très différents sont les travaux américains sur la méritocratie scolaire qui partent toujours du niveau de revenus des parents et qui portent le phare sur cette dimension. Non que le poids culturel de la famille ne joue pas dans l'accès à l'université, et encore davantage dans les Ivy League, mais la richesse économique des parents est cruciale dans un pays où les études supérieures sont d'un coût élevé.

Comme l'explique Richard V. Reeves, auteur de *Dream Hoarders,* étude sur la tranche des 20 % les plus riches des États-Unis[27], « nous ne sommes pas juste des parents, nous pratiquons le métier de parent ». Un chercheur a d'ailleurs construit un indice de qualité du *parenting.* Son étude longitudinale menée dans le cadre de la statistique nationale montre que près de 35 % des ménages situés dans les 20 % les plus aisés pratiquent une parentalité très active (et 4 % une parentalité de faible intensité) contre moins de 5 % pour les ménages situés dans les 4 derniers déciles des revenus (et 57 % de parentalité de faible intensité). Cette course à la réussite des enfants aboutit à ce que tous les parents à haut niveau éducatif, et en particulier les mères, passent de plus en plus de temps à s'occuper de leur progéniture, s'adaptant à ce processus que des économistes nomment *the rug rat race**. De même, les femmes très diplômées prennent en moyenne un congé de maternité plus long que les autres femmes.

Aux États-Unis, chez les professionnels ou cadres supérieurs, le *parenting* commence avant le berceau, écrit Richard V. Reeves. Plus de la moitié des naissances a été planifiée, et ce avec la même rigueur que l'on porterait à un projet d'entreprise. Pendant la grossesse toutes les précautions de santé sont prises (ne pas fumer, prendre des vitamines, etc.) – de ce fait, on ne détecte dans ces milieux presque plus de naissances de bébés de petit poids (contre 10 à 30 % pour les autres couches sociales). Le parcours de l'enfant suit ensuite des balises que l'on connaît bien dans le système français : stimulation intellectuelle et abondance de jeux éducatifs dès le premier âge, suppression ou presque des écrans pendant la toute petite enfance, création d'un environnement protégé des risques et des violences, sélection d'écoles à pédagogie innovante, dîners familiaux animés, implication dans les devoirs et aide de professeurs à la maison, multiplication des activités extrascolaires. Chez ces parents, on parle en

* L'expression est difficile à traduire. On pourrait parler de « la course aux prépas dès le berceau », si on prend l'équivalent dans le système français (http ://www.nber.org/papers/w15284.pdf).

moyenne trois heures de plus aux enfants par semaine que dans les milieux modestes, ce qui enrichit le vocabulaire et favorise la dextérité argumentative : un *word podometer*, de fait, permet de mesurer l'exposition des jeunes à la diversité du vocabulaire.

Dans son livre sur l'*Aspirational Class*[28], celle qui occupe les sommets de la société américaine, la sociologue Elizabeth Currid-Halkett (elle s'est polarisée sur les 10 % du décile supérieur des revenus) montre combien ce nouveau modèle éducatif doit aux travaux anthropologiques valorisant la proximité physique mère/enfant le plus longtemps possible – la culture hippie a laissé des traces dans les esprits des recrues des Ivy League. Cours de yoga et cours sur la parentalité pendant la grossesse, injonction à l'allaitement au sein à la demande (six mois exclusivement au sein et au moins un an en allaitement mixte recommandés par l'Académie américaine de pédiatrie), incitation à garder le plus possible le nourrisson contre soi et à le faire dormir dans la chambre des parents (un pédiatre dogmatique, sans doute peu écouté, recommande cinq ans !). Tous ces préceptes rousseauistes, en vogue dans une moindre mesure en Europe aussi, sont appliqués avec zèle chez les couples engagés dans une parentalité ambitieuse car, dans ces milieux, les contrats de travail le permettent. Notamment, dans les entreprises de pointe, cette conception de la « bonne » maternité prévaut et les femmes cadres supérieures bénéficient de meilleurs congés payés de maternité et une sollicitude empathique les entoure : ainsi Sheryl Sandberg, numéro deux de Facebook, a pu sans problème pratiquer l'allaitement maternel sur son lieu de travail.

Les résultats de l'étude de Reeves sur les 20 %* sont imparables : c'est en facilitant l'accès de leur progéniture aux diplômes les plus élevés que les riches ont assuré leur maintien dans le haut de l'échelle sociale, un tournemain qui emboîte avec maestria revenus hérités et optimisation de l'effort éducatif. Cette classe culturelle championne

* Dans son étude, la population américaine est répartie en 5 quintiles, des plus fortunés aux plus pauvres.

de la reproduction sociale, il la nomme *dream hoarders*[29] : les accapareurs de rêve – ceux qui effacent aux yeux des autres toute perspective de grimper dans l'échelle sociale hors des sentiers scolaires d'excellence. 46 % de leurs enfants quittent l'université avec le plus haut niveau d'éducation, et 76 % d'entre eux atteignent un niveau éducatif très satisfaisant[30] – un score spectaculaire par rapport aux autres catégories : par exemple dans le quatrième quintile juste en dessous, la proportion de hauts diplômes est plus de deux fois moindre. Le *college* auquel on accède (le premier niveau des études supérieures aux États-Unis) s'avère le marchepied crucial de ces parcours d'excellence : ainsi une claire corrélation se dessine entre le niveau de revenus des parents et les *colleges* de l'Ivy League, le summum étant détenu par celui de Harvard, qui comprend 65 % d'enfants appartenant aux familles des top 20, et presque aucun de ceux issus des strates les plus pauvres. Plus généralement, 58 % des étudiants recrutés par les *colleges* Ivy League sont issus des ménages américains situés dans le top 20, 13 % d'entre eux provenant des 1 % les plus fortunés[31]. Sur deux ou trois générations, le tremplin *college* s'est révélé une machine de sélection sociale redoutable, car l'accès à ces institutions se solde par une pléiade d'avantages : sociabilité dans le milieu des bien-nés, accès à des réseaux tout au cours de la vie, meilleures chances pour des stages et des emplois, et, *last but not least*, atout pour que vos descendants puissent être recrutés par ce même *college* – les critères de sélection certes reposent sur les résultats scolaires mais s'y joignent des éléments subtilement pris en compte tels « le pouvoir économique, un savoir d'initié et les relations ». Avoir un père Alumni ou donateur de certaines universités, avoir une famille impliquée dans la vie de l'université constituent des éléments favorables pour votre dossier, ce qui écorne âprement l'image d'une méritocratie en acier trempé. Pour s'amarrer durablement, sur plusieurs générations, dans le haut de l'échelle sociale, l'arme de l'éducation est plus efficace encore que celle de l'argent, affirme Richard Reeves.

La mobilisation pour aider ses enfants à être reçus dans les « bons » *colleges* a tourné au scandale national au printemps 2019. En effet, il est apparu que certaines familles habitant Los Angeles ou la Bay Area avaient succombé aux offres d'un escroc qui, muni de deux complices (l'un effectuant les tests à la place des candidats, l'autre infiltré dans le système de l'administration), les aidait à contourner les règles pour remplir les formulaires d'admission de leur progéniture aux meilleurs *colleges* – usant de la possibilité de passer les tests à distance si on est « en état d'incapacité physique de se déplacer ». Ces escroqueries auraient duré depuis 2011. Les actrices hollywoodiennes Felicity Huffman et Lori Loughlin, mais aussi des intellectuels (dont une spécialiste reconnue de la culture des *millennials*, Jane Buckingham), des chefs d'entreprise et des personnalités du secteur financier, figurent parmi les quelque 50 personnes impliquées dans ce scandale. Ils sont accusés d'avoir payé entre 35 000 et 50 000 dollars pour favoriser la sélection de leurs enfants à Yale, à l'Université de Californie du Sud et dans d'autres institutions renommées[32]. Tous sont des parents fortunés et de très bonne éducation, fortement impliqués dans la vie de leur communauté, précisément le milieu pour lequel avoir un enfant reçu à Yale ou dans une grande université californienne marque le dénouement heureux d'une *parentocraty* scrupuleuse. L'affaire des pots-de-vin pour des titres universitaires a révélé au grand jour l'obsession de la bourgeoisie américaine pour la labellisation Ivy League de ses enfants – une quête éperdue qui a conduit des individus *a priori* « bien-pensants » et dotés d'une armature morale tenue pour « irréprochable » à se conduire de la façon la plus cynique. En octobre 2019, pour ce délit, Felicity Huffman, star de la série *Desperate Housewives*, a écopé de quinze jours de prison ferme et d'une année de libération conditionnelle au cours de laquelle elle doit effectuer 250 heures de travaux d'intérêt général.

En 2019, Daniel Markovits, professeur de droit à Yale, publie un essai, *The Meritocracy Trap* (le piège de la méritocratie), dont le contenu peut être résumé d'un trait d'ironie : « Sauvons les riches ! » Emboîtant le pas à Richard V. Reeves, il rappelle combien les grandes universités américaines pratiquent une sélection inégalée dans l'histoire américaine au point que Harvard, Princeton, Stanford et Yale, par exemple, intègrent plus d'étudiants nés de parents appartenant aux 1 % les plus riches que d'étudiants issus des 60 % du bas de la pyramide des ménages. Il décrit, chiffres et études à l'appui, la charge mentale que suppose cette compétition engagée dès le berceau et poursuivie dans le top des universités – travail incessant, renoncements à des centres d'intérêt personnels, nuits écourtées, angoisses, dépressions, etc. Le point fort de sa démonstration, c'est que pour assurer à sa descendance les mêmes chances d'intégration au sommet des entreprises et dans les professions libérales, ces gagnants d'un système scolaire extrêmement coûteux de la maternelle à l'université doivent s'arranger pour conserver un haut niveau de rémunérations, voire l'augmenter, inscrivant une pression continuelle sur le système économique – en 1962, l'association des avocats déclarait une moyenne annuelle de 1 300 heures de travail ; en 2000, ce volume horaire était monté à 2 400 heures, soit douze heures par jour six jours par semaine et sans vacances, pour une rémunération équivalent à trois fois celle de 1962.

D'une génération à l'autre, la course ne s'arrête jamais, et la compétition des talents récompensée par des salaires très élevés introduit inflation et accroissement des inégalités. De nombreuses études montrent de surcroît que ces cadres supérieurs épuisés sont insatisfaits de ce mode de vie. « Refuser de voir que cette méritocratie exerce une pression dommageable pour les riches est une erreur », conclut l'auteur, qui en appelle à une politique éducative plus inclusive notamment pour les classes moyennes. Dans son plaidoyer pour un modèle éducatif différent, il oublie d'indiquer qu'une partie de ces talents prend allègrement le large par rapport à la success-story chantée par le capitalisme américain.

Si la réussite dans le système éducatif français est moins déterminée par l'argent que par l'appartenance à la classe culturelle, il est pétri de comportements familiaux identiques à ceux de l'*aspirational class* américaine : *parenting* intensif dès le premier âge, construction de parcours dans les filières d'excellence, maturation d'un mental tendu vers la confiance en soi et l'éclosion des talents singuliers. Le talent, dans l'univers de la globalisation, ne diffère pas tant d'un pays à l'autre de l'Occident et c'est d'ailleurs par la « cultivation » de qualités que nous avons maintes fois détaillées et par des aspirations assez parallèles que les 20 % se reconnaissent d'un bout à l'autre de la planète.

Les blessures de la distance culturelle face aux « talents »

« *The whole world is going to university* », titre le magazine *The Economist* en 2015. L'essor de l'enseignement supérieur a correspondu aux besoins du marché du travail. La prophétie de Zygmund Bauman se révèle exacte sur le sésame que constitue un diplôme de l'enseignement supérieur : dans l'OCDE en 2017, 84 % des 25-64 ans passés par l'université sont en emploi, contre 56 % pour ceux qui ont un niveau inférieur au second cycle du secondaire. Sur un plan individuel, obtenir un diplôme de l'université est rentable, et d'ailleurs presque tous les parents, y compris ceux des milieux populaires, sont entraînés dans une même spirale : l'obsession scolaire.

Figure 6. *Millennials vs boomers.*
Part des diplômés du supérieur selon la classe d'âge

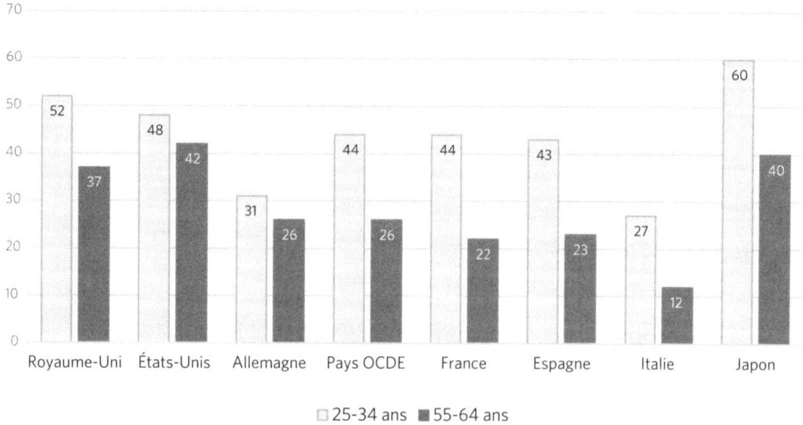

Source : OCDE, données 2017, en pourcentages.

La mobilité intergénérationnelle pèse sur les perceptions et les imaginaires : l'amélioration du niveau éducatif d'une génération à l'autre génère de profonds espoirs tant pour les parents que pour les enfants. Et cette promesse se brise quand l'accès au diplôme ne conduit pas rapidement à un travail et/ou à une promotion sociale. Tel est le paradoxe de ce vaste élan vers l'éducation supérieure : il accentue le sentiment d'angoisse de l'avenir quand les attentes (symboliques, sociales et financières) contenues dans l'idée de méritocratie scolaire ne sont pas remplies. Or une partie des diplômes du supérieur est loin de conduire à des emplois de haut niveau. Autrement dit, la labellisation « diplôme de l'enseignement supérieur » peut devenir un trompe-l'œil, car elle embrasse un ensemble disparate de parchemins, dont certains ont une valeur dérisoire. Pour ne donner qu'un seul exemple français, en 2016, trois ans après leur sortie de l'université, quand ils sont en emploi seulement 68 % des détenteurs d'un niveau licence sont dans un emploi pérenne et 33 % en emploi précaire ; et 13 % sont au chômage.

En France, certains BTS ou licences professionnelles dans des secteurs d'avenir, le développement durable, la robotique ou le service à la personne par exemple, garantissent un emploi alors que d'autres masters sont dotés d'une faible employabilité. D'autre part, plusieurs aspects pénalisent l'accès à l'emploi même si l'on a un niveau d'étude bac +5 : régulièrement, les jeunes originaires de l'immigration signalent les discriminations dont ils font l'objet face au marché du travail. Plus généralement, dans un contexte d'inflation des diplômes et de fausse monnaie scolaire, le niveau master 2 est devenu l'horizon souhaité de tout étudiant français qui engage des études, et le diplôme de grande école, la ligne de mire absolue des bons élèves – quitte à emprunter toutes les voies de traverse et d'équivalence mises en place par ces institutions d'excellence. Enfin, accumuler les éléments de distinction qui permettront d'intégrer le cercle des talents apparaît comme la voie à suivre pour les étudiants à haut diplôme.

Au-delà des déconvenues et amertumes engendrées par une partie des filières universitaires, la démocratie des diplômés inflige une blessure absolue à ceux qui ont quitté très tôt l'école – ceux qui n'ont pas le bac en France, ou ceux qui n'ont pas dépassé la *high school* aux États-Unis.

J. D. Vance, dans son livre *Hillbilly Elegy*[33], paru en 2016 juste avant l'élection de Donald Trump, fournit un témoignage sur la perception des élites hyperdiplômées par les habitants de la Rust Belt désindustrialisée, ces petits Blancs sortis tôt de l'école, subissant le chômage, les dislocations familiales et qui se consolent en consommant drogues et opiacés – ces profils fourniront une des bases électorales du nouveau président. Selon cet avocat essayiste, conservateur, diplômé de Yale et ayant grandi dans cet univers, le rejet d'Obama dans une région qui votait traditionnellement démocrate ne tient pas tant à un racisme latent qu'à l'image symbolique qu'il incarne : « Aux yeux de beaucoup de Middletowniens, le président [Obama] est un extraterrestre pour des raisons qui n'ont rien à voir avec la couleur de sa peau. Il ne faut pas oublier qu'aucun de mes camarades de lycée n'est allé dans une grande université. Obama en a fréquenté deux, dans lesquelles il a brillé. Il est intelligent, riche et il s'exprime comme un professeur de droit constitutionnel – qu'il est, bien sûr. Rien chez lui ne ressemble le moins du monde aux gens que j'ai admirés en grandissant : son accent, propre, parfait, neutre, est étranger ; ses références sont si impressionnantes qu'elles font peur ; il a longtemps vécu à Chicago, une métropole densément peuplée, et il dégage une confiance qui vient de la certitude que, dans l'Amérique moderne, la méritocratie a été formée pour lui […] Obama frappe en plein cœur de nos faiblesses. C'est un bon père, ce que beaucoup d'entre nous ne sont pas. Il porte un costume pour aller travailler, alors que nous mettons un bleu de travail quand nous avons la chance d'avoir un emploi. Sa femme nous explique que nous ne devrions pas donner certains aliments à manger à nos enfants et nous la détestons pour ça – pas parce qu'elle a tort, mais parce que nous savons qu'elle a raison. »

L'écrivain David Vann[34] décrit d'un trait abrupt le rapt du rêve américain par les diplômés du supérieur : « L'instruction a un impact évident. Elle permet généralement aux gens de se montrer moins religieux, moins nationalistes, moins racistes, moins sexistes, moins homophobes, moins violents, moins portés sur les armes à feu, la chasse, la pêche, moins intéressés par le sport et la télévision, moins conservateurs, moins enclins à voter à droite, plus susceptibles d'avoir de l'argent et des biens, plus susceptibles de voyager, plus susceptibles de lire, plus susceptibles de pouvoir construire des phrases correctes, etc. L'instruction est un indicateur de classe plus important que la fortune matérielle. »

Les cadres supérieurs et professions intellectuelles au sommet de la société suscitent, en miroir, chez ceux qui n'appartiennent pas à ces *happy few* un sentiment d'infériorité et d'écrasement symbolique, conjugué à la rage que procure la perception d'inaccessibilité. Appartenir à un monde indifférencié, dénué d'identité et de statut, être un individu au travail « sans qualité » pour paraphraser Richard Senett, ou, selon une autre formule de Robert Castel, être un individu par défaut[35] : ces émotions négatives se sont intensifiées pour une partie de nos contemporains.

La Lutte des places, sujet d'un livre de Vincent de Gaulejac[36], c'est la lutte d'individus solitaires contre la société pour trouver ou retrouver une « place », c'est-à-dire un statut, une identité, une reconnaissance, une existence sociale. Or, dans les sociétés contemporaines, le niveau de diplômes distribue ces assignations et, confrontés à l'image d'aisance de la classe culturelle, qui, encore une fois, représente moins du quart de la population, beaucoup des peu ou pas diplômés souffrent souvent d'un sentiment de disqualification et d'abaissement. Le psychanalyste Michel Schneider, dans son décryptage du mouvement des Gilets jaunes, pointe la particularité que constituent des luttes autour de ce malaise existentiel : « Le nouveau aujourd'hui, c'est l'apparition de luttes portant sur l'identité, sur l'être. La frontière, ou *la fracture sociale,* n'est plus seulement entre ceux qui ont et ceux qui n'ont pas, les *have* ou *have not* des sociologues, mais entre ceux qui sont et ceux qui ne sont pas. Ou entre ceux qui sentent qu'ils sont et ceux qui perçoivent qu'ils ne sont pas ou ne savent pas ce qu'ils sont aux yeux des autres acteurs sociaux. Le gilet jaune est un symbole, pas un programme. […] face à l'État (au sens premier, *ce qui est),* ils opposent leur absence de statut. Les cheminots se battaient pour leur statut. Les étudiants en revendiquent un, excluant toute sélection. Comme eux, les Gilets jaunes réclamaient que fût définie leur place dans la société sans se soucier de celle que les autres avaient acquise pour leurs mérites […]. Satisfaire un besoin de reconnaissance est bien plus difficile que d'accorder des augmentations de salaire. »

PARTIE 2

Les surdiplômés au travail, entre innovation et impact social

Élite, sous-élite, alter-élite : une typologie de la classe diplômée

Trois jeunes actifs diplômés, trois salaires, trois choix de vie

Trois hommes dans la trentaine, à la formation comparable et ayant déjà plusieurs années de vie professionnelle, illustrent par leur salaire des choix de vie clairement distincts. Incidemment, ils illustrent aussi le fait que les moyennes établies sur les salaires en fonction du diplôme n'ont qu'une valeur très relative. Très, très relative.

Pierre, 33 ans, en couple avec une enfant de 1 an, master de droit et diplômé du master Entrepreneuriat d'HEC, est numéro deux de la filiale française d'une multinationale technologique. Il gagne 13 800 euros nets par mois : son salaire brut annuel est de 100 000 euros, auquel il faut ajouter environ 110 000 euros de salaire variable en fonction des résultats de l'entreprise et déduire les charges sociales, ce qui aboutit à la moyenne citée. Avant d'habiter

Paris, il a été longtemps expatrié. Enfant, il a vécu quelques années aux États-Unis, puis, dans une première phase de son parcours professionnel, il a occupé plusieurs postes à l'étranger : un an comme professeur d'anglais au Cambodge (bénévolat), puis plusieurs années dans des missions pour une entreprise allemande au Vietnam. Enfin, il a débuté à Dublin dans une fonction commerciale de la multinationale qui l'emploie aujourd'hui (son profil a déjà été évoqué en partie 1). Il travaille plus de soixante heures par semaine, et emporte souvent des dossiers le soir chez lui. Sa femme, diplômée de Sciences Po Bordeaux, est cadre chez Google. Ils habitent dans le XVIIe arrondissement un appartement de 70 mètres carrés qu'ils ont acheté avec leurs propres économies. Son bureau étant situé dans le quartier des Champs-Élysées, Pierre peut aller au travail à pied ; d'ailleurs, il n'a pas de voiture. De son aveu, il mène « une vie calme et posée », en particulier depuis que sa fille est née.

Gabriel, 30 ans, en couple sans enfant, est centralien et diplômé de Normale sup dans la filière mathématiques. Il dirige le pôle data d'une start-up en forte croissance, pour un salaire mensuel de 5 800 euros bruts. Lors de son embauche, il a reçu des actions gratuites à la valeur fort théorique, « car pour l'essentiel les start-up ne se réalisent pas, faute d'acheteurs ». C'est son troisième poste : chaque changement était motivé par l'ennui ressenti au bout de quelques années dans un emploi et un besoin de « changer d'air » ; à chaque fois aussi son salaire a effectué un saut substantiel.

Il a d'abord travaillé un an et demi dans une compagnie d'assurances (rédaction de rapports de lobbying pour la Commission européenne), puis passé quatre ans comme consultant en économie de la régulation dans une petite entreprise de conseil. Ensuite, avec le sentiment d'avoir trouvé sa voie, il a cherché un travail dans une start-up en faisant de la veille sur un site d'offres d'emplois spécialisées, Ignition Program : « Les start-up, par rapport à mes études, devenaient à la mode », et surtout les data, spécialité pour laquelle il a renforcé sa formation juste avant de prendre le job, « sont plus stratégiques ici que dans les grands groupes ».

Son entreprise actuelle, vingt salariés, possède un parc de voitures et gère une plateforme de location de véhicules pour se déplacer en dehors de Paris. Il travaille neuf à dix heures par jour, avec des horaires peu flexibles, mais se réserve soirées et week-ends, d'autant plus qu'il a une passion envahissante : le dessin – il ne se déplace jamais sans son carnet de croquis dans la poche. À 30 ans, il est en train de passer de la période post-grandes écoles meublée par des fiestas quotidiennes, dans les bars et les boîtes, à la situation d'adulte en phase de nidification. Il partage sa vie avec une avocate, qui est venue le rejoindre dans son studio de 35 mètres carrés situé dans le XIXe arrondissement et loué 900 euros par mois. Il épargne pour acheter un appartement. Il se décrit ainsi : « J'appartiens à une classe bourgeoise par mes revenus et mes goûts (livres, musique classique) : je l'assume totalement. »

Vincent, 38 ans, Essec, en couple avec deux enfants, supervise l'aménagement d'un projet urbain alternatif : cette mini-ville éphémère combine hébergements d'urgence, services collectifs, restaurant et accueil d'événements culturels. Souvent qualifié d'utopiste dans les articles qui lui sont consacrés, il est rémunéré 1 500 euros par mois – plus 400 euros de prime ; emblème de son engagement militant, dans l'association qu'il a créée en 2012 et dont il est le directeur, les soixante-dix salariés perçoivent tous le même salaire. Son itinéraire dans l'économie solidaire et sociale, toujours à la frontière de l'urbanisme et des activités artistiques, fait de lui un presque-vétéran du social. Il a dirigé une grosse structure internationale centrée autour des questions urbaines, puis piloté l'aménagement d'une friche culturelle en région parisienne. Désormais à Marseille, il joue un rôle moteur dans la réhabilitation urbaine et la création d'actions participatives itinérantes. Entrepreneur charismatique, nourri par des expériences à l'étranger notamment dans les favelas au Brésil, il met en œuvre une philosophie sur l'art du « faire avec les autres » : « Marseille ? Je me suis dit que ça ressemblerait à Rio, avec l'ingéniosité de la débrouille. » Il prône un pragmatisme inventif : « Les bonnes idées on ne sait jamais ce que cela va donner, mais il faut essayer et se mettre en confrontation. » Grâce à des économies réalisées sur ses premiers salaires, il a acheté pour 270 000 euros une maison de 55 mètres carrés dans un quartier de Marseille proche de la mer. Sa femme, artiste d'origine africaine, est investie dans des associations concernant les minorités ethniques et le génocide rwandais.

Ces trois trentenaires appartiennent à des milieux « bourgeois », mais aucun n'est un héritier, personne n'ayant accumulé de fortune aux générations précédentes. Le père de Pierre était un businessman qui après avoir gagné beaucoup d'argent s'est ruiné et vit aujourd'hui d'une petite retraite ; sa mère était femme au foyer. Gabriel est né dans une famille juive ayant émigré de Tunisie dans les années 1960, sa mère est médecin et son père, pharmacien. Vincent a vécu dans une famille chrétienne de quatre enfants ; son père, diplômé de l'ESCP Rouen, a fait une carrière dans le transport maritime et la logistique et sa mère, tardivement, a entrepris des études d'orthophoniste. Aucun de ces trois cas n'a pu s'abstraire de considérations financières en choisissant une voie professionnelle; les disparités de salaires correspondent donc pour une large part, outre évidemment les opportunités qui se sont présentées, à des options personnelles de chacun.

À première vue, ils vivent dans des mondes séparés, et s'acheminent sur des trajectoires professionnelles qui divergent les unes des autres. Le premier, Pierre, cumule une bonne expérience dans deux entreprises typiques de l'économie numérique – une plateforme de services présente dans soixante pays et un investisseur/incubateur de start-up en Asie. Il peut envisager de grimper dans les unités compétitives des Big Tech, éventuellement aux États-Unis où il a déjà vécu, et finalement intégrer les équipes dirigeantes de l'élite globalisée, avec le salaire et les avantages monétaires et autres qui vont avec*.

* Il aura toutefois de la difficulté à devenir un numéro un aux États-Unis car dans les grandes entreprises américaines globalisées, le plus souvent, les numéros un sont issus des grandes universités américaines. De façon plus générale, ces numéros un, dans chaque pays, ont reçu une légitimité par le biais des universités figurant dans le top national.

Son revenu actuel et celui de sa compagne, d'ailleurs, les intègrent dans les 1 % des Français les plus riches[1] – pour être précis, la partie la plus « pauvre » des ultrariches, d'autant plus qu'ils ne possèdent pour le moment que peu de capital personnel. Le deuxième, Gabriel, ingénieur spécialiste des big data, évolue dans une petite start-up d'envergure nationale encore en phase de développement. Il représente typiquement la *professional managerial class* dépeinte par tant de sociologues des années 1970, avec sa spécificité contemporaine, une activité centrée sur l'inventivité technologique, située à l'écart des grandes bureaucraties. Il ne souhaite pas créer lui-même une entreprise (« Je ne saurais pas faire »), et se satisfait de ce rôle d'expert de haut niveau, qui lui assure un statut et une rémunération sans cesse améliorés sur le marché du travail, et une liberté dans le choix de son employeur. Sa rémunération de fait s'inscrit dans la moyenne des ingénieurs de son âge – il a plus de cinq ans d'expérience et il dirige une équipe dans un secteur ultrapointu et recherché* ; en 2019, un ingénieur spécialiste des data gagne 61 000 euros par an (5 083 euros par mois) et le double aux États-Unis[2]. Le troisième, Vincent, a délibérément tourné le dos à une carrière classique associée à des émoluments confortables. Il pilote des aménagements urbains avec une vision intellectuelle mûrie au fil d'expérimentations effectuées aux quatre coins de la planète (Brésil, Afrique du Sud, France) : créer de la mixité sociale, organiser de nouveaux modes de vie et un bien-être collectif par la participation (« Si on prend cent êtres humains et qu'on les met dans une forêt, ils vont faire plein de trucs ensemble »). Sa démarche puise à une croyance : c'est en changeant les rapports entre les individus, en misant sur leur capacité à s'auto-organiser et à s'entraider que peut naître une autre société. Sa rémunération modeste, calquée sur celle des autres salariés de son association, fait partie intégrante de son projet.

---

* Le top 10 de LinkedIn des métiers les plus recherchés en 2020 : délégué à la protection des données, ingénieur en intelligence artificielle, agent immobilier, *customer success specialist*, *community manager*, ingénieur en fiabilité de site (SRE, Site Reliability Engineering), expert en cybersécurité, ingénieur DevOps, ingénieur data, *data scientist*.

Dans notre enquête qualitative, la fourchette basse des salaires mensuels correspond à celle de trois entrepreneurs sociaux (Vincent, 2 000 euros nets, Baptiste, 2 000 euros, et Marius, 2 400 euros), et la fourchette haute, à celle de Pierre, salarié d'une plateforme numérique multinationale et en plein essor (13 800 euros nets). Mais la plupart des salaires s'étalent entre 3 000 et 6 000 euros pour ces trentenaires en fonction de l'âge et donc de l'ancienneté. Ils figurent déjà dans les 10 % les plus riches et certains côtoient par leur revenu les 1 % les plus riches. Comme nous l'avons indiqué en introduction, en France, on entre dans la catégorie des 10 % à partir d'un revenu mensuel de 3 767 euros bruts pour un individu seul (données Insee et Observatoire des inégalités).

En 2019, le niveau moyen d'un salaire d'ingénieur pour son premier CDI est de 3 000 euros bruts (hors primes) pour un homme et 2 800 euros bruts pour une femme ; pour un homme issu d'une école de management, il est de 3 250 euros, et pour une femme de près de 3 000 euros (données fournies par la Conférence des grandes écoles). Une étude de l'Apec (Association pour l'emploi des cadres) de 2018 chiffre à 3 800 euros bruts le salaire médian d'un cadre de 30 à 39 ans – 4 200 euros en moyenne. Le secteur des nouvelles technologies pratique les salaires mensuels d'ingénieur les plus élevés, 3 300-3 750 euros bruts pour un junior débutant et 3 750-5 000 pour quelqu'un ayant quelques années d'ancienneté (figure 1) ; l'arrivée en France d'antennes des grandes entreprises américaines du numérique a dopé les salaires des développeurs[3]. D'autres chiffres circulent au cours de notre enquête : un jeune ingénieur sortant de Polytechnique Genève peut être embauché à 10 000 euros par mois par Palantir, entreprise des nouvelles technologies spécialisée dans l'analyse de données. Là encore, la suprématie des salaires pratiqués dans la Tech américaine est attestée.

C'est l'Éducation nationale qui offre les salaires les plus bas au sein de la classe culturelle, avec 2 334 euros bruts pour un professeur agrégé débutant. Ainsi, les hyperdiplômés primo-arrivants sur le marché du travail gagnent entre 1,5 et 2 fois le Smic (1 521 euros bruts en 2019). Ensuite leur rémunération, s'ils travaillent dans le secteur privé, peut grimper en flèche en quelques années, en fonction des secteurs et de leur mobilité ascendante dans les entreprises. Les inégalités monétaires avec les autres catégories de salariés proviennent de cette dynamique potentielle des cadres supérieurs du privé plus que du salaire de départ, une dynamique reliée à la compétition pour attirer des talents et qui fait du haut diplôme un puissant carburant pour la carrière.

Les études de l'Apec montrent régulièrement la forte demande de bac +5, une demande polarisée sur les secteurs de l'informatique, de l'ingénierie Recherche et Développement (R&D) et du conseil, ces trois secteurs captant quatre demandes sur dix. Pour attirer ces jeunes diplômés, les entreprises font appel aux agences spécialisées et de plus en plus souvent aux réseaux sociaux (51 % des entreprises de plus de 50 salariés les utilisent pour séduire ces « perles » rares)[4].

Figure 1. Salaire annuel d'un ingénieur big data à Paris

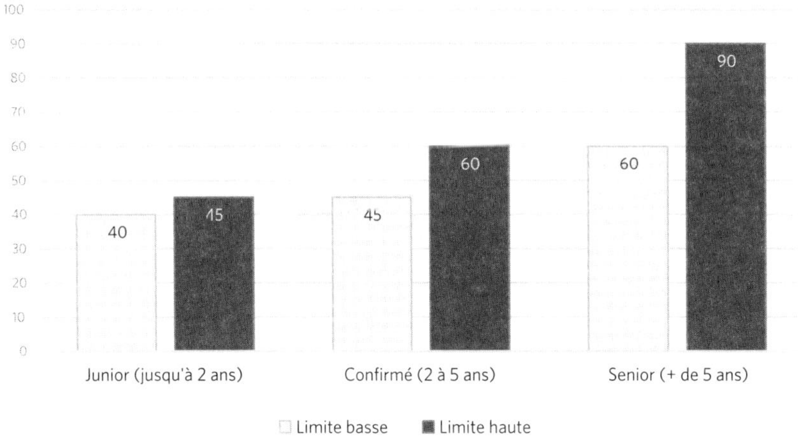

Source : cabinet de recrutement Silkom, baromètre des salaires, 2019. En milliers d'euros bruts annuels.

Élite, sous-élite, alter-élite : trois nuances de surdiplômés

À partir des trois exemples précédemment cités, on peut construire la typologie suivante de la classe cultivée : élite, sous-élite, alter-élite. L'élite (à 30 ans) côtoie déjà de près les sphères du pouvoir, figure dans l'appareil de décision d'une entreprise et peut prétendre à une carrière ascendante, soit par avancement interne, soit par mobilité externe, et progressivement intégrer le top du salariat. En France elle est presque automatiquement issue des grandes écoles de management ou d'ingénieurs*, et l'estampille universités Ivy League caractérise aussi de plus en plus souvent les élites américaines. Cependant, les hauts diplômés, y compris ceux formés dans les meilleures institutions, s'affilient aussi à d'autres types de carrière, de façon délibérée ou non.

Juste en dessous de l'élite dirigeante, souvent tout aussi bien dotée qu'elle en termes de diplômes, on repère une *sous-élite* qui occupe les nouvelles fonctions du changement économique et technologique (sous-élite dirigée vers l'impact techno-économique) et une *alter-élite*, tournée vers le changement culturel (sous-élite dirigée vers l'impact socioculturel). Nous scindons à nouveau la sous-élite et l'alter-élite en deux sous-groupes professionnels, selon que les métiers sont déjà anciens et liés au stade du capitalisme d'organisation, ou selon que ceux-ci émergent avec le capitalisme d'innovation et en accompagnent l'essor.

---

* Certes, ces établissements d'élite ne garantissent pas à coup sûr un avenir de super-chef, on peut avoir réussi Polytechnique ou l'ENA et mener une carrière sans éclat au sein d'une administration. Par contre, parmi les patrons du CAC40 en 2018, 38 avaient accompli un parcours d'excellence (7 polytechniciens, 6 énarques, 6 HEC, 4 Mines, 3 centraliens ; de surcroît les deux tiers de ces dirigeants ont un double diplôme). Seuls 2 d'entre eux étaient autodidactes : un héritier (Martin Bouygues) et Dominique Lefebvre, président de la société coopérative du Crédit agricole. Preuves, s'il en est, du plafond de verre que subissent dans les entreprises les cadres fort bien diplômés mais démunis de ces fameux sésames « grande école ».

Figure 2. Les emplois occupés par les superdiplômés

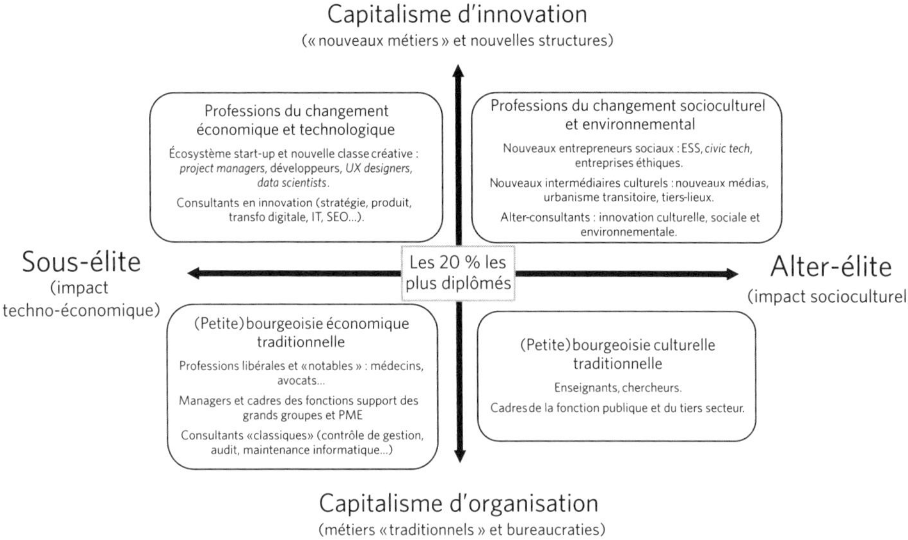

La sous-élite produite par le capitalisme d'innovation remplit des fonctions spécialisées souvent à haut contenu économique et technologique, à mi-chemin de la définition des « manipulateurs de symboles » de Robert Reich et de la classe créative de Richard Florida : ces chercheurs, analystes, experts, ingénieurs et managers, designers, juristes, start-upeurs ou consultants (indépendants ou salariés), curieux de saisir les problèmes nouveaux et de chercher des solutions, tissent un écosystème professionnel original. Leur idéologie et leur façon de faire incarnent la conception du travail développée en Californie dans la seconde moitié du XXe siècle : petites structures, management agile, rapidité d'action dans la recherche de la valeur et parti pris de la performance technologique. Face à cette sous-élite explorant des métiers nouveaux, demeure une sous-élite traditionnelle, endossant des fonctions d'organisation ou d'expertise, soit comme professions libérales (avocats, médecins), soit avec des fonctions d'encadrement dans les moyennes et grandes entreprises : cet univers professionnel peut être contaminé ou seulement séduit par le modèle californien, mais il est d'abord régi par des visions, des règles et des savoirs professionnels installés de longue date.

L'alter-élite recouvre les métiers de la production et de la diffusion des savoirs, donc axés sur la réflexion et les expérimentations dans la sphère culturelle. Là encore, on repère deux sous-groupes, l'un influencé par l'esprit du capitalisme d'innovation, l'autre plus ancien. D'un côté, des métiers animés par une conception particulière du changement social : nouveaux entrepreneurs sociaux, alter-consultants, intermédiaires culturels forment cette entité. Ils proposent d'autres modèles politico-culturels[5], fonctionnent avec l'objectif de renverser ou d'ébranler l'establishment, mais surtout avec celui d'apporter une alternative : en cela ils constituent une élite de rechange. Cette alter-élite utilise les nouveaux médias (podcast, réseaux sociaux), les nouvelles méthodes (inspirées du modèle entrepreneurial high-tech californien), et investit les nouveaux territoires de médiation (toute la galaxie et les nuances des tiers-lieux et de l'événementiel urbain).

Dans les années 1970, l'alter-élite s'embrasait pour des projets révolutionnaires, révérait Che Guevara et s'insurgeait contre l'impérialisme américain. Aujourd'hui, elle campe dans l'entrepreneuriat social, combinant compétence managériale, esprit collaboratif et innovation sociétale, le tout sous l'ombrelle de l'écologie. Au côté du climat, enjeu star de cette génération, d'autres « nouveaux mouvements sociaux » des années 1970, emblématiques des combats de la nouvelle gauche, ont été ranimés sous de nouvelles formes : transition alimentaire et agriculture urbaine, féminisme, vie locale et « communs » font partie des thèmes qui attirent leur attention et canalisent leurs énergies et envies de changement.

D'un autre côté, demeure le cercle classique des enseignants, des intellectuels traditionnels (chercheurs, universitaires des grandes institutions), des cadres de la fonction publique et du monde associatif, rouages essentiels au fonctionnement d'une société de la connaissance. Une infime fraction va rejoindre le monde de l'élite intellectuelle, et la grosse masse d'entre eux appartient, par son standing économique, aux classes moyennes. « Au niveau de mon éducation, je suis classe moyenne plus, mais au niveau de mes ressources financières, je suis classe moyenne moins », déclare cette institutrice de 36 ans, qui gagne 1 700 euros nets par mois, et dont le compagnon, ingénieur-chercheur, reçoit un salaire de 1 800 euros par mois. Résidant dans une ville moyenne du sud de la France avec deux enfants en bas âge, ils se plaignent de tout devoir compter et de ne pouvoir accéder à la propriété. L'alter-élite, dans ses franges nouvelles ou anciennes, se situe donc parfois à une vraie distance d'aisance et de mode de vie des classes supérieures. Elle atteste des fortes disparités économiques au sein des 20 %. Nous verrons que si ces écarts de niveau de vie résultent parfois de choix de parcours, dans d'autres cas il s'agit d'un déclassement subi. À l'inverse, d'autres membres de cette élite de rechange sont protégés par le capital parental, notamment immobilier, assurance tout risque qui autorise les expérimentations les plus diverses et les choix de vie les plus dissidents.

Ces trois sous-groupes, élite, sous-élite, alter-élite, qui englobent 20 à 22 % des nouvelles générations, ne sont toutefois pas si éloignés les uns des autres, ne serait-ce que par le niveau éducatif et les aspirations culturelles (nous détaillons ces aspects dans les chapitres suivants consacrés à la géographie et aux modes de vie des 20 %). Par ailleurs, les cheminements ne sont pas immuablement déterminés, et ce, encore plus quand on est dans la trentaine – période de balbutiements sur les orientations de vie pour ceux qui ont fait des études longues. Donc le croisement des positionnements élite, sous-élite, alter-élite est fréquent et toujours possible. Quelqu'un d'inscrit dans une trajectoire d'élite peut s'épuiser à subir la pression des carrières dans la lessiveuse du capitalisme globalisé, et décider d'une autre orientation : se lancer dans une petite entreprise, un métier artisanal, une start-up ou devenir professeur dans une grande école, soit donc intégrer la sous-élite. De surcroît, cette dernière travaille souvent en proximité avec l'élite à laquelle elle procure des ressources nécessaires à l'encadrement, l'innovation ou la reproduction sociale. L'alter-élite côtoie aussi l'élite, celle-ci étant toujours à la recherche de francs-tireurs à qui elle confie des tâches d'avant-garde, de régulation ou de médiation que, dans les bureaucraties, personne ne sait faire – Vincent par exemple est en contact fréquent avec les responsables politiques locaux (il négocie des contrats, opère comme expert urbaniste), est membre actif d'un réseau mondial d'entrepreneurs sociaux et dirige un master d'urbanisme. Les 20 % sont donc clivés, mobilisés par des intérêts et des conceptions du monde divergentes, mais potentiellement ils agissent comme interlocuteurs et complices, naviguant finalement toujours sur un même bateau.

Cette flexibilité autour des engagements professionnels est facilitée par le fait que le haut diplômé, surtout s'il est jeune, n'est pas obsédé par la recherche d'un salaire décent, car celui-ci lui sera tout naturellement acquis – le terme « salaire décent » est mouvant au cours de l'histoire, sur deux siècles de textes juridiques il est marqué par une progression vers une conception extensive, incluant le logement (décent), le travail (décent), la santé, les besoins éducatifs, les moyens de la participation civique et sociale, la poursuite du bien-être et de la dignité[6]. Il est plutôt à la recherche d'un salaire s'ajustant à ses besoins du moment qui conjuguent assise économique et réalisation de soi, un ethos qui correspond à l'*aspirational class* dépeinte par la sociologue Elizabeth Currid-Halkett[7]. L'expression est souvent traduite par la « classe ambitieuse ». L'ambition, en français, étant dotée d'une connotation subtilement péjorative, pour notre part, nous préférons parler de classe en quête d'épanouissement personnel. De fait, si ces nouvelles élites sont ambitieuses, c'est surtout par leur désir de tendre vers « la bonne vie » dont le salaire figure comme un socle de sécurité et un levier pour se faire plaisir et faire plaisir à son entourage, mais nullement comme une fin en soi. La philosophie du *carpe diem*, certes, les habite profondément, mais elles sont portées tout autant par le souci de soi sur le long terme – s'améliorer, se cultiver, élargir son champ d'expériences, prendre soin de son corps et de son mental.

Les variations de projet et d'inscription sociale sont d'autant plus fortes que beaucoup de bac +5 changent rapidement d'emploi. Ainsi, Candice (déjà citée en partie 1), 30 ans, célibataire, diplômée de Sciences Po Lille et d'un master en ressources humaines, a d'abord travaillé dans une banque à Londres pendant quatorze mois comme *campus manager* pour un salaire de VIE (Volontariat international en entreprise), pour une indemnité annuelle un peu inférieure à 24 000 euros. Puis, à son retour en France, elle est recrutée par un site d'information destiné à faire connaître des marques auprès des *millennials*, pour un salaire de 36 000 euros bruts, emploi qu'elle occupe durant huit mois. Elle est ensuite embauchée par une banque comme *campus manager* (afin de valoriser une marque employeur auprès d'étudiants de grandes écoles) et gagne alors 44 000 euros par an ; mais le travail est très intensif, « on ne peut rien faire à côté », elle le quitte au bout de quatre mois. Elle décide alors de monter « sa boîte » : « Les entreprises sont prêtes à payer très cher pour ne pas vous avoir en CDI. » « En indépendant on vit mieux », imagine-t-elle, et elle signe pour une mission d'un an qui lui rapporte 48 000 euros de chiffre d'affaires (soit un revenu mensuel sans les charges de moins de 3 000 euros) et ce pour une tâche qui ne l'occupe que deux jours par semaine. Un autre client survient, et la voilà qui atteint 84 000 euros de chiffre d'affaires. Elle hésite à répondre à d'autres commandes, car elle veut consacrer du temps à sa passion : l'écriture. Elle s'inquiète certes, mais pas trop, de cette précarité car sa spécialité, « la communication pour les hauts diplômés autour de la marque employeur », est recherchée. Parallèlement, elle entend protéger un style de vie où le sport (escalade et alpinisme) et la réflexion (écrire et apprendre) sont, pour elle, des exigences.

Figure 3. Échelle de salaire mensuel d'un homme trentenaire surdiplômé

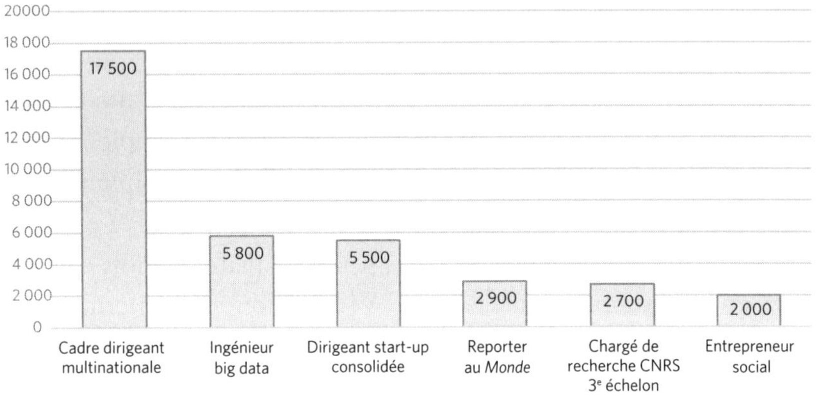

En euros bruts mensuels. Tableau à titre indicatif, chiffres issus des témoignages de notre enquête et des grilles de salaires du *Monde* et du CNRS.

Start-upeurs, consultants, écosystème de l'innovation : les nouveaux métiers de la sous-élite

Entrepreneur, le héros de notre temps ?

Il faut écouter les baby-boomers surdiplômés parler de leurs enfants. Ce qui, en France, dans un dîner en ville, retient l'attention et « épate la galerie », ce n'est plus la litanie des diplômes obtenus par sa descendance, propos qui pourtant, il y a seulement quelques années, étaient le plus sûr moyen de se pousser du coude par progéniture interposée, c'est le récit de ses aventures entrepreneuriales. Personne, aujourd'hui, n'annoncerait avec fierté que Sébastien (ou Émilie) campe comme chargé(e) de mission au ministère du Logement, ou est devenu(e) dermatologue ou professeur de géographie, par exemple. Par contre, désigner le potentiel, « certes encore incertain », d'une start-up lancée par son fils (ou sa fille) et voilà l'imaginaire de tous les invités qui décolle vers les contrées embrumées de ce « nouveau monde »... Si la start-up en question a pour objet un enjeu sociétal, c'est bien, et si elle vise un produit technologique « disruptif », c'est le silence admiratif assuré. Et le parent comblé poursuit souvent : « Bien sûr, par affection, j'ai apporté ma petite contribution financière. »

La *love money :* une partie des amorces financières des start-up émane de la générosité familiale et la plus grosse partie des allocations-chômage est organisée de telle manière que les jeunes puissent lancer leur entreprise immédiatement (système Accre). Autrefois, l'objectif des parents dotés d'un certain capital (entrepreneurs, commerçants ou agriculteurs) était la transmission d'une entreprise qui a fructifié sur le long terme. Aujourd'hui, le *nec plus ultra*, si l'on a un peu de capital, ou beaucoup, c'est de fournir un levier financier à sa progéniture pour qu'elle puisse investir ses idées et projections lumineuses dans une entreprise. « L'entrepreneuriat est devenu *hype* », reconnaît Nicolas Colin, inspecteur des finances, fondateur de l'incubateur The Family et auteur d'ouvrages de référence sur le numérique : « La perspective de réussite financière, alliée à l'aura du monde des start-up, attire les enfants de la bourgeoisie. Ils vont là où il y a du prestige, et c'est plutôt une bonne nouvelle pour le secteur[8]. » Emblématique de l'hymne à l'entrepreneuriat comme mode professionnel de réalisation de soi, en 2016, le magazine *Socialter*[9] titrait en première page : « L'entrepreneur, superhéros de notre temps : porte-flambeau du XXIe siècle », avec une photo d'Elon Musk harnaché de la cape de Batman.

Dans le sillage du boom universitaire des années 1960-1970, une conception enjolivée du travail s'est dessinée : non seulement les diplômes intègrent la promesse d'une rémunération confortable, mais aussi la perspective d'une activité professionnelle dans laquelle « notre moi profond » peut se réaliser. La révolution technologique véhicule cette représentation enchantée : dans la rhétorique des vétérans du hacking, le travail est d'abord une source de plaisir. Inventivité, performance technologique et esprit collaboratif : ce message épingle une certaine vision de l'individu aux besoins d'innovation des entreprises du Net et des start-up.

Aux États-Unis comme en France, certains diplômés renoncent à travailler dans les grandes bureaucraties où se construisent traditionnellement les « belles » carrières et s'investissent dans des start-up ou s'installent comme consultant indépendant, voire artisan – à une époque où l'art de la main reçoit ses lettres de noblesse. En 2011 déjà, l'essayiste William Deresiewicz[10] notait que l'idéal de la jeunesse, c'était le *small business* : l'horreur absolue pour les contestataires anticapitalistes des *seventies* s'était élevée au premier rang des activités révérées par les adultes d'aujourd'hui. Mais pas n'importe lequel, un business qui emprunte aux artefacts de la contre-culture. L'éditorialiste Elizabeth Nolan Brown du magazine *Reason*, en s'appuyant sur les sondages du Pew Research Center, désignait l'émergence d'un capitalisme hipster. « Les *millennials* ne veulent pas choisir entre les contraintes de la grande entreprise et la vie de bohème, écrit-elle. Emplis d'une grande confiance en eux-mêmes, mais entravés par la perspective de la stagnation [professionnelle], ils vont exceller dans l'économie nouvelle, celle qui favorise les capitalistes free-lance imbibés de contre-culture. » Dans cette évolution vers le capitalisme bohème, l'attrait de la carrière, le patriotisme d'entreprise se sont évanouis au profit d'une perspective du travail comme une expérience étoilée qui condense autonomie, aventure et imagination – l'idéal-type de l'investissement pour un talent.

L'aspiration à devenir indépendant galvaniserait les nouvelles générations : cette vision est bien sûr d'actualité, mais mérite des bémols. L'institut McKinsey a mené en 2016 une étude internationale (8 000 interviews) sur les travailleurs indépendants dans plusieurs pays[11], que cette activité soit exercée à plein temps ou en parallèle d'un travail salarié[12]. En optant pour une définition qualitative (un travail dans lequel l'individu dispose d'une forte autonomie, payé par tâche et par vente, une relation à court terme entre le travailleur et le client), et non une définition statutaire, cette enquête dénombre 13 millions de travailleurs indépendants en France, 14 au Royaume-Uni, 21 en Allemagne, 68 aux États-Unis, l'économie des plateformes représentant 15 % de ces emplois, en fort développement.

En complément, cette étude dévoile une forte appétence pour ce mode d'exercice : pour 30 % des interviewés, le travail indépendant relève d'un choix délibéré, pour 40 % d'entre eux d'une activité occasionnelle, et pour 30 % d'entre eux d'une contrainte, soit faute d'un travail salarié (14 %), soit par nécessité financière (16 %). Dans son sillage, la plateforme de *freelancers* Hopwork a conduit une analyse en France[13]. Elle y dénombre 830 000 indépendants sans salariés dans les professions intellectuelles : soit une croissance de 126 % en dix ans, dont 490 000 indépendants fournissant des services aux entreprises (consultants, développeurs, graphistes, experts marketing), le groupe le plus en augmentation puisqu'il a été multiplié par 3 en dix ans.

Depuis une dizaine d'années, la création d'entreprise n'a cessé de se développer en France*, certes stimulée par la mise en place du statut d'autoentrepreneur en 2009, mais pas uniquement en raison d'un cadre juridique devenu favorable. Cet essor est aussi dû aux logiques de sous-traitance à l'œuvre dans le capitalisme d'innovation. Ce dernier, en effet, pour des motifs de profitabilité, incline à déléguer des tâches et la responsabilité de la bonne fin à de petites entités et/ou à des travailleurs isolés. « Ubérisation » et statut d'autoentrepreneur, d'une part, et essor des petites entreprises innovantes et des consultants, de l'autre, sont les deux faces en miroir d'une même tendance, dont la dynamique séparée renforce les polarisations sociales. Ce petit entrepreneuriat, toutefois, se combine avec l'aspiration des individus à une autonomie dans le travail.

Le secteur des transports et de l'entreposage, notamment sous la forme du voiturage ou de la livraison à domicile, est le premier contributeur à cette hausse globale de l'entrepreneuriat, notamment pour les jeunes peu diplômés qui, faute d'autre choix, créent ainsi leur emploi. Ici l'entrepreneuriat résulte souvent d'un non-choix, et est subi. Le deuxième contributeur est celui des activités spécialisées, scientifiques et techniques, principalement celles de conseil pour

* La création d'entreprise a augmenté de 19 % au cours de l'année 2019. La part des immatriculations de microentreprises représente près de la moitié des créations.

les affaires, la gestion et l'innovation : voici où se dirige une partie des hauts diplômés, mus par un désir d'indépendance. Pourquoi ? Parce que les grandes entités industrielles, tout en conservant des services de R&D, misent pour l'innovation sur de petites entités réputées agiles et plus propices à l'expression de la créativité, et que par conséquent l'entrepreneuriat est soutenu, grâce à une palette de mesures, par les écoles d'élite, les centres de recherche (CNRS, Inria, Inserm, etc.) et les politiques publiques. Parallèlement, les médias et une gamme de magazines économiques spécialisés (*FrenchWeb*, *Les Pépites Tech*, *Maddyness*, etc.) exaltent les vertus des petites entreprises innovantes pour stimuler l'économie. Dans un tel contexte, lancer son entreprise apparaît comme une démarche dotée de panache, en plein dans l'air du temps.

Pourtant, l'image idyllique de la petite entreprise, dont regorgent les médias, est à l'évidence surcotée, car la réalité est contrastée[14]. D'après les statistiques 2019 de la Conférence des grandes écoles, près des deux tiers des diplômés, les ingénieurs comme les managers, intègrent une moyenne ou une grande entreprise pour leur premier emploi (un tiers dans une entité de plus de 5 000 salariés), avec une préférence pour les sociétés de conseil, qui accueillent un frais émoulu sur cinq. En contrepoint, seulement 3,1 % d'entre eux sautent le pas vers la création d'entreprise, les plus entreprenants étant les hommes diplômés d'écoles de commerce (7 %).

Ceux qui ont suivi les cursus de master Entrepreneuriat proposés par plusieurs établissements du supérieur sont évidemment les plus motivés, mais une donnée que nous avons construite à partir de l'annuaire HEC sur la promotion 2009-2010 (42 étudiants) de ce master montre que seulement la moitié d'entre eux ont fondé une ou plusieurs entreprises dans les années suivantes, qu'ils y travaillent encore ou pas dix ans plus tard (figure 4). Parmi ceux-là on trouve Benjamin Garzillo, qui après une carrière chez L'Oréal a fondé Juste, marque digitale qui fabrique des shampoings et des soins capillaires élaborés sur mesure pour chaque client ; ou Mathieu Lhoumeau, qui a lancé Contract Live, plateforme de gestion de contrats sur le *cloud*.

Figure 4. Situation des diplômés du master Entrepreneuriat HEC, promotion 2009-2010, dix ans plus tard

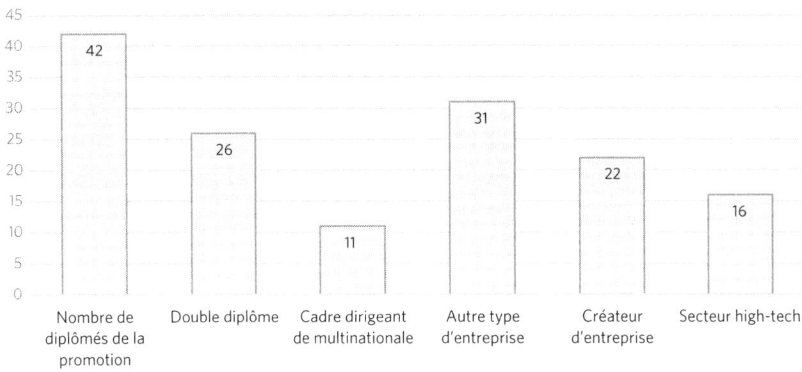

Source : annuaire des Alumni HEC. Pour « création d'entreprise » : au moins une création au cours des dix années passées.

En revanche, alors que le pourcentage des diplômés de grandes écoles intégrant le secteur de la Tech lors de leur premier emploi est infime, 4,4 % des ingénieurs et 6,7 % des managers, les individus passés par le master Entrepreneuriat HEC rejoignent plus facilement l'Éden de la modernité, puisque 16 d'entre eux sur 42 (38 %) y travaillent dix ans après le début de leur cursus.

La start-up : le vertige du milliardaire ou le charme de l'esprit bohème ?

« *I want to break free* », martelait le groupe Queen en 1984. Ce slogan s'applique aujourd'hui à la sphère du travail, sous l'égide des métiers indépendants et de la création d'entreprises, qui connaissent une croissance réelle mais toute relative, il faut encore le souligner. Toutefois, ce qui scintille de tous ses éclats et l'emporte en puissance imaginaire auprès des sphères dirigeantes, c'est la start-up. « Les jeunes Français doivent avoir envie de devenir milliardaires », déclarait Emmanuel Macron, alors ministre de l'Économie, lors de sa visite au Consumer Electronics Show de Las Vegas en 2015.

Cet appel à la start-up nation prolonge des initiatives prises depuis longtemps par les dirigeants français en faveur de l'entrepreneuriat pour les nouvelles générations, d'abord par la création de filières spécifiques dans les grandes écoles (ou dans certaines universités), comme on l'a vu, puis par le lancement en 2014 du programme Pépite qui inaugure le statut d'étudiant entrepreneur[15], enfin par quantité d'outils favorables à l'économie numérique – incubateurs, programmes de recherche, fonds publics d'investissement, notamment BPI France, née en 2012. Mais qui allait l'entendre ? « 78 % des fondateurs français d'entreprises ayant participé au CES de 2015 ont été formés dans les grandes écoles », précise la Conférence des grandes écoles. Autrement dit, ce sont d'abord les recrues des établissements d'élite qui ont saisi ces opportunités, faisant du terrain de l'entrepreneuriat numérique un espace très resserré socialement.

Notre enquête auprès des trentenaires surdiplômés suggère que les motivations pour se lancer dans une aventure numérique sont relativement détachées de la mythologie californienne du « tous milliardaires », même si, sans surprise, l'attente du succès monétaire figure aussi à l'horizon. D'autres arguments surgissent, plus cruciaux. Ainsi, le modèle idéologique des start-up se révèle particulièrement bien ajusté à la mentalité et aux aspirations des jeunes talents. La revue *Medium* a suivi l'activité des premiers fonds d'investissement français (BPI, Kina Ventures, BNP Parisbas, etc.) sur l'année 2018. En explorant les 30 premières start-up mentionnées, la plupart initiées entre 2013 et 2015, années au cours desquelles les créations explosent, on note que presque toutes sont lancées par des ingénieurs ou des managers issus des grandes écoles dans la trentaine – pas nécessairement les plus réputées, 9 créateurs ont été diplômés par des écoles autres*. Et ce, dans des secteurs diversifiés (biotechnologies, fintech, marketing, logiciels...) Ces levées financières vont de fonds de développement (2-3 millions d'euros) à des fonds d'extension de marché (entre 10 et 70 millions d'euros).

* L'un d'entre eux, diplômé de l'École de management de Strasbourg, énonce : « Je considère que c'est une chance de ne pas avoir fait une [vraie] grande école, ça m'a permis de sortir des sentiers battus. »

Figure 5. Diplômes des CEO des 30 premières start-up françaises

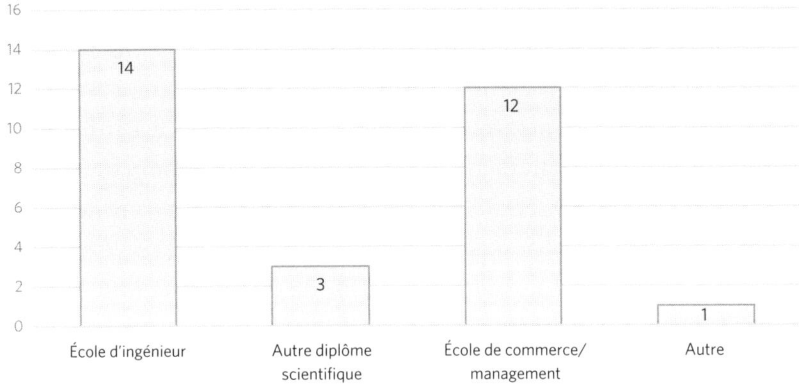

Source : « Tour d'horizon des 30 fonds français les plus actifs en 2018 », Medium, *Adrien Chaltiel, 25 janvier 2020.*

Carla, 29 ans, après quelques années d'expérience dans des start-up digitales à Londres, fait partie de l'équipe dirigeante d'un start-up studio à Lille, une entité à mi-chemin entre un incubateur et un fonds d'investissement, en fait une usine à start-up qu'elle décrit ainsi : « On trouve des idées, on met un entrepreneur à la tête du projet en prenant une part majoritaire dans sa société et on lui fournit les outils opérationnels pour se développer. » Cette diplômée de Sup de Co Reims s'émerveille du caractère stimulant de son activité : « La motivation ultime ? L'apprentissage et le challenge intellectuel. Ces structures poussent à l'excellence tout en donnant énormément d'autonomie. On peut tout tester, tout tenter, on n'a pas de limite, on n'est pas cantonné à un rôle, ni à une compétence ou une expertise. On est tourné vers la créativité. Il n'y a pas de notion d'échec, si ça ne marche pas ce n'est pas grave, on pose des briques, et on accompagne nos idées. Cette structure a été construite avec des valeurs qui sont le *sens* et le *fun*. Le *sens*, c'est faire des entreprises qui ont un impact au sens large sur la société ; pas nécessairement dans le social, s'il s'agit de produits ce sont des bons produits, s'il s'agit d'une innovation elle apporte quelque chose d'intéressant pour la société, fournit des solutions à des problèmes qui existent. » Elle cite plusieurs champs investigués : la *foodtech* ; les objets connectés pour aider des agriculteurs à mieux gérer leurs stocks de céréales ; le *retail*, « rendre l'expérience client intéressante » (phrase talisman des secteurs du marketing) ; la médecine avec des applications pour le bien-être mental : la surveillance cardiaque à domicile ; l'accompagnement des « surdoués ». Elle poursuit : « Le *fun* ? C'est de ne pas être dans les carcans de grands groupes, ne pas être muselé par les codes, ne pas être dans des *bullshit jobs*. Être content de venir travailler le matin, de se dire que l'on fait des choses qui sont bien, aider d'autres personnes grâce à l'innovation. » Même dans ces temples d'ingénierie financière dédiés à l'innovation, le souci du Bien (social) plante son drapeau. Dans ce cadre bienveillant et bien-pensant, Carla perçoit un revenu de 70 000 à 80 000 euros par an bruts, composé d'un salaire et d'un bonus sur son chiffre d'affaires.

Toute entreprise ne reçoit pas automatiquement la labellisation « start-up », et ce n'est ni une question d'âge, ni de secteur d'activité, ni de taille. La start-up, comme l'énonce entre les lignes Carla, est fondée sur une technologie radicalement nouvelle ou un service innovant. Elle va faire bouger la société, produire de l'inédit, ce qui à sa manière rend à l'auteur (ou aux auteurs) du projet sa (leur) part de démiurge. Entonnant le refrain de la culture industrielle de la Silicon Valley qui préconise de donner leur chance aux projets radicalement non conformistes, « un créateur d'entreprise est avant tout un visionnaire », indique le consultant et conférencier Olivier Ezratty qui publie chaque année le *Guide des start-up françaises*. Cette entité est destinée à une croissance rapide, liée à l'objectif de préempter un marché en prenant une avance sur ses concurrents, le fameux slogan « *Zero to One* » de Peter Thiel – les technologies numériques et la dynamique des réseaux aident en cela, en raison de leur puissance à booster rapidement un marché et à permettre des économies d'échelle. Elle a donc des besoins importants en financement que remplissent des subventions et des accompagnements publics (en France surtout) ou des levées de fonds privés (des *business angels*, des capital-risqueurs). Avec une telle définition, la BPI estime en 2019 que l'écosystème français est fort de 10 000 start-up – mais d'autres chiffres plus conséquents circulent, en raison de la plasticité de la notion de start-up. Ce terme ayant une sonorité magique, presque toute petite entreprise qui se pense comme innovante cherche à se parer de cette appellation, susceptible de déclencher pléthore de dispositifs financiers.

Au cœur de l'histoire industrielle de la Silicon Valley, un imaginaire romantique de la start-up a germé. Entre idéologie solutionniste[16] et prétention à anticiper, voire à convoquer les ruptures culturelles, il faut être doté d'un certain état d'esprit, un *mindset*, pour participer à ce type de projet, qui généralement se construit dans des processus collaboratifs où les idées des uns s'enchâssent à celles des autres. Bruno Martinaud[17], initiateur et dirigeant du master Entrepreneuriat de HEC et de Polytechnique, l'affirme : « Il nous faut des gens capables d'inventer le monde sans se préoccuper du passé. » Il associe l'entrepreneuriat technologique à une démarche exploratoire, à la frontière de la science et des technologies de pointe. Il le compare à une épreuve douloureuse comme l'accouchement littéraire – il évoque l'effort itératif et de longue durée effectué par Flaubert pour l'écriture de *Madame Bovary*, un texte dont il a étudié le palimpseste. Ce faisant, il chante les mérites de la sérendipité, l'art de trouver ce qu'on n'a pas cherché : « L'entrepreneur cherche une vague semblable à celles qui ont porté Google, Facebook et plus tôt Apple, Cisco, Business Object, et par conséquent il passe l'essentiel de son temps dans l'eau à ramer, attendant le moment exceptionnel. Il doit donc savoir laisser passer les petites vagues, ignorer les plus grosses sans potentiel, pour choisir celle sur laquelle il pourra s'exprimer, à l'exclusion de toutes les autres[18]. » Et cet ingénieur Télécom passé par l'Essec de conclure : « Un projet innovant est toujours une proposition indécidable, dont on ne peut savoir *a priori* si elle marchera ou pas. La probabilité d'échouer sera toujours supérieure à celle de réussir ; la réflexion en termes de modélisation est donc une perte de temps. En ce sens, comprendre est bien un luxe. L'entrepreneur avance en regardant dans toutes les directions, prêt à saisir les opportunités qui se présentent à lui pour, ensuite, progressivement implémenter ce qui marche, sans forcément chercher à comprendre pourquoi il en va ainsi – ce serait une perte de temps. »

La start-up, dans son scénario enchanté, est donc une entreprise au service de l'imaginaire le plus fou, le plus éloigné des sentiers battus, des jeunes talents. Dans son versant pratique, c'est tout différent.

Start-upeurs artisans de solutions technologiques

Le concept de disruption a habillé le lancement des entités entrepreneuriales nées au tournant du XXIe siècle dans le sillage de la révolution cybernétique et de la communication décentralisée. L'Internet a introduit des ruptures techno-culturelles ouvrant un champ immense pour l'initiative entrepreneuriale, que les GAFAM et quelques-uns de leurs épigones ont préempté. Mais maintenant que les IT (Information Technology) sont appliquées à presque tous les étages de la chaîne de valeur des entreprises, que l'économie des plateformes s'est banalisée, l'innovation redescend d'un cran. Elle cible une amélioration substantielle et souvent astucieuse des services et des produits, mais rarement au-delà – surtout en France où, malgré Jules Verne, peu d'industriels sont enclins à vouloir coloniser la Lune ou cryogéniser des morts en espérant les faire ressusciter un jour. « La fin de la disruption digitale », titre la *Harvard Business Review France* dans son premier numéro 2020. Les jeunes entrepreneurs innovateurs français, d'après notre enquête, agissent dans le solutionnisme et sont sourds aux sirènes du messianisme. Le solutionnisme, comme philosophie politique consistant à chercher une solution technique à chaque problème humain (au lieu d'en chercher les causes), a fait l'objet d'âpres critiques de la part de l'écrivain Evgeny Morozov[19] dans sa croisade contre la Silicon Valley, mais c'est dans un esprit plus modeste que nombre de jeunes ingénieurs s'attaquent à des questions pratiques et développent de nouveaux logiciels.

Aucune démarche romanesque ou futuriste chez Gaspard, polytechnicien de 29 ans, qui a monté son entreprise avec un collègue juste après son master Entrepreneuriat et donc à l'issue de leur séjour de fin d'études à Berkeley. Il décrit avec une précision géométrique leur histoire. Leur idée était de renouveler le mode de fonctionnement des bus en les rendant plus flexibles, plus intelligents dans leur parcours, notamment lors des quadrillages de nuit. « En 2014, la seule alternative pour se déplacer la nuit, c'était le taxi ou Uber, qui en était à ses débuts, mais qui était cher à l'époque. »

Financièrement, ils disposent d'un petit pécule accumulé sur leurs salaires de polytechniciens (800 euros par mois durant la scolarité), de *love money* et d'un prêt. Au total, ils réunissent 100 000 euros environ qui vont leur permettre de tenir pendant un an et demi sans être rémunérés – après des études à Polytechnique, impossible de percevoir des indemnités de chômage. En revanche, ils démarrent leur entreprise dans un environnement favorable : logés dans un incubateur des Télécoms, ils bénéficient d'un loyer ridicule et d'un accompagnement humain.

Ils créent une SAS et déposent leur marque. « On a travaillé avec des chauffeurs professionnels de bus. On a d'abord expérimenté sur des soirées privées. Basé sur l'intelligence artificielle pour le guidage des trajets, le projet était d'offrir une sorte de transports en bus à la demande, avec possibilité de réservation. En 2014-2015, on expérimente, on lance un service un peu plus régulier, cela prend du temps, parce que l'on crée de la technologie et des logiciels ; donc on embauche des développeurs. » En 2015, ils lèvent 500 000 euros auprès de la Setec, entité d'ingénierie de plus de 2 000 ingénieurs et qui à l'époque est dirigée par un polytechnicien. Ils reçoivent aussi des subventions publiques, environ 200 000 euros, notamment grâce à des concours d'innovation. Rapidement, pourtant, ils s'aperçoivent que le marché de la nuit n'est pas viable, parce qu'Uber est en train de se développer sur ce segment.

Puis, ils ont l'idée de vendre la technologie à des opérateurs existants et sont approchés par la RATP – qui projette une opération expérimentale à Bristol au Royaume-Uni. Elle apporte un financement pour démarrer l'opération. Ils créent une licence en juin 2016 sur l'application qu'ils ont mise au point. À cette époque, l'entreprise munie d'un service commercial et d'un service technologique salarie 10 personnes. Pourtant, ils n'arrivent pas à lever des fonds, car le modèle d'affaires ne séduit pas. En 2017, ils décident d'arrêter la partie B to C (*business to consumer*) pour se recentrer sur la technologie. Ce changement s'opère grâce au soutien de la RATP, et surtout de Transdev (groupe de transport français multinational).

En janvier 2018, les choses s'accélèrent puisqu'ils fournissent à Transdev un service qui connaît du succès, ils en développent un autre avec Keolis à Orléans, et commencent à avoir de belles références. Ils décident de vendre leur technologie sous marque blanche* et la déploient sur tout le territoire sous le nom d'opérateurs locaux. Ils effectuent une nouvelle levée de fonds encore plus accompagnée, embauchent un directeur commercial, et à l'été 2018 ils signent un contrat avec Siemens. Celle-ci entre pour une part importante dans leur capital, et apporte 3,3 millions d'euros. Ce tournant scelle un accord très favorable : Siemens fournit des ressources et une connaissance du marché, et donne une image de crédibilité.

En 2019, la start-up compte 30 salariés et occupe un local de 160 mètres carrés près des Halles. Le capital de l'entreprise se répartit entre Siemens, la Setec et les associés de départ – qui ensemble demeurent majoritaires. Le chiffre d'affaires, qui était de 400 000 euros en 2018, s'élève à 1,5 million en 2019. Son CEO, Gaspard, gagne 54 000 euros bruts par an, un montant à peine supérieur à celui d'un développeur expérimenté, et travaille souvent soixante heures par semaine : « Nos salaires commencent à rejoindre

---

* La marque blanche est un procédé commercial par lequel une entreprise propose un produit, un service ou un outil, assuré par un tiers, sans citer la marque de ce dernier. Il s'agit donc d'un cas de sous-traitance, sans faire apparaître le nom du fournisseur.

ceux des collègues de notre promotion et en plus on a du capital. Il est difficile d'évaluer le prix de l'entreprise car elle est très déficitaire, donc on ne se verse pas de dividende, et il est beaucoup trop tôt pour envisager une mise en Bourse. » Cette entité technologique toutefois semble bien partie, dans la mesure où elle remplit un besoin, en faisant face aux difficultés de déplacements collectifs dans les zones de banlieue ou rurales. Le mot de la fin, teinté de l'esprit du temps, revient à Gaspard : « Je ne vais pas passer dix ans dans cette même entreprise. Un marché de start-up, c'est fragile, il y aura des consolidations, il faut atteindre une certaine taille et ensuite je passerai à autre chose, parce que cela m'amusera moins. Et ce n'est pas un truc que je veux léguer à mes enfants. Aucune personne de mon âge pense qu'il va créer une entreprise pour la pérenniser ou la transmettre. » Son opinion sur l'entrepreneuriat californien ? « C'est un état d'esprit, c'est fascinant mais je ne pourrais pas vivre de manière continue dans un tel univers. Ils en font trop : la techno par-ci, la techno par-là, ces gens qui veulent changer le monde. Tout est *amazing* ! Donc caricatural. »

Un espace professionnel prospère autour des start-up, sous l'égide de l'échange d'expériences, des conseils, des études de cas, des préconisations technologiques, des théories sur le management aux recettes des *business models*. Autour d'elles s'est organisé un marché fécond pour des experts en tous genres : en finance, en droit, en gestion, en ressources humaines, en communication, en coaching, au point que l'on peut se demander s'il n'existe pas plus de consultants pour start-upeurs que de start-upeurs. De fait, dans le secteur de l'innovation technologique, les frontières entre les salariés, notamment comme consultants salariés, les indépendants, notamment comme consultants indépendants, et les « entrepreneurs » ne cessent de s'estomper. Un start-upeur qui échoue peut se muer en consultant, du moins provisoirement avant de rebondir, et un expert ayant acquis une compétence particulière peut en user comme d'un tremplin pour créer une entreprise ; enfin rien n'interdit de cumuler les différents statuts, allier la protection que procure une expertise commercialisée directement et le risque de l'entrepreneuriat, comme nous le verrons plus loin. Les statistiques et études sur les créateurs d'entreprises insistent sur ce point : la frontière entre salariat et entrepreneuriat s'atténue[20]. En termes de rémunération, le conseil est plus avantageux que la création d'entreprise du moins en phase de démarrage : un consultant vend en effet son expertise « à la journée », selon une fourchette qui va de 900 euros à 2 000 euros, et parfois plus, alors que le jeune *founder*, dont l'entreprise est lourdement endettée, est incité à restreindre sa rémunération.

L'écologie culturelle de la start-up est particulière, elle combine de l'expertise et des connaissances (technologiques et/ou financières), un réseau puissant et un état d'esprit : de l'audace, le goût de la conquête, une foi dans l'innovation. Et même un zeste de mégalomanie quand le substrat idéologique est de vouloir révolutionner la société. Où, ailleurs, que dans des cursus de l'élite universitaire peut-on mobiliser simultanément autant de ressources ?

La création d'une start-up ne colle pas à l'image de l'entrepreneur schumpétérien, doté de qualités psychologiques de leadership et de sens du risque, et qui, à partir d'une idée et d'une vision de marché, se lance en conquérant dans les affaires. La vocation de chef d'entreprise est souvent absente chez ces jeunes entrepreneurs : le désir d'autonomie, la volonté de se prouver quelque chose à soi-même sont des motivations qui surgissent bien avant celle de devenir meneur d'hommes (ou de femmes). Le choix de l'entrepreneuriat relève parfois d'un cheminement totalement aléatoire, entre passion et opportunité. En témoigne l'histoire d'Élise, 29 ans, diplômée de l'UTC (Université de technologie de Compiègne).

Cavalière émérite depuis l'enfance, cette ingénieure voulait en faire un métier avant de renoncer (voir partie 1). Elle a orienté sa formation vers la biomécanique et, pour comprendre comment le corps fonctionne dans le geste sportif, elle a effectué un stage d'étude à l'École nationale d'équitation de Saumur en prenant pour objet de recherche l'interaction cavalier/cheval. À la fin de sa scolarité, un ingénieur en dernière année d'HEC Entrepreneuriat, qui, pratiquant lui aussi l'équitation, a amorcé une création d'entreprise sur les objets connectés pour les cavaliers, fait appel à son expertise. Leur projet commun naît de cette rencontre.

En 2015, après s'être installés dans un incubateur pour étudiants à Compiègne, les deux fondateurs se déplacent à Lille où existe un écosystème pour entreprises innovantes. Ils mettent pieds dans un domaine quasiment vierge, mais qui commence à susciter la curiosité d'autres entrepreneurs et du milieu équestre. Dès cette année, le start-up studio (voir p. 113) investit 150 000 euros dans le projet d'objets connectés pour chevaux et prend 25 % du capital de la SAS tout juste créée – Élise et son cofondateur se répartissent 35 %. À cela s'ajoutent, pour des sommes assez modiques, des fonds locaux semi-publics et un financement de deux *business angels*, un financement participatif *via* Kickstarter qui permet de réunir 175 000 euros, et enfin une aide financière de Neovia, fleuron français de la nourriture animale. Ils engagent 10-15 salariés, dont 6 développeurs, tous ingénieurs de l'UTC ou des écoles d'ingénieurs de Lille. Ils conçoivent un premier prototype : eux créent le design et la carte mère, et ils délèguent une partie de la finition à un bureau d'études situé à Hong Kong, alors que la fabrication du produit s'effectue dans des usines aux Philippines. Leur seconde levée de fonds a lieu en juillet 2016 : 1,5 million auprès de Neovia et 1,5 million de la part de la BPI.

Le projet enthousiasme Élise. « Je crois beaucoup en cette entreprise qui peut révolutionner l'entraînement des cavaliers, car notre outil permet de saisir les sensations du cheval. Placé sous la selle, il fournit des informations sur sa cadence, sa foulée, sa vitesse, une éventuelle dissymétrie dans l'allure. » La diversité de son travail la séduit : « En quatre ans, mon métier a évolué. Au début, j'étais surtout dans la partie scientifique : traitement des algorithmes et du signal. Puis je suis devenue aussi le bras droit du directeur produit : choisir quelles fonctionnalités mettre dans l'application, gérer les développeurs. Je suis le trait d'union entre les besoins des cavaliers et les connaissances scientifiques. Rapidement aussi je me suis occupée du blog de l'entreprise, en anglais (50 000 lecteurs par mois en France). Je fais aussi beaucoup de marketing et de communication, j'écris tous les contenus qui servent à la visibilité de la boîte. Le monde de la compétition équestre regroupé dans une fédération nationale, il est vrai, est un bon public pour nous. »

Au mois de mars 2018, en difficulté financière, « au bord du précipice », l'entreprise conduit un nouveau tour de table qui rapporte 350-000/400 000 euros. « On avait eu un peu la folie des grandeurs avec ces 3 millions de départ. On a lancé trois produits en parallèle avant même d'avoir livré notre premier : un produit pour guider le cavalier ; un sur le suivi de la santé des chevaux, une sorte de tee-shirt connecté pour le cheval ; un pour rendre attractives les compétitions pour le public. On a perdu énormément de temps et d'argent, et de crédibilité auprès de nos clients aussi. On avait recruté jusqu'à 22 personnes, et on a dû réduire la taille de l'équipe. » Le chiffre d'affaires de la start-up, vitrine de la nouvelle économie lilloise, qui était de 450 000 euros en 2018, a grossi à presque 1 million en 2019 dont 60 % à l'exportation.

Élise gagne 40 000 euros bruts par an, moins que ce que lui rapporterait un emploi dans une entreprise classique. Pourquoi se lancer dans une start-up ? « Ça ne me serait jamais venu à l'idée toute seule, je n'avais ni tradition familiale ni argent de côté. Je me suis retrouvée face à ce projet et je me suis dit que je n'avais rien à perdre, c'était une expérience à tenter, peu importe le temps que cela durera. »

Le master Entrepreneuriat de HEC, fabrique de champions

FoodConnect produit une armoire réfrigérée destinée à être installée dans le jardin (pour les pique-niques, ou au cas où l'on vous livre une glace à la vanille alors que vous êtes absent), Ubstairs développe une solution 3D pour affiner des conseils de décoration, Barckacia offre une plateforme pour la revente de matériaux du BTP, Minimento fabrique un tissu de peau artificiel doté de qualités comparables à la peau humaine, etc. Nombre de petites entreprises sont initiées par d'anciens étudiants des écoles de commerce, HEC en tête, comme si ces établissements, en France, mobilisaient toutes leurs forces pour s'arrimer à la révolution technologique. La complémentarité avec les écoles d'ingénieurs est établie : sur 42 étudiants de la promotion 2009-2010 du master HEC Entrepreneuriat, 26 ont un autre diplôme, presque toujours un diplôme d'ingénieur (figure 4). HEC a créé Idea Center, un centre dédié à l'innovation, afin de promouvoir son image comme leader en Europe pour l'entrepreneuriat digital et depuis plusieurs années déploie un écosystème avec des formations et des incubateurs[21]. Une cinquantaine de projets conçus par ses recrues a été présentée à Vivatech 2019, et la marque HEC s'affiche dans nombre de manifestations célébrant les start-up. En outre, sa Fondation a créé le HEC Seed Entrepreneurship Summit, un événement vitrine. Alors que la très grande majorité des sortants des écoles de commerce ne se dirige pas vers ce secteur, le tapage autour de l'entrepreneuriat IT permet d'associer l'image de ces établissements à la valse du nouveau monde.

Le master HEC Entrepreneuriat place ses étudiants dans un maillage professionnel puissant, sorte de World Elite Mastercard pour la vie. L'avantage qu'il procure est ainsi résumé par Romain, qui a lancé sa propre entreprise : « Ce réseau est responsable en grande partie, voire intégralement, de mon parcours professionnel. C'est un tremplin. On s'est rencontrés à un âge où on savait déjà ce qu'on voulait faire. Ce sont des amis avec qui on partage une vision, une façon de penser, une envie de construire nos vies de manière assez commune. Des amis puissants, des rencontres, des mentors, des gens qui nous inspirent nous sont présentés. Dans ce master, on vous explique les valeurs à soutenir, l'intérêt d'être associé, d'être ensemble pour aller plus loin. C'est un réseau égalitaire, on se dit "tu" tout de suite, il y a un *a priori* de confiance, de bienveillance, et une volonté partagée par chacun de vouloir faire vivre ce réseau. On est tous conscients que c'est certainement une des plus grandes forces de cette école. Il y a des gens qui réussissent mieux leur parcours que d'autres, mais on se regarde tous sur un mode égalitaire. Pour moi, ce fut une rencontre structurante avec ce premier investisseur qui m'a offert des possibilités financières et ces responsabilités. Ensuite, tout se déroule facilement. » Faisant allusion à sa première expérience professionnelle, qui l'a conduit à reprendre deux entreprises en difficulté : « Quand, à 20 ans et quelques, on a sorti du tribunal de commerce deux boîtes, on devient quelqu'un de recherché. »

Parcours type du start-upeur français

En suivant, le parcours singulier de trois *founders* recrues de ces écoles de management, Oleg (36 ans, Edhec et London School of Economics), Jérémy (31 ans, HEC Entrepreneuriat après des études de maths et une classe préparatoire à Dauphine), Romain (31 ans, HEC Entrepreneuriat après une école d'ingénieur généraliste, l'Icam Lille), on est frappé par le parallélisme des histoires d'engagement dans le nouvel entrepreneuriat.

Tous les trois ont déjà créé, au cours de leurs années de vingtenaires, des start-up qui ont déposé leur bilan. Jérémy dans le secteur des jeux en ligne : projet élaboré en cours de scolarité à HEC, monté avec quatre amis d'enfance s'appuyant sur une levée de fonds de 150 000 euros *family and friends* et un *business angel* « qu'on avait recruté *via* les réseaux sociaux ». « On a dû arrêter car, au bout du compte, on a eu des doutes sur le modèle économique » et ils étaient aussi tous pris par leurs trajectoires d'étude : « On a déposé le bilan en épongeant, on avait encore assez de ressources pour fermer la boîte proprement. »

Romain, à la sortie de l'école et avec un collègue de sa promotion, a tenté de créer une entreprise dans le secteur de la location de livres universitaires en copiant un modèle américain à succès, Chegg.com. Chacun des deux protagonistes pouvait compter sur 5 000 euros de capital familial : « L'expérience a duré quelques mois, les éditeurs n'ont pas voulu nous suivre, les enjeux financiers étaient hors de portée, on a reçu les huissiers, on a arrêté. »

Oleg, après quelques années d'activité, a lancé une entreprise dématérialisée dans le secteur du voyage, une plateforme collaborative qui organisait des contacts et des échanges de « bons plans » pour bourlinguer. Ce projet, initié en 2012, dans le sillage des plateformes collaboratives autour du tourisme (Airbnb et BlaBlaCar), est monté avec un collègue de travail. Chacun est muni de 2 000 euros d'économies, ils reçoivent un prêt de 150 000 euros du réseau Entreprendre qui offre des conditions favorables pour démarrer une activité, une entreprise de développement Internet prend des parts dans la société, les héberge et investit dans le site. Ils aménagent des partenariats avec des entreprises de type Voyageurs du monde et concluent des accords avec des clubs sportifs. Mais ils n'arrivent pas à monétiser cette activité : « On avait 50 000 utilisateurs inscrits. Les gens venaient sur le site pour se retrouver entre eux, c'était sympa, mais ils ne s'engageaient pas dans les activités payantes. On a dû abandonner. »

Tous les trois ont suivi un cheminement professionnel stéréotypé avant de créer la (ou les) start-up qu'ils dirigent en 2019. Ils ont une expérience plus ou moins importante de travail à l'étranger : Oleg a travaillé plusieurs années comme consultant en Argentine, au Brésil puis au Proche-Orient ; Jérémy a effectué un long stage à Singapour à la fin de sa scolarité à Dauphine, et a conduit des études d'impact en Inde et aux Philippines pour une association de business social née au sein d'HEC, Planète d'Entrepreneurs ; Romain, comme ingénieur, a passé trois mois en Tanzanie, opérant dans la lutte contre la déforestation du Kilimanjaro, puis a travaillé en Algérie, et effectué un mémoire de fin d'études au Danemark. Chacun a occupé pendant plusieurs années un emploi à responsabilité dans une grande entreprise : Oleg a été embauché comme consultant par Euro Group Consulting ; Jérémy a occupé divers postes de cadre chez L'Oréal ; Romain a été successivement directeur général chez un entrepreneur du secteur automobile, puis a dirigé une filiale dans un groupe de télécommunication.

Tous trois ont souhaité voler de leurs propres ailes autour de la trentaine, mais aucun n'avait d'idée préconçue à propos de son projet de start-up : le concept innovateur leur a été apporté par leur milieu, par des amis et/ou par leur réseau professionnel. Ce faisant, il est difficile de leur attribuer le qualificatif de « visionnaire », tant célébré dans l'univers du nouveau monde. Dans leur cas, l'aspiration à être indépendant précède l'envolée d'une idée « géniale ».

Après avoir échoué dans sa start-up sur le voyage, Oleg s'est retrouvé avec deux associés embarqués avec lui lors de cette première aventure : un ingénieur en aéronautique doublé d'un master ESCP, un ingénieur d'Epitech, « un génie du Web, dit-il. Je me suis dit : j'ai une super équipe, il faut absolument que je monte d'autres projets, sinon je vais la perdre ». Fort de leur première expérience, ils créent ensemble en 2016 une entreprise de conseil pour les grands groupes – « On leur apportait du *mindset* » : facturant un consultant 1 200 euros à la journée (un peu moins pour des consultants « moins capés »), celle-ci leur permet de générer du cash et d'avoir une stabilité financière. Après avoir rencontré une quatrième associée (diplômée de Dauphine, spécialiste en finance), ils se lancent la même année dans une entreprise de mise en relation entre des étudiants et des employeurs d'étudiants. Leur entité repose sur une plateforme numérique mais comporte un aspect présentiel – un immense atelier-hangar loué dans le VIIIe arrondissement de Paris, où sont disposées en rangées 60 postes avec des ordinateurs. Parallèlement, ils assurent une formation pour ces étudiants en quête d'emploi, qui devront fonctionner sous le statut d'autoentrepreneurs. Cette nouvelle entité évolue lentement, entre idéologie start-up et entreprise classique : « On n'est pas du tout *venture capital friendly.* » Elle a fait une levée de fonds de 3 millions d'euros fin 2018 pour accélérer sa croissance et a racheté un de ses concurrents fin 2019.

Elle revendique 100 000 étudiants inscrits et agit en intermédiaire surtout pour les grands comptes.

Jérémy a créé une entreprise à mi-chemin entre le *retail* et la finance immobilière. Il loue des emplacements pour des boutiques éphémères, des *pop stores*, sécurisant des emplacements provisoirement inoccupés dans le tissu urbain. Il explique comment le projet est venu à lui : « J'avais envie de remonter une boîte, mais je n'étais pas très proactif sur le sujet. J'avais un copain d'HEC qui travaillait dans un groupe européen d'immobilier commercial : on en parle, ça me plaît et on s'est lancés. » Ayant acquis une bonne connaissance de l'économie des boutiques lors d'un de ses postes chez L'Oréal (direction d'un pool de boutiques d'aéroports), il envisage de combiner son activité entrepreneuriale avec une pratique de consultant pour les boutiques qu'il « héberge ».

Romain a claqué la porte de son employeur précédent en raison d'un désaccord avec l'actionnaire principal (« Je n'appréciais pas ses agissements, il avait tendance à considérer qu'avec l'argent tout vous est permis »). Il s'est mis au chômage et a cherché une entreprise à racheter pas cher : « J'en avais marre de diriger une boîte sans être actionnaire, je voulais être actionnaire majoritaire dans une entité ayant une dimension financière à la hauteur de mes aspirations. » Avec ses indemnités de départ, il a racheté une entreprise qui était en sommeil depuis deux ans et dont la valeur avait baissé – par le biais d'une augmentation de capital, celle-ci lui a coûté 15 000 euros, avec la possibilité de racheter les autres parts sur un prêt étalé. Son objet consiste à structurer des opérations de financement auprès d'acteurs de l'immobilier : « C'était une opportunité, je ne connaissais pas grand-chose au secteur… » Il n'a pas de salarié et travaille tout seul avec une nuée de prestataires sous-traitants.

Tous les trois, au moment de se lancer dans l'entrepreneuriat, ont négocié une rupture conventionnelle avec leur entrepreneur précédent, et ont bénéficié du dispositif Accre (aide aux chômeurs créateurs et repreneurs d'entreprise) dispensé par les Assedic aux chômeurs qui créent leur entreprise – ce dispositif, complexe, dont les modalités ont changé de nombreuses fois, permet de mobiliser immédiatement une partie des indemnités ou de les étaler. Leurs salaires ? Oleg, après quatre ans d'activité, se verse 5 000 euros nets par mois : « Avec notre première start-up, on a travaillé énormément, émotionnellement, et à la fin on n'a rien eu. Donc j'ai voulu sortir de l'image de l'autoentrepreneur qui se flagelle : c'est dur de se lancer dans une entreprise, on se sent coupable de se payer, et on veut tout mettre dans la boîte pour se développer. Je ne veux plus être dans une posture de sacrifice avec l'espoir d'un gain futur. Si demain tout s'arrête, j'ai envie que l'on puisse se dire que l'on a passé du bon temps. » Jérémy, après deux ans d'activité en start-up, se rémunère, comme son associé, 3 000 euros bruts par mois. « On se paiera plus quand on aura atteint un niveau suffisant en termes de staff, notre but est de développer la boîte. » Issu d'une famille aisée, ayant très bien gagné sa vie pendant plusieurs années chez L'Oréal, il ne s'inquiète pas de cette modération financière. Romain, après un an d'entreprise, vit encore de ses indemnités chômage : 5 900 euros nets par mois : « J'ai très bien gagné ma vie dans mon ancien boulot. » Tous les trois avaient un meilleur salaire avant de se lancer dans l'entrepreneuriat. Aucun, cela va sans dire, ne se verse (encore) de dividendes.

Oleg vit avec une consultante en développement durable et innovation, diplômée de Sciences Po. Jérémy partage sa vie avec une start-upeuse, au pedigree Sciences Po/Essec. Romain est marié avec une avocate qui gère une galerie d'objets artisanaux.

La vidéo du CEO de Chefing, ou la dérive langagière de la start-up nation

Janvier 2020. Ce jour-là, le réseau social Twitter déclenche une de ces microcontroverses dont il a le secret. La cible du jour est le jeune et fringant Théobald de Bentzmann, CEO âgé de 30 ans de la start-up Chefing, un traiteur destiné aux entreprises. Arborant un bleu de travail avec son prénom et son titre brodés sur la poche de veste, Théobald est interviewé par le média Web Les Mutants, une de ces plateformes qui s'intéressent aux modèles et aux parcours des nouveaux entrepreneurs de la Tech et de l'innovation. « La culture de Chefing c'est une culture de guerre, c'est une culture de *fight*, entame Théobald de Bentzmann avec un débit rapide et à grand renfort de gestes marquant son excitation. On n'a pas peur de dire que construire une grande boîte, c'est un combat, et âmes sensibles s'abstenir ! » La tonalité de l'interview est posée. Le jeune CEO déroule son parcours : finance à la London School of Economics, entrepreneuriat à l'Université de Cambridge, premier job comme trader à Londres chez Barclays, soit le CV archétypal du jeune loup de Wall Street. Après deux boîtes qu'il admet avoir « foirées de manière assez monumentale », Théobald de Bentzmann se lance dans l'aventure Chefing.

Vient ensuite le moment incontournable lors duquel le patron présente la « culture d'entreprise » : « Nous, on a trois grosses valeurs, détaille le manager. Un : l'intensité ; deux : client et *business focus*, on veut des gens qui sont business, business, business ; et troisième valeur : *team player*. On a une stricte "*no asshole policy*" chez Chefing. C'est pas parce qu'on est très bons qu'on a le droit d'être très cons. »

Une avalanche de réactions moqueuses va rapidement accompagner la diffusion de ce monologue dans lequel un mot sur trois est emprunté à l'anglais du business et du secteur numérique. Certains allant jusqu'à vérifier qu'il ne s'agit pas d'une parodie. « L'ire provoquée sur Twitter par le monologue lunaire de Théobald, le fondateur de Chefing, illustre bien la dérive totale de la start-up nation, écrit un internaute sur Twitter. Une bonne grosse blague et beaucoup de vent. »

La vidéo a d'abord été repérée par un journaliste écrivant notamment pour *Le Monde diplomatique* et *Mediapart*, Mickaël Correia, lequel précise que le CEO est le fils de Stanilas de Bentzmann. Inconnu du grand public, ce grand patron est le fondateur de l'entreprise de services informatiques Devoteam, et sa fortune est estimée à 180 millions d'euros. « Tout juste diplômé d'une école de commerce, l'Inseec, en 1987, le jeune Stanislas de Bentzmann s'envole pour la Californie, s'inscrivant pour passer un bachelor en marketing et en informatique à l'Université de San José, réputée

pour être le poumon intellectuel de la Silicon Valley[22] », nous apprend le magazine *Entreprendre*. Le diplômé ambitieux mesure alors l'immense potentiel du secteur high-tech et, de retour en France, il lance son entreprise, devenue un poids lourd du secteur qui vise le milliard de chiffre d'affaires à l'horizon 2020.
En une vidéo de deux minutes et quelques secondes diffusée sur Twitter, c'est toute la problématique des élites économiques françaises et de leur renouvellement qui apparaît sans fard. Le père appartient à l'élite dirigeante, celle du fameux 1 % et même au-delà, ce 0,01 % d'ultrariches du capitalisme français. Le fils, à 30 ans, se rangerait plutôt dans la catégorie de la sous-élite que nous avons décrite. La « start-up nation », descendante directe du capitalisme *à la papa* ? La généralisation à partir du cas familial est évidemment tentante. La fréquentation répétée des incubateurs ne laisse d'ailleurs guère de doute quant aux origines sociales des enviés start-upeurs. C'est aussi ce qu'illustrent les photos de groupe, devenues rituelles, des employés des entreprises de la French Tech. Posant sur les canapés, accoudés au comptoir des espaces cuisine, un tee-shirt ou un pull identique aux couleurs de leur entité, les dix à trente salariés de ces petites unités arborent le sourire de celles et ceux qui évoluent dans une de ces *great places to work*, selon le titre d'un classement des entreprises où il fait bon vivre. Immanquablement, les portraits de groupe révèlent une homogénéité des profils : jeunes (souvent moins de 35 ans), avenants, blancs, respirant la santé et le bien-vivre. Ces portraits d'équipes se manifestent comme l'illustration caricaturale d'un décrochage entre la partie dynamique, intégrée, enthousiaste et scolairement dominante des nouvelles générations et celle, bien plus circonspecte quant au nouveau monde, composée de tous les autres.

Mais pourquoi donc créer une start-up ?

Au cours des entretiens, aucun des start-upeurs n'a fait allusion au fait de devenir milliardaire, ou même de gagner beaucoup d'argent – au stade de développement de leur société, leur souci est de « ne pas boire le bouillon », une situation que certains appréhendent car ils l'ont déjà connue. Certes, leur salaire est confortable, mais plus modéré que celui qu'une grande entreprise leur procurerait. Ils usent avec dextérité des dispositifs financiers mobilisables autour de la création d'entreprise, et ils tirent avantage du levier que constitue leur appartenance à un réseau d'Alumni. Ce dernier point fait toute la différence avec un apprenti chef d'entreprise hors de ce réseau qui devrait en permanence justifier sa légitimité à avoir accès aux banques et aides à la création d'entreprise.

Aucun de ces jeunes start-upeurs ne s'est lancé dans l'entrepreneuriat faute d'emploi, en revanche certains ont tenu des propos très défavorables envers les grandes entreprises, en raison des conditions de travail, du management autoritaire, du sentiment de se sentir comme un pion et de devoir « entrer dans un moule ». Plusieurs ont motivé leurs choix par leur passion pour l'objet de l'entreprise ou par l'intérêt d'un travail qui engage la spéculation intellectuelle, la diversité des tâches et la bienveillance des échanges au sein d'un groupe affinitaire – on crée presque toujours une start-up avec des amis ou des relations professionnelles. Enfin, la qualité de vie qu'offre l'entrepreneuriat, l'autonomie, la souplesse d'organisation et sa compatibilité avec une vie privée sont des motivations souvent citées. Leur option entrepreneuriale s'encastre, d'une certaine manière, dans un projet hédoniste : être indépendant, porter un projet qui soit le sien ou « celui d'une petite équipe », se prouver quelque chose à soi-même et/ou connaître l'excitation de créer quelque chose d'innovant qui fasse sens et soit doté d'une implication sociale. Lorsque l'on conjugue toutes ces dimensions, la start-up se confond avec un ethos et un art de vivre.

Chez les jeunes diplômés, créer une entreprise découle de motivations multiples, et l'importance des facteurs non économiques dans cet engagement est démontrée par de nombreuses recherches[23].

Figure 6. Pondération des motivations des créateurs d'entreprises

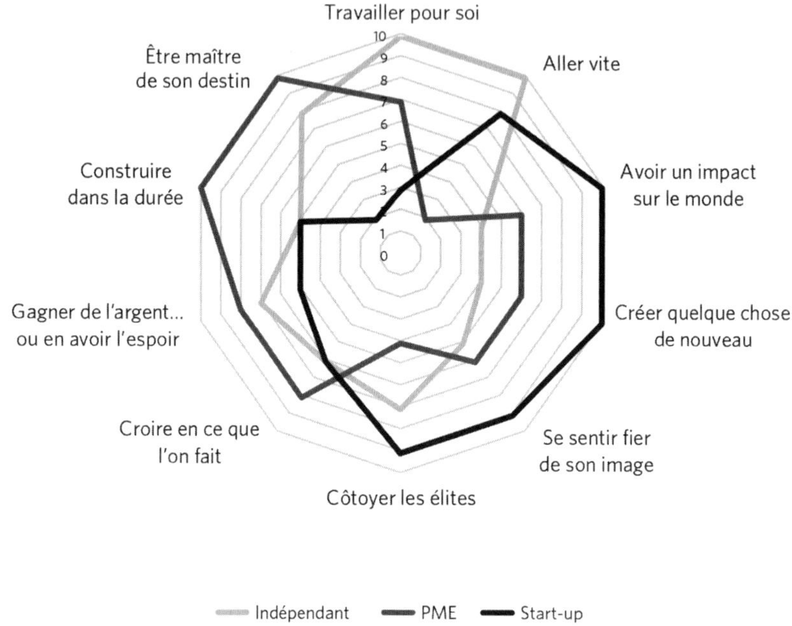

Schéma conçu par Daniel Cohen Zardi.

Dans un article intitulé « Créer sa start-up *versus* entreprendre[24] », Daniel Cohen Zardi – diplômé de Polytechnique et de l'École supérieure nationale des télécommunications, ancien de Microsoft et fondateur de SoftInfluence, société spécialisée dans les nouvelles technologies – hiérarchise les motivations des start-upeurs, en contraste avec celles des entrepreneurs classiques. « Avoir un impact sur le monde, se sentir fier de son image, créer quelque chose de nouveau, côtoyer les élites, aller vite » : ces objectifs arrivent en tête chez les start-upeurs, bien avant celui de « gagner de l'argent... ou en avoir l'espoir ». En ce sens, leur démarche diffère sensiblement de celle des professions indépendantes (premières motivations : travailler pour soi et gagner de l'argent) ou des créateurs de PME (premières motivations : être maître de son destin, construire dans la durée, gagner de l'argent et croire en ce qu'on fait). Le schéma confirme que la culture start-up s'est déployée dans un contexte élitiste, en particulier autour des grandes écoles. De fait, les entités françaises qui ont bénéficié de fonds leaders pour des start-up en 2018 ont presque toutes été créées par des ingénieurs ou des recrues d'écoles de commerce, comme nous l'avons vu. Aucun de ces fleurons de l'innovation n'a été lancé par un autodidacte, ou même quelqu'un seulement détenteur d'un master universitaire. La start-up nation émane de la quintessence de l'élite scolaire.

Comment définir l'esprit start-up ? D'abord, par la curiosité intellectuelle. Ces jeunes entrepreneurs travaillent tous sur des objets ou des services innovants qui se cherchent, se redéfinissent et s'affinent en interactions avec un milieu financier et un milieu industriel. Souvent, s'il s'agit de modèles B to C, ils ont un rapport direct avec les consommateurs *via* les plateformes et les blogs, ceux-ci entrant alors dans la boucle. Ensuite, par le rapport au temps, l'impatience de l'immédiateté. Les start-upeurs se projettent sur un horizon de temps plutôt court : celui-ci est certes déterminé par la capacité d'autofinancement et les échéances d'emprunts, mais il est aussi lié à une vision économique, la start-up étant une expérience destinée à connaître un dénouement rapide. Impossible de s'éterniser dans un cadre très concurrentiel : si le décollage ne se produit pas, on va rapidement infléchir l'orientation de l'objet ou du service, tenter les partenariats ou des ventes de parts, se transformer en une agence d'expertise (le conseil) ou, encore, fermer boutique avant d'être totalement ruiné. Une start-up n'est pas une entreprise que l'on fait fructifier sur de longues années pour la léguer à sa descendance. Selon une enquête de La Boussole et du Boston Consulting Group en 2018, sur les 10 000 start-up françaises, 44 % ferment leur porte au bout de trois ans, 50 % au bout de cinq ans – et au bout de dix ans les chiffres varient entre 70 % et plus[25]. Enfin, par le challenge économique, associé au défi d'avoir pensé et conçu un produit intéressant : bien sûr, la mentalité du concours Lépine a fait place à un esprit de conquête industrielle encouragée de toutes parts sous l'égide du soft power hexagonal – pouvoirs publics, grandes écoles, universités et presse économique réunis. Ainsi, 360 start-up françaises ont fait le déplacement en 2019 à Las Vegas lors du Consumer Electronic Show, plaçant l'Hexagone en 3e position derrière la Chine (2e) et les États-Unis.

Toutefois, on est assez loin, comme nous l'avons dit, du messianisme californien et de sa puissance financière de feu, sous l'égide de *business angels*. Dans son enquête sur la Californie, *Tous milliardaires*[26], Denis Lacorne dénonce l'inflation verbale sur la start-up nation et dresse un bilan mitigé de la mission French Tech dans la Silicon Valley, et plus globalement de la capacité du milieu économique français à s'imposer comme un acteur clé du capitalisme numérique. Les obstacles pour mettre en concordance les faits avec la rhétorique sont souvent débattus : contexte culturel, poids des grands groupes industriels et de l'État, modestie des moyens financiers pour conquérir les marchés extérieurs. En 2019, toutefois, six entités de la Tech française ont réussi à lever plus de 100 millions d'euros : Meero (photographie à la demande), cofondé par Thomas Rebaud, EM Lyon ; Doctolib (santé), cofondé et dirigé par Stanislas Niox-Château (HEC Entrepreneuriat) ; ManoMano (plateforme pour bricoleurs et jardiniers), cofondé et dirigé par Philippe de Chanville et Christian Raisson (tous deux Edhec) ; Ynsect (éleveur d'insectes comestibles), dirigé par Antoine Hubert (École nationale supérieure agronomique de Rennes) et cofondé avec Jean-Gabriel Levon (Polytechnique et HEC Entrepreneuriat) et Alexis Angot (Essec) ; Algolia (*ad tech*, publicité), basé en Californie, fondé et dirigé par Nicolas Dessaigne (ingénieur Esiea, Nantes, et PhD en *computer science*) ; HR Path (e-ressources humains), dirigé par François Boulet (DECF, Orsay). Six entreprises fondées et dirigées par un concentré de très hauts diplômes, dont plusieurs trentenaires.

Lors de la crise sanitaire du coronavirus au printemps 2020, on a pu s'interroger à juste titre sur la durabilité du système start-up, un système aux pieds d'argile tant son assise dépend de la confiance et de la disponibilité des banques et du capital-risque. Pourtant, plus que toute autre entreprise, les start-up sont adaptées pour fonctionner en réseau et à distance et ce sont elles qui, souvent, ont fourni des outils en logiciels pour gérer le télétravail et le pilotage des entreprises lors de la période de confinement. En outre, les décideurs publics, pour une part, se sont tournés vers les entités d'innovation en biotechnologies pour expérimenter des médicaments, et travailler sur les tests et les vaccins – forte de 700 start-up, la biotech française en effet est bien placée[27] sur le marché européen. Enfin, le confinement a offert à quelques start-up des opportunités de développement dans les secteurs du *do it yourself* et de la restauration à domicile. L'idéologie du solutionnisme se révélera-t-elle efficace face aux désordres sanitaires et sociaux introduits par la Covid-19 ? La réponse est loin d'être claire.

Start-up en solo : influenceuse yoga

C'est au cours d'un dîner de chercheurs que je (Monique Dagnaud) fais la rencontre virtuelle de Coralie : « Ma fille, après des études d'économie, a créé une entreprise autour du yoga. Et sur son site Internet, elle a plus de 100 000 *followers* », confie un politologue, subjugué par cet itinéraire improbable. Un itinéraire qui va nous conduire à réévaluer les paramètres contemporains de la reproduction sociale.

Sur le compte Instagram de cette inconnue du grand public, plus de 1 000 photos d'une silhouette longiligne en posture de yoga : le style épuré du studio Harcourt appliqué aux arabesques du corps caractéristiques de cet antique art de vivre hindou. Ces photos sont assorties de pensées, presque un journal intime, sur les allées et venues et les lieux fréquentés par Coralie. Elles sont parfois enchâssées à des messages délicats sur la vie émotionnelle, ornés de citations ou de maximes[28] : hymne à la différence, écoute de soi, libération des diktats, recherche de la confiance, la prose dite inspirante du développement personnel, le tout dans la langue de Shakespeare (avec traduction française grâce à Google). Beaucoup des tenues portées par Coralie sont produites par des marques de vêtements de yoga (Dharma Bums, Hey Honey, Alo Yoga, etc.), discrètement mentionnées si on appuie sur la photo. Mais sont aussi postées des images de Coralie en voyage avec sa mallette roulante, Coralie en canoë sur un lac, Coralie pique-niquant devant un sublime paysage de montagne, Coralie marchant dans la forêt de Fontainebleau, Coralie en robe du soir lors du mariage d'un ami à Madrid, Coralie devant la mer en Sicile, Coralie avec son chien dans les bras, et ainsi de suite : la vie de Coralie se déplie comme un carnet de voyage dans tous les lieux du monde où s'agencent nature magnifiée, eau cristalline et climat de sérénité. En plus des photos, on trouve des vidéos sur la fabrication de recettes de cuisine vegan et de cosmétiques à base de produits naturels, ou des vidéos montrant des espaces meublés au style minimaliste qui évoquent un spleen indien, bref la mise en scène d'un univers mental autour du yoga. Fin 2019, on comptabilise exactement 116 000 *followers* ardents à poster des commentaires et des émoticônes.

Coralie en chair et en os, 32 ans, chignon lâchement moulé, habillée en legging et blouson de toile, débarque en trottinette au rendez-vous pour l'interview. L'œil et l'esprit doivent s'ajuster pour faire coïncider les poses athlétiques et glamour d'Instagram et la jeune femme au maintien réservé qui s'exprime : « En fait, pour moi, le yoga ce n'est pas juste une activité, c'est un ensemble culturel. C'est un fil rouge avec le développement durable. Je me suis toujours dit que je voulais faire des choses en lien avec mes valeurs. » Son histoire se fraie un chemin entre projection morale et sens du marketing. Le yoga, pour elle, relève d'une vocation tardive, puisqu'elle l'a découvert à Shanghai, où elle travaillait comme chef de projet dans une entreprise de dépollution de l'air : « Le yoga c'était juste mon exutoire du moment », précise-t-elle. Après deux masters sur le développement durable, l'un à Paris-Dauphine, l'autre à la London School of Economics, elle est partie en Chine installer un management à l'européenne, embauchée par le cofondateur d'une start-up. Au bout de trois ans, perce la déception : « J'étais partie sur l'idée de pouvoir changer les choses, avoir un réel impact, et je me suis retrouvée dans une entreprise qui faisait de l'argent sur le dos d'une innovation qui n'en était déjà plus une à l'époque. De plus, il y avait la culture de l'entreprise : difficile, austère, à la chinoise. J'étais salariée avec des pressions et des non-dits. La position était quand même intéressante, j'avais des responsabilités, et j'étais bien payée pour la Chine (2 100 euros nets mensuels). » Elle quitte pourtant l'entreprise, et doit attendre six mois avant de rentrer en France en raison des démarches administratives à effectuer pour pouvoir ramener son chien. « Je me suis dit : finalement, pourquoi ne pas faire une formation de professeur de yoga, pour approfondir mes connaissances, me faire plaisir ? » La formation payante d'un mois se déroule en Indonésie, où elle obtient un certificat de professeur de yoga. « À ce moment-là, le monde pour moi était très ouvert. J'ai suivi une sorte d'intuition, je me suis laissé porter. Je ne voulais pas retourner dans une boîte. J'avais deux pistes autour de mes passions : l'enseignement du yoga ou la décoration – j'avais aidé quelques amis à installer leur appartement avec succès en Chine, et j'étais satisfaite de ces missions. Je voulais faire rebondir ma vie, avec un sentiment de liberté et un retour aux réalités à Paris [avec le chien]. »

Coralie débarque en France début 2016, époque où le yoga bénéficie d'une immense aura en tant que viatique philosophique et sportif pour cadres fatigués[29]. « Pour enseigner il faut avoir de l'autorité, et je n'en avais pas. Je ne me sentais pas légitime avec une formation si courte. En fait, j'ai commencé de manière organique en plantant une petite graine. Je ne voulais pas forcer le destin en faisant ma pub, ça me mettait mal à l'aise. Donc j'ai débuté modestement. » Elle commence à donner des cours chez des amis en échange d'une petite rémunération. Ceux-ci apprécient, et de fil en aiguille elle se met à enseigner de plus en plus auprès d'une clientèle de proches. Son père l'aide à louer un petit appartement, et finalement elle organise des cours dans son salon, avec une base de clientèle qui s'étoffe. Elle propose aussi des séances de yoga pour le personnel d'entreprises. Elle crée un site sur Instagram, mais en dilettante, refusant de le « booster » en payant ; s'essaie à

Facebook, puis abandonne. Elle se déclare comme autoentrepreneuse en juin 2016 et commence à louer des salles pour ses cours. Elle investit ses économies réalisées en Chine dans le développement de sa petite entreprise. Elle multiplie les initiatives pour sublimer le yoga et s'engage à petites doses dans des déclinaisons commerciales (participation à des salons, des événements, un peu de pub). Dès 2017, le levain prend. Elle devient influenceuse et doit alors gérer subtilement son succès, puisque la source même de celui-ci puise à la morale et à un ethos du quotidien.

« Être influenceuse demande énormément de travail [e-mails, gestion, devis, photos et, surtout, entretien du site] au moins trois heures par jour. Je reçois beaucoup de propositions financières des marques, mais je n'en accepte que quelques-unes – par rapport à mes valeurs. Les produits qui me sont proposés ? Ça va du tapis de yoga au blanchiment de dents. Je refuse le plus souvent ; ainsi, Danone m'a proposé d'animer un événement autour des yaourts, j'ai dit clairement non, d'autant plus que je suis en train de devenir quasiment vegan. Mais je peux accepter des marques éthiques, des marques de vêtements comme Prana par exemple [vêtements dédiés à la pratique de l'escalade et du yoga : son nom vient du sanskrit qui signifie "souffle, vie ou énergie vitale"]. Certaines entreprises me proposent de donner des cours de yoga et d'en parler sur les réseaux sociaux. Là je me sens à l'aise. Par exemple, j'ai donné des cours gratuits lors du salon associé au marathon de Paris, lui-même sponsorisé par Schneider. J'ai parlé indirectement de cette marque qui, entre autres, fabrique de la domotique. On avait reproduit un appartement dans ce salon et moi je faisais un speech sur l'environnement, le bien-être lié à la pratique sportive. Pour cette prestation, j'ai reçu 3 500 euros. Bientôt, je vais participer à un événement concernant un yaourt végétal. »

Sa microentreprise génère un chiffre d'affaires de 4 000 euros par mois, dont plus de 90 % viennent des cours de yoga et le reste d'événements divers – cette proportion pourrait s'inverser à l'avenir tant la fine silhouette de Coralie qui se plie aisément aux figures les plus sophistiquées du yoga peut s'associer à des marques. Un cours particulier coûte 100 euros. Un cours collectif (9-10 personnes) coûte 20 euros par personne. Elle a participé à deux campagnes de pub avec Decathlon et reçu 800 euros pour la première et 1 200 euros pour la seconde. Ainsi, cahin-caha, elle gagne un revenu assez proche de celui d'autres jeunes cadres, mais au prix d'un travail solitaire particulièrement absorbant : enseignement de yoga (au moins douze heures par semaine), comptabilité, recherche de contrats, suivi de formations pour s'améliorer et gagner une légitimité, et surtout peaufinage du site. « J'enseigne depuis quatre ans et il m'a fallu trois ans environ pour respirer financièrement, mais le sentiment de précarité me réveille souvent. » Elle projette d'élargir ses activités professionnelles, en binôme avec son compagnon, lui-même professeur de sport ; notamment, elle envisage de développer un produit, un matelas de yoga, vendu sous le nom de la marque qu'elle a déposée.

Son histoire se déroule au plus loin d'une success-story californienne : son projet était de pouvoir (bien) vivre de ses cours de yoga et de leurs dérivés possibles, et elle ne fantasme pas une seconde sur un destin de milliardaire. De plus, à l'aune des célèbres blogueuses de mode, qui en France comptent en moyenne entre 1 et 3 millions de *followers*[30], et qui souvent viennent du mannequinat ou de la téléréalité, Coralie est atypique et joue (encore) dans la catégorie des poids « moyens ». Mais son activité prend place dans le cadre des réseaux sociaux et des plateformes collaboratives, où la réussite dépend de la taille du réseau et de la dextérité à rameuter et à créer très rapidement des synergies autour de sa marque : elle-même. Pour entrer dans un tel système, il faut se défoncer pour capter de la visibilité, prendre de court ses concurrents, en appliquant à une échelle minuscule la théorie du *Zero to One* chère à Peter Thiel. Or il semble qu'elle ait suivi cette recette, passant près du tiers de son temps à fortifier son image et à construire des liens avec une communauté d'afficionados.

Influenceuse : voilà un métier que de nombreuses jeunes femmes ont embrassé depuis l'essor d'Instagram (créé en 2010 et racheté deux années plus tard par Facebook), dans un premier temps autour de la mode et du maquillage, mais les logiques de *personal branding* peuvent s'articuler avec d'autres produits ou services, comme le démontrent les blogs de yoga à l'instar de celui de Coralie. Les blogueuses de mode se sont lancées sur la Toile bien avant qu'Instagram n'existe mais elles ont toutes tiré parti de la naissance de ce réseau social qui repose sur l'échange de photos, et le tissage de communautés autour du look et de l'image de soi. Les marques de niche sur le vêtement et le maquillage se sont engouffrées dans cette dynamique, promues par des postadolescentes qui s'expriment sur le ton de la subjectivité, parlant de la passion qu'elles souhaitent transmettre, offrant des services associés à la thématique de l'éthique, du bio et du *do it yourself*[31]. Pour parfaire ce dispositif, ces influenceuses jouent du conseil amical gratuit et de la complicité affective avec un public féminin alors que l'ingénierie marchande de ces sites n'est que fugacement visible. Elles livrent une image de la femme comblée (*to have it all*), qui flâne à travers le monde[32] : un métier passionnant, une vie glamour, le souci des autres[33]. Pour cela, elles n'hésitent pas à dévoiler certains aspects de leur vie personnelle (amoureux et enfants), tout comme beaucoup d'actrices de cinéma. Elles sont devenues les leaders d'opinion du secteur de la mode.

La chercheuse américaine Alice E. Marwick a effectué en 2011 une recherche qualitative sur la « sous-culture » internationale des blogueuses de mode – à l'époque, elle en recense 48 000 aux États-Unis[34]. Elle a exploré les techniques à l'œuvre pour construire une image de soi : parler à la première personne sur un ton de sincérité et d'honnêteté, refuser les hiérarchies esthétiques de goûts et de connaissances, et construire une relation affective avec les produits dont on parle. Elle découvre que ces jeunes femmes, comme leurs lectrices, considèrent que ces blogs, qui affirment ouvrir un espace démocratique de discussion, apparaissent plus « authentiques » et plus marqués du sceau de l'indépendance éditoriale que les magazines de mode. De surcroît, ces blogueuses se perçoivent et se présentent comme des entrepreneuses et ne décèlent aucune contradiction à simultanément afficher leur authenticité et à être engagées dans des activités marchandes. Les codes de la *Web culture* s'y trouvent splendidement illustrés : abolition des barrières public/privé et de la frontière partage altruiste/stratégie monétaire.

Aux mutations du travail, les réseaux sociaux et les blogs apportent ainsi leur grain. Ils offrent des opportunités inédites, à mi-chemin entre activité rémunératrice et occupation gratifiante. Ils dégagent l'opportunité de « gagner sa vie en s'adonnant à sa passion » – à condition de rameuter des sponsors comme le font les youtubeurs[35], les blogueuses de mode, ou encore des aventuriers de la *van life*, ces apprentis journalistes qui mettent à la disposition de leurs *followers* des contenus originaux tirés de leurs pérégrinations dans le vaste monde, et transmettent le spectacle des paysages de bout du monde[36].

Un ingénieur-conseil dans une boîte du monde d'avant

« Je suis très stratège dans tout ce que je fais. »
Après un master de Manager des systèmes d'information, obtenu à l'école d'ingénieurs privée Exia, Sylvain entreprend une sorte de *benchmark* des possibilités offertes par la vie active : « Je me suis dit : commençons par le plus petit, j'ai donc d'abord effectué des stages au sein d'une petite TPE de 3 personnes, ensuite dans une PME de 80 personnes, puis dans un grand groupe. »
Son stage de fin d'études l'a amené dans l'entreprise dans laquelle il a été embauché, et où il a gravi plusieurs échelons en un temps record. La culture de la confidentialité est centrale dans le secteur, celui du conseil en ingénierie, dont l'employeur de Sylvain est un acteur indépendant connu, avec de grands comptes comme clients et des branches à l'international. L'entreprise embauche essentiellement des ingénieurs, avec une culture plutôt industrielle et une spécialité digitale dite « IT » (*information technology*), qu'il a intégrée. Actuellement manager de projet, à la tête d'une équipe composée d'une dizaine de développeurs qui travaillent sur un autre site, Sylvain décrit son rôle ainsi : « Maintenir la profitabilité pour

l'entreprise ; si mon projet n'est pas rentable, comment faire en sorte qu'il le devienne. Et s'il l'est, comment faire pour améliorer encore la marge. »
Jeune pour le poste, Sylvain gagne 40 000 euros bruts par an. « Aujourd'hui, je suis payé convenablement en fonction de l'expérience que j'ai, mais pas assez en fonction des projets que je gère », remarque, lucide, l'intéressé. D'ailleurs, il tourne déjà en rond deux ans après sa promotion. Il pense à l'international. La Chine aurait sa préférence. « J'ai eu du mal à me fixer un nouvel objectif. Je fonctionne par objectif, et une de mes valeurs c'est la combativité. On a une culture assez sportive dans la famille, mon frère a fait pas mal d'aviron, moi j'ai fait de la natation au niveau européen, puis du golf à haut niveau. »
Dans les ESN, sigle qui désigne ces entreprises de services numériques nées de la première vague d'informatisation des années 1990, on est parfois très éloigné, spatialement, mentalement, culturellement, des milieux de l'innovation techno-économiques. « Quand je suis arrivé chez X, je me suis dit : "*Back to the fifties*" ["Retour aux années cinquante"] ! On avait des outils de sécurité très contraignants, et rien de collaboratif. Et le *mindset* ["l'état d'esprit"] des gens était différent de celui de l'école, où j'apprenais, je me formais en permanence… J'essaie d'introduire plus d'horizontalité et d'agilité à l'intérieur. »

L'alter-élite : changer le monde en mode projet

Les nouveaux entrepreneurs sociaux, ou l'innovation solidaire en bandoulière

Depuis plus d'une décennie, le Boston Consulting Group (BCG), vénérable entreprise de conseil de la belle époque du management des organisations, remet son prix annuel de l'entrepreneur social. Le jury composé de dirigeants de grands groupes distingue une poignée de finalistes avant de couronner l'heureux gagnant. Cette liste ultime offre un échantillon des nouvelles structures fondées par de jeunes diplômés attirés par un « impact » d'un genre un peu différent de celui des start-upeurs classiques.

Parmi ces finalistes de l'édition 2019-2020, citons notamment les deux cofondateurs de Lemon Tri, Emmanuel Bardin et Augustin Jaclin, « Edhec pour l'un, Dauphine pour l'autre[37] » ; les cofondatrices de Fleur, Hortense Harang, ancienne grand reporter, et Chloé Rossignol, diplômée de Dauphine ; le cofondateur de Chance, Ludovic de Gromard, 32 ans, Essec, spécialité entrepreneuriat social ; Thomas Matagne, 33 ans, cofondateur d'Ecov, diplômé de Sciences Po Paris et d'un double master en sciences et politiques à l'université Marie-Curie.

Sur les sites Internet de ces structures, les photos des équipes, jeunes et dynamiques, rappellent celles des start-up. Sous les portraits des membres, on retrouve la même litanie de titres de master, d'écoles de commerce et d'ingénieurs : Essec, Edhec, Centrale, Sciences Po. Ce prix récompense des entrepreneurs sociaux selon plusieurs critères : l'impact social et la viabilité économique d'une part, mais aussi la médiatisation et le caractère innovant de la solution. « Il y a un alignement d'étoiles autour de l'économie sociale et solidaire depuis quelques années. L'attrait pour la Tech qui a dirigé tant de jeunes diplômés vers les start-up il y a une décennie est en train de se déplacer vers l'innovation à impact social et environnemental. » C'est l'analyse que nous livre la dirigeante d'une structure de l'ESS. Avec le nouvel attrait pour l'entrepreneuriat social, les profils se sont renouvelés, loin du cliché de l'associatif des années 1970… « Il s'agit souvent de *digital natives* qui sortent de l'Essec, ont eu leur épiphanie ou leur *social calling* comme on l'appelle parfois mais également un sens du marché aiguisé, et qui lancent des plateformes avec un objectif d'impact social bien délimité sur un levier de la chaîne de valeur », poursuit notre interlocutrice.

S'ils ne sont pas représentatifs de toute l'économie solidaire et sociale, ces profils incarnent son nouveau visage, et sont mis en avant à ce titre dans les médias. On les retrouve dans les remises de prix, les salons et dans les réseaux de l'innovation sociale. Le gouvernement a lancé en 2018 le label French Impact pour fédérer ces acteurs, sorte de décalque solidaire de la French Tech. Faire le bien avec l'esprit start-up pourrait être le projet de cette communauté émergente d'entrepreneurs, ce que résume l'expression de « *tech for good* ». Ces derniers constituent des structures en miroir de la French Tech, et ils partagent aussi la terminologie de l'écosystème numérique : lab, incubateur, plateforme, *open innovation*…

Ces nouveaux entrepreneurs se concentrent sur une finalité solidaire, sociale, environnementale à laquelle ils appliquent les méthodes de l'innovation, amenant dans l'ancien monde de la solidarité et de l'associatif un état d'esprit entrepreneurial. Conséquence directe de cette convergence des modèles culturels : le social recrute des surdiplômés. « Les entrepreneurs sociaux recherchent les mêmes profils que les autres : des étudiants diplômés ou issus de grandes écoles, explique dans *Le Parisien* un directeur du BCG interviewé dans le cadre d'une étude sur les salariés de l'ESS. Mais ils les paient deux à trois fois moins que les grands cabinets ou les grands corps. […] Les jeunes viennent par engagement, par éthique, pour la gestion des horaires… Et au moment où la famille s'agrandit, quand ils veulent acheter un appartement, ils se disent qu'ils ne gagnent pas suffisamment pour faire bouillir la marmite[38]. »

« Salle de yoga, *open kitchen* et baby-foot » : c'est la description des locaux d'une de ces entités où il fait bon travailler, et qui correspond au mot près à celle des espaces de travail des start-up plus traditionnelles. Signe du parallélisme et de la convergence des modèles et des aspirations, les deux mondes se retrouvent en concurrence pour les talents sur la plateforme de recrutement de diplômés Welcome to the Jungle. Les start-up qui posent leurs annonces élaborent un profil qui fait la part belle aux missions et à la culture d'entreprise, avec des vidéos de salariés qui racontent leur quotidien professionnel. Progressivement, ces structures vouées à produire du sens et tournées vers le changement social se sont greffées au portail, de sorte que le jeune diplômé peut comparer les mérites d'une start-up orientée vers la disruption d'un marché et ceux d'une entreprise à finalité éthique et humaine – le baby-foot sera fourni dans les deux cas.

Les alter-consultants et les nouveaux intermédiaires culturels

Ces structures ont émergé au milieu des années 2010 et se définissent comme des « communautés », des « plateformes », des « réseaux », des « collectifs ». Elles s'occupent de « transition digitale » et de « transformation culturelle », d'« incubation sociale », de « nouvelles méthodes de travail », de « quête de sens en entreprise » et, bien entendu, d'innovation. Elles œuvrent en mode projet, en petites équipes agiles et elles innovent autant par leurs positionnements que par leurs méthodes ou leur fonctionnement interne. Leurs fondateurs sont des *millennials*, pour la plupart diplômés d'écoles d'ingénieurs et de commerce, tout comme l'écrasante majorité de leurs salariés.

Difficile de dresser une liste exhaustive et homogène de ces carrefours générationnels. On pourrait, au nom d'une sensibilité culturelle commune, y faire figurer les plateformes MakeSense, un incubateur qui accompagne les entrepreneurs à impact, ainsi que OuiShare, *think tank* spécialisé dans l'économie collaborative, ou encore Yes We Camp, un collectif d'entrepreneurs sociaux qui gère des lieux alternatifs entre la friche culturelle, l'association humanitaire et le tiers-lieu utopique. Le nom de ces structures, souvent en anglais, leur sert de manifeste. Pourraient s'adjoindre à la liste les médias Usbek & Rica ou Welcome to the Jungle, tous deux insérés dans l'écosystème numérique et développant en parallèle de leur activité de média une forme de conseil, en innovation pour le premier, en recrutement pour le second. Ajoutons à cette liste, à cheval entre l'entrepreneuriat à finalité sociale et l'expertise, des initiatives qui se concentrent sur le renouvellement du processus démocratique (*open gov*, *civic tech*, halocratie), ou encore la sous-famille des plateformes de finance alternative et de *crowdfunding*, dont les Français KissKissBankBank ou Ullule que l'on repère derrière les levées de fonds de nombreux acteurs du changement. Citons encore ces jeunes structures qui, à l'image de Switch Collective, proposent des sessions d'aide à l'orientation pour jeunes cadres diplômés en reconversion et en quête de sens qui hésitent sur le choix de leur futur métier.

Les interlocuteurs de ces activistes du sens appartiennent pour partie à l'ancien monde : bureaucraties, grands groupes en mal de crédibilité environnementale, peinant à recruter les fameux talents, paquebots sans direction dans un monde qui évolue trop vite pour eux. Car les nouveaux consultants et intermédiaires culturels ne sont pas à proprement parler des entrepreneurs sociaux. Plutôt des médiateurs et des décodeurs qui transmettent les méthodes et les philosophies du nouveau monde vers l'ancien, celui des bureaucraties publiques et privées. Des passeurs, des traducteurs, des translateurs, des convecteurs : toutes les analogies sont possibles tant qu'elles empruntent à la fonction quasi chamanique de passage entre les univers. L'un des produits prisés de ces alter-consultants a d'ailleurs longtemps été le *learning tour*, une forme de tourisme économique d'innovation, dans lequel le sage haut cadre français se dépayse en se rendant en terre de disruption dans la Silicon Valley, pour y étudier les manières de travailler et s'imprégner de l'état d'esprit californien. On retrouve l'influence des alter-consultants dans le contenu des podcasts centrés sur l'entrepreneuriat, le développement personnel, la *work/life balance*, les nouveaux modèles organisationnels, les méthodes de productivité *lean*, agiles, frugales…

Une génération en recherche de sens… et de *process*

Un dossier sur l'émergence de l'économie collaborative réalisé en 2018 pour le compte d'un acteur de cette mouvance émet l'hypothèse d'un mouvement générationnel : « Ils s'appellent Flore, Thomas, Antoine, Christian et Arthur… Dans les années 2010, ils vont ouvrir des lieux, lancer des festivals et devenir les porte-voix de l'économie collaborative, de l'entrepreneuriat social, des sciences participatives ou du coworking[39]. » Le portrait de groupe fait apparaître un moment collaboratif et des réseaux d'interconnexions entre ses principaux promoteurs : La Mutinerie, un des premiers espaces de coworking, ouvre en 2012 dans l'Est parisien. Le fondateur de la plateforme MakeSense y sera l'un des premiers locataires. Les fondateurs de OuiShare, *think tank* qui a popularisé en France les principes de l'économie collaborative, se rencontrent dans le même environnement. Dans les années suivantes, ces initiatives ne vont cesser de proliférer.

Normale sup, diplômes de finance, Sciences Po, doctorat en biologie, HEC… Le parcours de ces vingtenaires à la manœuvre en fait une véritable alter-élite, dans le sens d'une élite culturelle et universitaire dont les membres refusent de s'insérer dans le marché du travail à des postes pour lesquels ils ont été formés. Les contradictions culturelles du capitalisme à l'ère de la financiarisation de l'économie, la crise de 2008 et le début de déclassement de ces jeunes diplômés se sont conjugués pour donner naissance à une utopie culturelle, celle d'un monde centré sur le partage plutôt que sur la propriété privée, sur la collaboration plutôt que la concurrence et la compétition, sur le respect du vivant et l'inscription locale plutôt que la globalisation technologique et financière. Paradoxalement ce monde est composé de diplômés hypercompétitifs et très mobiles géographiquement, rompus aux méthodes innovantes de gestion de projet qu'ils appliqueront avec une efficacité certaine dans la promotion de cet idéal. Fait notable, ce n'est plus le parti politique, ni même le collectif qui structure ces engagements : le réseau lâche composé d'individualités en est la matérialisation sociale, comme l'illustre le statut que s'attribuent les membres fondateurs du réseau OuiShare, des « connecteurs ».

Si certains de ces réseaux se sont donné des finalités sociales et politiques, ils ont également ouvert un marché inédit, celui de la quête de sens des organisations et de leur mise à jour culturelle. Car les entreprises sont elles aussi en demande de sens, et veulent que leurs actions soient alignées sur ces nouvelles valeurs. Un certain nombre des acteurs du changement parvient à valoriser sa maîtrise de la transition auprès de clients avides d'approcher cette utopie si éloignée des *process*, des finalités et de l'image des mastodontes de la mondialisation. Certaines de ces structures commercialisent des services aux entreprises, s'insérant donc dans la vaste famille des entreprises de conseil. Elles y incorporent cependant une dimension écologique, sociale et culturelle, qui n'est plus le petit supplément d'âme du vieux capitalisme, mais est à la racine de leur engagement et de leur positionnement. C'est pourquoi leurs frontières sont poreuses et débordent sur les secteurs de l'entrepreneuriat social, voire des ONG. Souvent animées par un projet de société pour leurs salariés comme pour leurs clients, ces structures empruntent parfois leur forme aux *think tanks* et aux groupes de réflexion. De même que les grands groupes ont externalisé une partie de leur innovation technique et économique vers les start-up, les grands cabinets de conseil leur sous-traitent en partie l'innovation socioculturelle, quand ils ne sont pas en concurrence directe avec ces outsiders. « On s'occupe de produire la raison d'être et la mission d'à peu près toutes les entreprises du CAC40 », résume, sans cynisme apparent, une consultante passée de l'innovation façon start-up à la responsabilité sociale et environnementale (RSE) des entreprises. « La RSE n'est pas juste une ligne de *bullshit* en plus : elle correspond à une véritable évolution juridique, économique, culturelle des entreprises », souligne l'intéressée, convaincue du bien-fondé de son rôle.

UX design pour tous

Les diplômés qui occupent ces professions de l'accompagnement, de la réflexion, du sens, de l'impact et de l'innovation éthique et sociale rechignent souvent à se définir avec les mots des anciennes professions. Pourtant, lorsqu'on se plonge dans leur quotidien de travail, tout n'est que démo, PowerPoint, réunion-projet, séminaire et séance de brainstorming, faisant dangereusement ressembler leur quotidien à celui des innombrables consultants déjà installés dans les métiers plus classiques de l'entreprise (RH, management, achats, informatique…). Comme nous allons le voir, la distinction avec les « vrais » consultants est d'ordre culturel plutôt que technique.

Nous avons appelé les promoteurs et salariés de cet écosystème des alter-consultants, car lorsqu'on leur demande ce qu'ils font, fuse parfois cette réponse : « Je ne suis pas consultant. » Chez ces alter-consultants, les profils hybrides sont la norme, car avoir un pied dans les deux mondes est une condition de réussite. Ainsi de Mathilde, mère décoratrice d'intérieur passée par Montessori, père cadre dirigeant d'une filiale internationale d'une grande entreprise, qui a réalisé la synthèse parfaite en ayant suivi une scolarité Montessori puis une prépa HEC. Une école de design à Nantes et un master à Shanghai sur la transculturalité ont parachevé ce parcours orné du fanion « international ».

Depuis un coworking parisien, Mathilde prend à 30 ans la tête d'une petite entité de conseil, filiale d'un grand acteur étranger du conseil IT. Dans la plupart des structures de conseil, une entité spécialisée dans l'innovation, le *design thinking* et autres méthodes en vogue coexiste désormais avec un département plus traditionnel et opérationnel (audit, conseil en stratégie et en organisation, maintenance informatique). Mathilde appartient à ce nouvel univers de l'innovation qu'elle maîtrise à la perfection. Elle nous dessine sur un carnet les nombreuses méthodes d'émergence, d'innovation et de diagnostic qu'elle utilise dans le cadre de ses missions.

La jeune alter-consultante exerce ses talents dans le *design thinking*, elle parle aussi de *design driven innovation* (« innovation initiée par le design ») et d'*UX* (sigle pour *user experience*, ou « expérience utilisateur »), autre terme fétiche du milieu. Le design, entendu non plus comme l'art des formes, mais comme une approche associée à l'environnement des interactions humaines, s'est imposé depuis une décennie comme méthodologie star des milieux de l'innovation. Le métier de Mathilde est « *strategic designer* : c'est-à-dire une interface entre les usagers et les développeurs. Un chef de projet qui comprend les développements et est *user centric* [centré sur l'utilisateur] ». Exemple avec son client du moment, une grande banque qui doit « redesigner ses *process* clients ». Méthode : « On va identifier des *pain points* [points de friction] et une fois identifiés, on essaie de tous les clusteriser [les regrouper]. Puis on crée une stratégie de déploiement pour résoudre tous ces *pain points*, en lançant un appel à projet chez le client pour créer des challenges auxquels répondent les équipes, par exemple avec des hackathons. » Le débit de parole est rapide, le déploiement de la pensée, rigoureux, et nous peinons malgré nos prises de notes à suivre la cadence. « Nous sommes des experts de la méthodologie, pas des métiers de nos clients. Notre rôle c'est de leur tracer la route. »

Se décrivant comme peu scolaire en dépit d'assez bons résultats, François évoque de son côté une scolarité sans passion, dans laquelle la plupart des choix l'ont été par défaut. Mère directrice d'école, père travaillant dans la publicité, l'environnement familial est cultivé, relativement confortable sans être bourgeois ni parisien – les parents sont tous deux originaires de province et sont arrivés à Paris jeunes adultes. Scolarisé dans le privé jusqu'au collège, puis dans un très bon lycée public parisien, François passe un bac S et s'inscrit à la fac mais, ne se sentant pas suffisamment mature et autonome, bifurque finalement vers une prépa et intègre l'EM Lyon, une bonne école de commerce. Ses premières expériences professionnelles sont celles d'un consultant classique dans l'une des grandes entreprises du secteur installée à la Défense. Il nous décrit sa première grande mission effectuée auprès de son client, une banque allemande.

« Quand on consulte son compte en banque en ligne, il faut plein de systèmes d'information pour gérer les opérations que l'on va faire. J'étais l'interface entre le besoin client utilisateur et les équipes techniques. Je servais de pont entre les équipes allemandes et la direction française qui avait racheté la banque. »

Sa vie professionnelle est entrecoupée de voyages qu'il entreprend avec sa compagne. Le tour du monde initiatique de la jeunesse diplômée prend avec François une tournure spirituelle : visite de communautés, intérêt réel et approfondi pour les cultures lointaines, traditionnelles. Après quelques années dans le conseil classique, François passe un master en économie solidaire et logiques de marché, après lequel il intègre une des entités de l'alter-conseil décrites plus haut.

Il évolue à présent dans une structure qui accompagne des entreprises pour améliorer leur fonctionnement interne. « Notre objectif est d'aider les gens à comprendre quelle est leur culture, quelle est leur raison d'être », décrypte François. Parmi ces clients, beaucoup de start-up, ainsi que des grands groupes dont certains départements fonctionnent en intrapreneuriat.

« On s'occupe de collectifs dysfonctionnels, dans lesquels les gens ne se parlent plus, et on met en place notre approche holistique de fonctionnement du collectif. On va les prendre pendant deux jours dans un séminaire, dans lequel on va interroger le sens de leur existence, on va poser leur vision, on va poser les axes pour savoir dans quelle direction ils veulent aller ensemble. Et après chacun va pouvoir librement s'engager et va être autonome pour les moyens. »

Si cela ressemble à du conseil, François prend ses distances avec le modèle standard du consultant. « On est des facilitateurs, on n'est pas des consultants. Chez les consultants, il y a ce que l'on appelle une posture haute, de sachant. Mais il y a aussi une posture de pair à pair avec le client, dite posture basse. On est beaucoup en posture basse. On a des méthodes d'émergence mais on n'est pas des consultants. On ne dit jamais aux gens ce qu'ils doivent faire. »

« Facilitateur », c'est aussi le terme qu'emploie pour définir son rôle un des alter-consultants de notre terrain marseillais. Olivier développe une activité dans l'ESS en lien avec la transition alimentaire, mais en parallèle il vit plutôt bien de son activité de consultant free-lance dans ce qu'il nomme « la régie d'événements collaboratifs ». « Les grosses boîtes qui veulent un peu réinventer leur format de séminaire, c'est-à-dire rompre avec la présentation PowerPoint pendant laquelle les salariés écoutent passivement le patron, suivie de la séquence petits-fours, font appel à moi. On est l'antiséminaire classique. On a tendance à casser au maximum les moments de plénière, on se méfie de la passivité, on crée des petits groupes de sept participants maximum, et on demande aux salariés d'imaginer comment ils voient leur entreprise dans dix ans. »

Une fois de plus il sera beaucoup question de méthode au fil de l'entretien que nous menons avec Olivier dans un coworking marseillais. Nous découvrons la méthode américaine ASE (*accelerated solution environment*) : « J'ai rejoint une agence collaborative qui utilise cette méthode en France depuis vingt ans. C'est une méthode "d'accélération" pour des moments critiques dans la *roadmap* [feuille de route], pour générer une sorte d'alignement accéléré lorsqu'il faut mettre tout le monde d'accord en un jour là où ça prendrait six ans en temps normal. Par exemple, Airbus qui bosse sur un projet d'ingénieurs va faire appel à l'ASE, ils vont investir dans le collaboratif en mettant tout le monde au même endroit pendant deux jours, pour obtenir de l'alignement autour d'un projet au sein d'un grand groupe. »

Responsabilité sociale et environnementale, quête de sens des organisations, innovation produit, événementiel alternatif d'entreprise, méthodes innovantes de travail collaboratif… voici donc quelques-uns des domaines dans lesquels les alter-consultants et les nouveaux intermédiaires culturels exercent leurs talents, essentiellement grâce à leur maîtrise de la foisonnante littérature (alter-)managériale qui se répand par le biais des conférences et des livres des leaders du secteur, des podcasts sur l'entrepreneuriat mais aussi par le canal des écoles de commerce françaises et étrangères, qui ont considérablement rajeuni leur approche pour coller à ces attentes émergentes.

Tiers-lieux, coworking, fablabs : les lieux de travail de l'alter-élite

Les alter-consultants, les nouveaux entrepreneurs sociaux, les intermédiaires culturels et toutes les sous-familles étudiées dans ce vaste ensemble de l'alter-élite travaillent habituellement dans des lieux de production alternatifs qui sont créés par certains de leurs membres ; les coworkings, tiers-lieux et autres fablabs[40]. En étudiant certains de ces nouveaux bureaux qui accueillent free-lances, consultants, petites structures, on découvre une autre branche de l'alter-élite, celle des créateurs de tiers-lieux.

Un des coworkings sur lesquels nous avons enquêté et dans lequel nous nous sommes immergés est situé dans le quart nord-est parisien, foyer central de l'alter-élite française. Le lieu est équipé de ce mobilier à l'esthétique écolo-récup', fait de bois aggloméré que l'on retrouve dans les espaces qui portent une ambition écoresponsable. Les résidents ont tendance à se ressembler : les hommes, trentenaires, portent l'uniforme informel jean-pull-baskets et sont équipés de modèles de sac à dos urbains à la mode, permettant de loger un ordinateur. Presque tous arborent une barbe. Les filles portent des *totebags*, sacs en toile recyclable avec des inscriptions d'institutions culturelles, de festivals ou de magasins bio.

Dans la plupart des coworkings, un trombinoscope des résidents, composé de photos Polaroid, permet de situer l'univers professionnel des membres. Les activités en lien avec l'innovation sont très représentées. Cette impression sera affinée à mesure des interviews que nous mènerons sur place. En plus des espaces d'accueil, de la cuisine, des salles de réunion et d'une agréable cour intérieure munie d'une table de ping-pong, le coworking à proprement parler est un espace ouvert avec de grandes tables sur lesquelles travaillent les résidents. Des espaces privatifs plus chers, conçus pour les petites structures, sont situés autour de l'espace central ou à l'étage. Le coworking dispose également d'un *makerspace*, un atelier de fabrication doté de machines à commande numérique, type d'équipement qui s'est généralisé dans ce type de lieux, et qui sert essentiellement au prototypage plutôt qu'à une production en grande série. Cet équipement a attiré un « premier cercle », nous explique un des cofondateurs : « Il s'agit de métiers créatifs, vidéastes, réalisateurs, graphistes, architectes, illustrateurs, paysagistes, designers, des gens qui ont besoin ou envie d'être à côté d'un fablab. »

Par ailleurs, la présence d'une cuisine professionnelle confère à cet espace de coworking une identité particulière, et agrège des entrepreneurs qui, pour certains, sont liés au secteur très en vogue de la *food tech*. Concrètement, il s'agit de traiteurs qui livrent des plats pour le déjeuner, de structures qui proposent des cours de cuisine, et d'autres qui mêlent ces deux activités. Notre interlocuteur décrit ainsi le profil des entrepreneurs de la section alimentaire du lieu : « Les volumes produits en cuisine permettent aux boîtes d'en vivre, difficilement. On héberge cinq entreprises en cuisine. Elles ont chacune droit à trente-six heures de cuisine par mois, et le reste du temps elles sont installées dans nos bureaux. »

Le modèle économique de cet espace est complexe, comme c'est le cas de tous ces lieux innovants*. La mise à disposition d'espaces de travail, dont le coworking à proprement parler génère un tiers des rentrées d'argent. Un deuxième tiers provient de la mise à

---

* Lorsque nous retournons sur les lieux, en septembre 2020, après trois mois de confinement durant lesquels l'activité avait été mise entièrement à l'arrêt, et trois autres mois de difficile reprise, le coworking est sur le point d'être racheté par un réseau d'« espaces coopératifs dédiés aux transitions écologiques et citoyennes ». Avec ce rapprochement, le nouveau propriétaire, Oasis 21, émanation du mouvement des Colibris inspiré par l'œuvre du philosophe Pierre Rabhi, souhaite « créer un écosystème de la transition écologique dans le Nord-Est parisien ». Un vaste lieu de coworking situé dans une ancienne halle du parc de la Villette doit être le vaisseau amiral de ce réseau local et thématique, emblématique des aspirations et ambitions de l'alter-élite parisienne.

disposition d'équipements : services, cuisine, machines. Quelques prestations d'accompagnement, de conseil et d'événementiel auprès des grands groupes complètent le tableau. Typiquement, il s'agira d'un séminaire sur les nouvelles manières de travailler à destination de salariés de la Défense, qu'on plongera le temps d'une journée dans l'atmosphère dépaysante, innovante et exotique du coworking parisien. « On souhaite à terme devenir une communauté proposant des prestations de conseil à ces entreprises, on veut remonter la chaîne de valeur pour ne pas être un simple loueur de salle, nous explique un des animateurs du tiers-lieu. On a quelques consultants qui bossent sur ces sujets. On a remporté un assez grand projet d'intrapreneuriat. Aujourd'hui, on structure une vraie plateforme collaborative, on veut que le lieu réponde à ces appels d'offres. Donc on essaie de développer au maximum les opportunités entre les grosses boîtes et les entrepreneurs présents dans le coworking, de les mettre en relation pour qu'ils développent du conseil, qu'ils trouvent des clients. » De fait, une part non négligeable des résidents des tiers-lieux sont eux-mêmes engagés professionnellement dans la promotion des lieux alternatifs de production et des nouvelles méthodes de travail, de sorte qu'on a parfois l'impression d'avoir affaire à une activité en circuit fermé, dans laquelle les coworkers de ces lieux alternatifs se vendent des prestations entre eux.

Enfin, la dimension culinaire fait du lieu un espace relativement mixte socialement et ethniquement, ce qui est exceptionnel. En marge des habituels jeunes diplômés d'école de commerce en reconversion ou à la recherche de l'idée du siècle dans le domaine de l'alimentation, l'espace héberge des professionnels de la restauration qui montent une structure. « En cuisine, on a beaucoup de gens originaires d'Afrique, à un moment cela correspondait à la moitié des demandes. » Cette diversité ne se retrouve pas vraiment dans les profils de coworkers classiques. L'homogénéité sociale au sein de la partie coworking semble découler du mode de recrutement : les « voisins », c'est-à-dire les gens qui habitent dans un rayon de 1 kilomètre, bénéficient d'un tarif réduit, 190 euros par mois au lieu de 290 euros pour une place dans l'espace ouvert de travail. À 95 %, affirme notre interlocuteur, les utilisateurs habitent donc les XIXe et XXe arrondissements de Paris, Le Pré-Saint-Gervais ou Les Lilas, communes limitrophes de Paris Nord-Est connues pour accueillir depuis de nombreuses années une importante migration de classes créatives parisiennes ne parvenant plus à se loger *intra muros*. On y retrouve donc un occupant type : un jeune diplômé parisien évoluant dans le monde de l'innovation sociale, culturelle ou environnementale.

Un cas d'étude : Yes We Camp, entrepreneur de vivre-ensemble

L'aventure Yes We Camp (YWC) démarre en 2013, année durant laquelle Marseille portait le titre de capitale européenne de la culture. Quelques jeunes agitateurs du milieu culturel local installent un camping provisoire à l'Estaque, sur un terrain prêté par le port autonome, pour une expérience de vie commune, voire communautaire, qui laissera ses participants épuisés mais confortés dans leur volonté de bâtir des alternatives sociales, économiques ou communautaires.

Pour autant, le campement éphémère n'est pas un repaire de marginaux déstructurés, nous explique l'un des premiers « campeurs », Nicolas Détrie. Au contraire, on y travaille dur et on y gère cette cohabitation inhabituelle avec méthode : « Il fallait 40 personnes pour que le projet tourne, nous avions un grand tableau noir sur lequel étaient inscrites les tâches à réaliser, organisées en six *shifts* dont le premier démarrait dès 6 heures du matin. Il s'agissait de nettoyer les toilettes sèches, de faire les petits déjeuners, de ranger après les concerts. » De cette expérience initiale va naître l'embryon d'une méthode, la méthode Yes We Camp.

D'occupation éphémère en projet culturel, l'association va se faire un nom et s'imposer à la croisée de l'urbanisme, de la culture et du monde de l'économie sociale et solidaire. On peut définir sa nature hybride comme étant au carrefour de l'agence d'urbanisme, de l'association caritative et humanitaire, du collectif d'artistes, du lieu de fête à la mode, du festival et du tiers-lieu culturel. Que fait au juste Yes We Camp ? Elle gère des lieux que les collectivités ou les propriétaires privés lui confient pour y incuber ce que personne d'autre ne sait faire advenir : de la vie. Le fondateur Nicolas Détrie définit l'activité de l'association comme une « régie des communs ». On pourrait la qualifier d'ingénierie du vivre-ensemble. Comme beaucoup des projets portés par la nouvelle génération militante et associative, l'approche comme le style de langage peuvent déconcerter les non-initiés. Ainsi le site Internet de l'association s'ouvre-t-il sur ces quelques lignes :

« Depuis 2013, Yes We Camp met en place des processus de transformation d'espaces définis en microterritoires ouverts, généreux et créatifs. Selon le contexte, ces lieux empruntent les qualités de ce que peuvent être un parc, une école, un centre de soins, un fablab, une place publique ou une plage.

« Nous réunissons autour de ces projets temporaires les envies d'implication d'êtres humains d'horizons multiples. Nous souhaitons affirmer la ville comme un terrain fertile, où les espaces sont partagés avec confiance et constituent une source de réalisation et d'épanouissement individuels, avec un bénéfice collectif. Aujourd'hui, l'équipe permanente Yes We Camp, basée à Marseille et Paris, regroupe une cinquantaine de personnes qui partagent la même envie de contribuer au monde contemporain. »

La philosophie de YWC consiste à favoriser la « coprésence » de populations qui ne se croisent jamais en temps normal et dans les lieux habituels de la ville. Ces populations peuvent être schématiquement divisées entre celle des « mobiles », selon la formule de Nicolas Détrie pour désigner les jeunes actifs diplômés qui se déplacent dans les lieux à vocation festive et culturelle, maîtrisent les codes du monde actuel et disposent d'un pouvoir d'achat, et celle des plus vulnérables : pauvres, SDF, marginaux, migrants, handicapés, éloignés de l'emploi, mis à l'écart de la société mobile. « On offre des antidotes aux maux que sont la fragmentation et l'impuissance, explique Nicolas. On prend des risques, on crée de la possibilité, de la cohabitation. »

La méthode va se révéler dans toute sa puissance avec le projet phare de Yes We Camp, les Grands Voisins. Avec cette occupation d'un site de l'ancien hôpital Saint-Vincent-de-Paul à Paris, démarrée en 2015 et clôturée fin 2020, l'association se fait un nom, les Grands Voisins étant même devenus plus célèbres que leur maison mère. Dans cet espace commun, des associations d'hébergement proposent un foyer à des personnes qui ont vécu à la rue, des femmes et de jeunes étrangers en situation d'isolement, alors que des artistes, urbanistes et toutes sortes de profils créatifs regroupés en agences, laboratoires et autres collectifs aux activités mystérieuses louent des locaux ou des ateliers.

Le modèle de gestion des Grands Voisins et des autres sites régis par Yes We Camp accorde une place aux activités marchandes, qui permettent d'autofinancer les projets : « On fait des sites, et on veut qu'ils soient mixtes et généreux. Comment on les finance ? Avec les recettes de site, donc avec des activités marchandes, auxquelles on redonne leurs lettres de noblesse. » « Financer » la présence des plus vulnérables par les activités marchandes ou professionnelles du public « mobile » est devenu une marque de fabrique de YWC qui la distingue des acteurs plus traditionnels du secteur social, arrimés à une philosophie politique qui proscrit généralement les liens avec le monde marchand et de l'entreprise.

« J'ai parmi mes adages à YWC le "*zero bullshit*". On fait de la réalité, on ne fait pas des mots », insiste Nicolas. Si YWC n'est pas une entreprise à but lucratif, la place qu'elle accorde à l'activité marchande dans ses lieux de vie éphémères est une révolution dans un tiers-secteur historiquement plutôt hostile aux logiques de l'économie de marché : « S'autofinancer est noble, souligne Nicolas Détrie, la distinction pertinente ne se situe pas selon moi entre le marchand et le non-marchand, mais entre l'activité artisanale et celle des grands groupes. Le petit quincaillier n'a pas le même rôle social que le Starbucks. »

Le vaste bâtiment au sein duquel il nous accueille, dans le coin très pauvre de la porte d'Aix, situé dans le quartier arabe de Marseille, Belsunce, abritait les bureaux de la Direction des routes. L'îlot urbain qui l'entoure est en pleine transformation, et deux fonctionnaires de la préfecture ont eu l'idée de faire appel à l'expertise de Yes We Camp pour que ses ingénieurs du vivre-ensemble y proposent un nouvel espace de vie. L'association y déploie depuis le début de l'année 2019 le mix habituel devenu sa marque de fabrique : un lieu d'hébergement d'urgence de SDF, géré par l'association SOS, un restaurant associatif, des bureaux qui accueillent principalement des structures artistiques, créatives ou tournant autour de l'innovation sociale, culturelle et technique. Les sites YWC abritent généralement la palette des lieux et activités devenues propres à tous les tiers-lieux : jardinage urbain, ressourcerie, fablab, troc, etc.

Derrière le succès de Yes We Camp, un entrepreneur de la solidarité

Bac S, classe prépa au lycée Louis-le-Grand, école de commerce (Essec), Nicolas Détrie n'avait pourtant pas le profil type de l'entrepreneur social. Encore que ? « J'ai emménagé à l'internat du lycée avec mon kit de jonglage, ma guitare et mes plantes vertes alors que les autres avaient leurs livres. J'ai toujours eu cette fibre "vagabond", le goût de dormir dehors, de faire du stop, mais néanmoins avec de bons résultats scolaires. » Originaire d'une famille très catholique, qu'il décrit comme sévère, Nicolas en a conservé la préoccupation sociale, pas le rigorisme moral. Bref, c'est un catho de gauche : « J'ai fait du cirque, j'ai donné des cours dans les cités quand j'étais à Rueil, j'ai travaillé dans les favelas. »

Là où des villes comme Bordeaux séduisent les jeunes cadres à la recherche d'une qualité de vie qui s'obtient par l'effacement de toute diversité sociale, recréant des cocons opulents de bien-être et d'entre-soi, le fondateur de YWC partage avec son cercle d'amis le goût de l'aventure. C'est peut-être la raison pour laquelle une petite bande qu'il connaît depuis le lycée de la banlieue bourgeoise de Rueil-Malmaison s'est retrouvée à Marseille, ville de l'expérimentation par excellence en raison de sa situation bancale et de son aspect urbain qui évoque la friche permanente, le terrain de jeux sans limite pour innovateurs culturels et sociaux.

Entrepreneur, Nicolas l'est sans nul doute. Non selon la définition restrictive de l'entrepreneuriat, qui relierait cette vocation à l'accumulation financière, mais bien plutôt en raison du goût de l'action, de l'optimisme et du dynamisme qui guident le jeune homme. La seule chose qui différencie YWC d'une vraie entreprise est que l'association ne peut pas faire de profit. Pour le reste, le fonctionnement en « mode de projet », les méthodes, les *process*, l'expertise penchent plus vers le modèle organisationnel du conseil ou de la start-up que de celui des Restos du cœur.

La gestion du personnel revêt elle aussi un aspect très moderne : celle qui consiste à placer le bien-être au travail avant d'autres préoccupations plus matérialistes comme… la rémunération. Le « pack campeur », selon le terme du fondateur, consiste à être payé au niveau d'un Smic (1 500 euros pour les soixante salariés, à l'exception du fondateur, payé 1 900 euros), à travailler beaucoup, mais également à « beaucoup s'écouter ». La composition de la structure : « Moyenne d'âge de 30 ans, mixité hommes/femmes parfaite, avec des profils plutôt diplômés. » À titre indicatif, la dernière salariée embauchée lorsque nous rencontrons le fondateur de YWC est une ancienne Bordelaise titulaire d'un master de gestion des ressources humaines. Chez YWC, les salariés fonctionnent « en 80/20 », c'est-à-dire qu'ils consacrent 80 % de leur temps à leurs tâches assignées, et 20 % à un projet plus personnel qu'ils développent en interne et qui participe à leur épanouissement – un fonctionnement aussi mis en place chez Google. La comparaison s'arrête-t-elle là ? « Il faut qu'il y ait des *process* et que ce ne soit pas que *freestyle* », souligne

Nicolas : le vocabulaire et les méthodes empruntés à l'entreprise expliquent en partie que YWC ait réussi là où tant d'autres initiatives généreuses échouent. Cela s'explique peut-être aussi par la modestie, absolument assumée, des objectifs politiques sous-jacents : « On ne dit pas qu'on va régler les problèmes des autres, on ne promet pas qu'on va changer la vie de ces pauvres gens, ce qui serait une vision charitable d'aidant/aidé. On se met juste en coprésence. »

Comme toute entreprise couronnée de succès, YWC est confrontée à un problème de riche : gérer la croissance. Depuis le succès parisien des Grands Voisins, l'association est très sollicitée, ce qui ne va pas sans une certaine jalousie de la part des acteurs traditionnels de l'ESS (l'économie sociale et solidaire) qui voient leurs méthodes et leur philosophie balayées par ces jeunes entrepreneurs du vivre-ensemble au succès insolent. Pour ne pas s'épuiser, YWC privilégie depuis quelque temps l'accompagnement à la gestion de projets. C'est dans le cadre de cette extension de son rôle et de son influence qu'un diplôme universitaire (DU) a été créé en partenariat avec l'université de Paris Est.

PARTIE 3

Lieux, modes et styles de vie : les choix des 20 %

Le grand tri français : une géographie des 20 %

Les *anywhere* de la société française

LES 20 %, ENFANTS DES BABY-BOOMERS DE PROVINCE

C'est une scène fréquente en période de vacances ou lors des ponts du mois de mai, lorsque la capitale se met en pause ou à tout le moins adopte un rythme légèrement ralenti. Un jeune couple dîne au restaurant dans son quartier parisien en compagnie des parents de l'un des conjoints. Les parents, des baby-boomers de classes moyennes, n'ont pas tout à fait les codes des nouveaux lieux de sortie, sans être pour autant totalement dépaysés lorsqu'ils commandent un Spritz ou décryptent la carte d'une nouvelle cave à manger. Leurs enfants et eux-mêmes appartiennent à des mondes proches, néanmoins éloignés par une distance générationnelle, bien entendu, mais également culturelle et géographique. Après le week-end, les parents repartiront en province, retrouver leur appartement en ville ou leur maison à la campagne ou au bord de la mer. Une fois les vacances terminées, le territoire français reviendra à une répartition plus marquée des générations.

Selon le mécanisme étudié par les sociologues de la reproduction sociale, on aurait pu croire que les professeurs, les chefs d'entreprise, les professions libérales et les cadres supérieurs du privé auraient tendance à engendrer une nouvelle génération de CSP+ à territoire constant. Ce n'est pas exactement ce qu'on observe. Dans une de ses chroniques diffusée sur France Culture, le romancier Aurélien Bellanger résume d'une formule lapidaire la population des surdiplômés des quartiers de l'Est parisien : « Tous un peu les mêmes au fond, un père adhérent à la Fnac dans une ville de province, une mère lisant *Télérama* dans une ville de banlieue, ou inversement. » Les résultats de notre enquête semblent lui donner raison. Car ce qui s'est imposé progressivement à nous à mesure que nous avancions dans nos entretiens, c'est que les *anywhere* de la société française, catégorie éduquée et mobile de la population, sont les enfants des baby-boomers des classes moyennes et supérieures de province. Leurs parents ont fait leurs études dans la France des Trente Glorieuses et ont exercé pour nombre d'entre eux des professions traditionnelles de la dernière partie du XXe siècle : enseignants au collège ou au lycée pour les familles de gauche. Médecins, avocats, chefs d'entreprise ou notaires dans les milieux plus conservateurs. C'est le cas pour Will, consultant à Paris, de père professeur de sport et de mère pharmacienne à Dijon. De Céline, consultante parisienne elle aussi, mère pharmacienne et père généraliste à Beauvais. D'Élodie, journaliste parisienne, de parents chirurgiens-dentistes à Lille. De Cédric, consultant à Marseille, qui a grandi dans la région Centre avec un père ingénieur qui changeait d'affectation tous les deux ans. De Marius, chercheur en informatique à Marseille, de père instituteur et de mère prof d'allemand et de français au collège à Lille.

Les baby-boomers diplômés qui ont élevé les 20 % ont en commun d'avoir exercé des métiers de notables, impliquant un ancrage et une certaine responsabilité au niveau local. Des métiers que l'on retrouve chez les personnages des films de Claude Sautet :

architecte, médecin, publicitaire, chercheur... Leurs enfants sont les start-upeurs et les consultants en Veja et en Stan Smith qui garnissent les open spaces des métropoles – de même a-t-on pu lire parallèlement que les jeunes de la France périphérique, des petites villes et des villages, étaient les enfants des Gilets jaunes.

Même si enseignants et médecins n'ont pas fait les mêmes études, et ne peuvent être mis sur le même plan en matière de modes de vie et de valeurs, leurs occupations professionnelles se ressemblaient sur certains aspects. Elles étaient réparties de manière homogène sur tout le territoire français : là où il y a des gens en nombre, il faut des médecins pour les soigner et des enseignants pour éduquer leurs enfants. Cette distribution équitable impliquait une confrontation, un contact quotidien avec les membres de la société française dans toute sa diversité. Un médecin devait soigner les ouvriers et les rentiers, un enseignant faire la classe devant les enfants de ceux-ci... Les nouvelles professions de la classe supérieure sont d'une nature tout à fait différente. Premièrement, ces métiers de responsable marketing, de consultant en organisation ou de développeur en start-up sont très concentrés dans les quelques hubs de l'économie de la connaissance que compte le pays. Seconde caractéristique qui découle de la première et distingue les occupants de ces emplois de l'expérience qu'ont connue leurs parents : les jeunes cadres évoluent dans un milieu professionnel exclusivement composé de pairs tout aussi diplômés. Dans les open spaces des grands groupes, des cabinets de conseil ou des incubateurs de start-up, la principale diversité à la machine à café se fait entre les Essec, les HEC, les EM Lyon, et le dernier arrivé des stagiaires est souvent le plus diplômé de l'équipe.

LA MOBILITÉ RÉSIDENTIELLE DES *ANYWHERE*

Les nouvelles professions de l'innovation occupées par les surdiplômés se démarquent par cette concentration dans les grandes agglomérations. Leurs membres viennent d'un peu partout et sont soudés par un élément biographique commun : ils ont « bougé » de chez eux pour leurs études, puis pour trouver du travail. Selon les résultats de notre sondage, près d'un diplômé de niveau bac +5 sur deux réside dans une autre région que celle dans laquelle il a grandi ou à l'étranger (46 %). C'est 20 points de plus que pour les diplômés de niveaux moindres. Dans le détail, on passe d'environ 20 % d'émigrés régionaux dans la catégorie des niveaux bac et inférieur à plus de 50 % pour les bac +5 diplômés d'une grande école. Si on ajoute à ces migrants de l'intérieur ceux qui résident dans une autre commune de la même (grande) région que celle de leur enfance, mais dans un autre département, on obtient 60 % de mobiles chez les plus diplômés, soit 15 points de plus que dans l'autre groupe.

Figure 1. Lieu de résidence actuel par rapport à celui où on a grandi

« Par rapport à la commune dans laquelle vous avez grandi, vivez-vous aujourd'hui... »

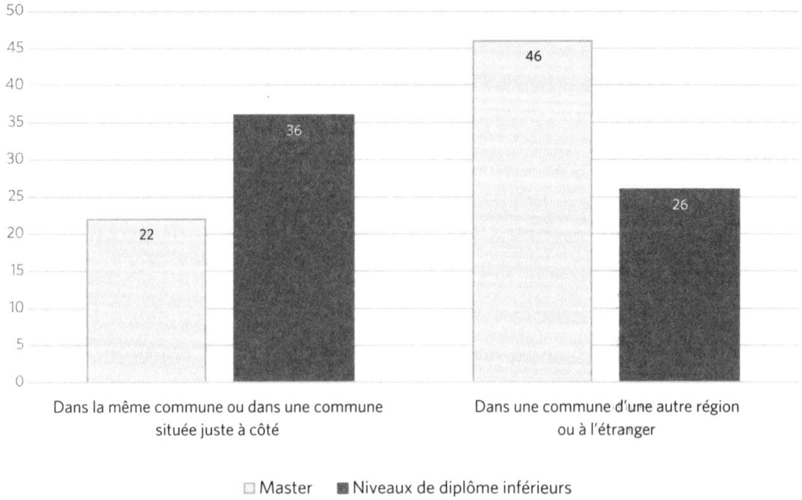

Sondage Ifop, octobre 2019, en pourcentages. Base : Français âgés de 25 à 39 ans.

Figure 2. Changement du lieu de résidence par rapport au niveau de diplôme

« Par rapport à la commune dans laquelle vous avez grandi, vivez-vous aujourd'hui... »

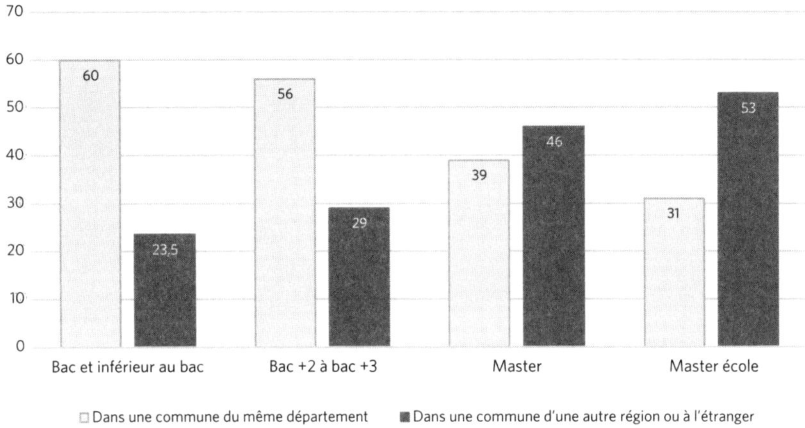

Sondage Ifop, octobre 2019, en pourcentages. Base : Français âgés de 25 à 39 ans.

La métropolisation a ainsi engendré une nouvelle classe sociale et générationnelle. Deux autres chiffres issus de notre échantillon permettent de le vérifier. Un diplômé de niveau bac +5 sur trois âgé de moins de 40 ans déclare résider dans l'agglomération parisienne (35 %), contre un Français sur cinq du même âge. Cette concentration des profils les plus éduqués dans les plus grandes agglomérations n'est pas uniquement propre à la région parisienne. Ainsi 70 % des bac +5 de notre sondage résident dans une agglomération de plus de 100 000 habitants (incluant l'agglomération parisienne), contre un peu moins d'un sur deux chez les moins diplômés du même âge (43 %). À l'inverse, dans les niveaux de diplôme inférieurs à bac +5, une personne sur quatre de 25 à 39 ans réside dans une commune rurale – une sur dix seulement parmi les bac +5.

Les nouveaux diplômés de la génération montante correspondent donc plutôt à la catégorie des *anywhere*, ces individus mobiles géographiquement et socialement selon la terminologie de l'essayiste britannique David Goodhart dont nous avons déjà évoqué les thèses

Figure 3. Taille de l'agglomération de résidence en fonction du niveau de diplôme

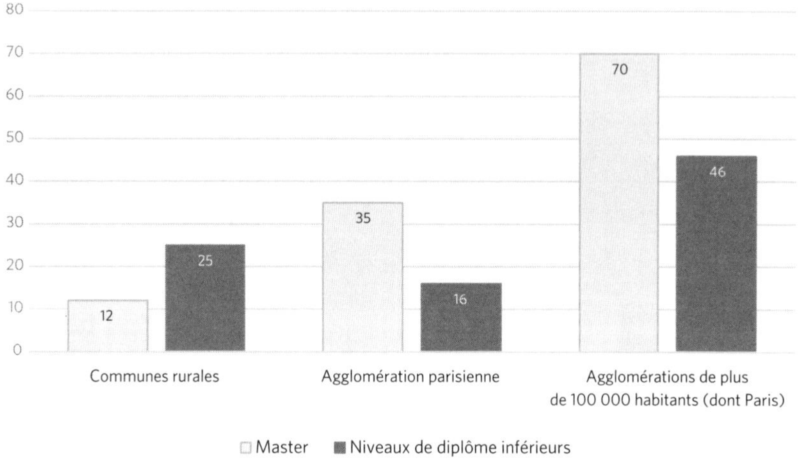

Sondage Ifop, octobre 2019, en pourcentages. Base : Français âgés de 25 à 39 ans.

plus haut. Habitués à la mobilité géographique, ils ont été confrontés dans le cadre de leurs études à d'autres jeunes ayant eux-mêmes quitté leur province et leur *hinterland*. S'ils s'établissent généralement dans une métropole régionale ou en région parisienne, un nouvel étage de la pyramide sociale s'est ouvert pour les plus ambitieux et les plus motivés : la carrière à l'international (voir encadré p. 170). Car pour les 20 %, en tout cas pour une partie d'entre eux, le théâtre des opérations est devenu mondial.

Dans notre sondage, un diplômé de niveau bac +5 sur deux déclare avoir déjà séjourné à l'étranger autrement que dans le cadre touristique ou dans celui d'un échange linguistique*. C'est 25 points de plus qu'au sein du reste de la population. Ce taux monte à 60 % pour les bac +5 qui ont fait une grande école, et jusqu'à 65 % pour ceux qui sont passés par une classe prépa. Cette mobilité est loin d'être généralisée et générationnelle. Parmi les diplômés de niveau bac +2 (BTS, IUT) et bac +3 (licence, bachelor), seul un étudiant

* Le lecteur pourra retrouver ces résultats mis en forme dans le graphique de la figure 1, partie 1.

sur dix a effectué une partie de ses études à l'étranger, contre un tiers des bac +5, et jusqu'à 45 % des bac +5 prépa. 28 % de ces bac +5 ont réalisé un stage ou une mission professionnelle hors de France (32 % pour les écoles, 40 % pour les prépas), contre un peu moins de 15 % parmi les bac +2 et bac +3.

Résumons : par rapport aux autres membres de leur génération, nos bac +5 et plus vivent beaucoup plus fréquemment loin de l'endroit où ils ont grandi. Ils sont par ailleurs beaucoup plus nombreux à avoir voyagé dans le cadre de leurs études, puis ils ont prolongé pour une part d'entre eux cette internationalisation dans le cadre de missions professionnelles. Le choix de n'interroger que les Français âgés de 25 à 39 ans pour notre sondage vise à montrer qu'une grande diversité coexiste au sein des fameux *millennials* auxquels on prête trop rapidement des caractéristiques propres; or cette identité « générationnelle » est souvent celle des seuls diplômés.

Selon David Goodhart, le théoricien de l'opposition entre les *anywhere* et les *somewhere*, « la mobilité et l'expérience de l'éducation supérieure tendent à modifier la vision du monde d'un individu – elles rendent plus réceptif au changement, moins attaché à un lieu en particulier ». Au fil de son parcours universitaire puis professionnel, un jeune du groupe des *somewhere* peut progressivement glisser vers le clan des *anywhere*, ce qui se traduit comme nous l'avons vu par un passage de relais générationnel entre des *somewhere* français, plutôt issus de la bourgeoisie et des classes moyennes provinciales, et leurs enfants, qui deviennent des *anywhere* bien préparés aux nouvelles formes de compétition sur un marché de l'emploi et des opportunités plus internationaux. Dans son essai, Goodhart souligne certes les qualités d'ouverture et de tolérance des *anywhere*, simplement, prévient-il, leur concentration géographique « risque aussi de contribuer à façonner une élite plus exclusive, plus détachée du reste de la société dans ses réseaux et dans ses attitudes – quand vous êtes étudiant en internat, en effet, la probabilité que vous gardiez le contact avec vos amis d'enfance qui ne poursuivent pas d'études universitaires devient mince – et cela peut entraîner un snobisme libéral, un mépris pour les aspirations des *somewhere*. Ce mépris était clairement visible dans l'hostilité et l'incompréhension exprimées envers les partisans du Brexit après le 23 juin 2016 ». Un constat qui s'applique parfaitement à la « surprise » et autres « coups de tonnerre » avec lesquels les *anywhere* (et en particulier les médias) accueillent l'issue de chaque scrutin électoral, semblant redécouvrir avec la même stupeur qu'une partie substantielle, sinon une majorité de leurs concitoyens, ne pense pas comme eux.

Les expat', une métropole hors les murs entièrement peuplée de hauts diplômés

Selon une étude annuelle menée auprès d'anciens élèves des écoles d'ingénieurs et des diplômés de filières scientifiques universitaires de niveau bac +5[1], 136 000 ingénieurs français travaillent à l'étranger, dont près de 79 000 en Europe, près de 25 000 en Amérique du Nord (États-Unis et Canada) et environ 17 000 en Asie. À eux seuls, les cadres ingénieurs et scientifiques français expatriés représentent l'équivalent de la population de Grenoble.

Selon une étude de 2014, 53 % des Français de l'étranger ont un diplôme de niveau master ou doctorat. Cela représenterait, au bas mot, 800 000 personnes sur les 1,5 à 2 millions d'expatriés français, tous niveaux de qualification confondus[2]. On peut estimer en ajoutant aux profils scientifiques les diplômés travaillant dans d'autres fonctions (commerce et gestion, prestations intellectuelles, culture, médias) que l'équivalent d'une ville comme Marseille, mais composée à 100 % de bac +5, réside actuellement hors de France.

Ce poids social, politique, culturel et idéologique est rarement perçu comme tel, parce que ces travailleurs sont éparpillés sur les cinq continents. Dispersion néanmoins relative puisque l'essentiel des diplômés s'agglutine autour des grands centres d'emplois du tertiaire supérieur : on les trouve plus fréquemment à Londres, à Genève, dans la Silicon Valley ou à Singapour que dans l'Amérique profonde ou au sud de l'Italie. Exception notable : certains de ces Français sont installés en nombre à Berlin ou à Lisbonne, qui séduisent davantage par leur marché immobilier relativement abordable et leur atmosphère bohème, festive et conviviale qu'en raison des opportunités professionnelles sur place, plutôt limitées en dépit d'un développement du secteur high-tech dans ces deux capitales européennes.

CEUX QUI PARTENT ET CEUX QUI RESTENT

Si les 20 % sont les *anywhere* de la société française, symétriquement, et sans surprise, moins on est diplômé, plus il est probable que l'on fasse partie des *somewhere*, dans la terminologie de Goodhart. À moins de 40 ans, 60 % de ceux qui possèdent un niveau de diplôme inférieur au bac vivent dans une commune du même département que celui de leur enfance, soit 20 points de plus que chez les bac +5, et 40 % de ces moins diplômés vivent quasiment au même endroit que celui dans lequel ils ont grandi (« dans la même commune où dans une commune située juste à côté »), contre moins d'un quart des plus diplômés.

Figure 4. Part de ceux qui résident dans la même commune ou dans une commune proche de celle où ils ont grandi

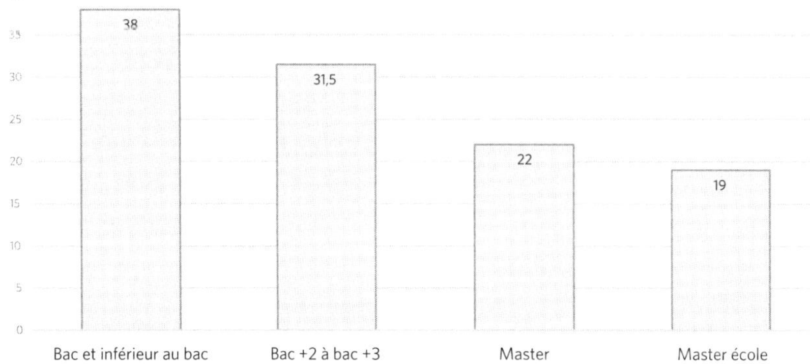

Sondage Ifop, octobre 2019, en pourcentages. Base : Français âgés de 25 à 39 ans.

Ce grand tri français entre ceux qui partent et ceux qui restent n'est pas sans conséquences sur le marché matrimonial et la formation des couples. Le sociologue Benoît Coquart a enquêté auprès de « ceux qui restent », ces jeunes gens qui résident dans les « coins paumés » des « campagnes en déclin » du nord-est de la France, et qui sont en majorité des jeunes hommes[3]. Un tiers des 18-25 ans qui résident dans ces cantons en partent et n'y reviennent plus. Il s'agit pour l'essentiel de jeunes femmes, qui poussent d'autant plus loin leurs études que les jobs locaux sont plutôt perçus comme masculins et que, de l'aveu d'un jeune homme interrogé par le chercheur, « les nanas, elles se font un peu chier ici, faut dire ce qui est, pour elles, y a rien ». Conséquence : « Toutes les nanas potables foutent le camp d'ici », ajoute un autre membre du groupe de « ceux qui restent ». Il aura fallu les scores de Marine Le Pen et le mouvement des Gilets jaunes, poursuit Benoît Coquart, pour que chercheurs, journalistes, élus et commentateurs se penchent enfin sur le sort de ces territoires et prennent conscience de certaines réalités comme « le délabrement des centres-bourgs, la consommation d'héroïne chez les jeunes adultes pris dans la crise de l'industrie locale, le démantèlement du système de santé, le manque criant de médecins et l'arrivée de praticiens roumains pour les remplacer, les fermetures de classes, etc. »

Si ceux qui partent deviennent des étudiants puis des actifs citadins, ceux qui restent peuvent tirer de relatifs bénéfices liés à leur autochtonie et évoluer dans une microsociété dont les critères et normes de respectabilité n'ont rien en commun avec celles du « jeu scolaire » et du monde extérieur. Outre un marché de l'immobilier accessible et des opportunités d'emploi liées aux réseaux locaux d'interconnaissance, « si vous restez vivre ici, explique le sociologue, on vous appelle par votre surnom, on reconnaît vos enfants dans le journal, ce sont vos exploits au football ou à la chasse qui donnent une mémoire à vos actes ». Ce genre de distinction a son charme, mais n'est évidemment absolument pas monnayable dans le monde des 20 %.

Prenant pour inspiration cette réalité statistique d'un partage entre ceux qui partent, plutôt diplômés voire très diplômés, et ceux qui restent, qui appartiennent aux strates éducatives inférieures de la même génération, un courant littéraire et cinématographique s'est développé ces dernières décennies : celui des comédies romantiques dans lesquelles un membre des *anywhere*, généralement une jeune femme éduquée, urbaine, occupant un poste de cadre dans une grande entreprise, de journaliste pour un média national ou de profession libérale, retourne le temps des fêtes de fin d'année dans son village natal, et tombe sur son ancien *crush* de lycée resté au pays et occupant un emploi peu qualifié en lien avec le territoire (bûcheron, agriculteur, commerçant...). Ces films de Noël sont devenus une branche à part entière de la comédie romantique. En France, on retrouve cette confrontation dans le beau roman *Leurs enfants après eux* de Nicolas Matthieu, dans lequel Stéphanie, la fille d'une famille de bourgeois de province, part étudier à Paris dans une « boîte à bac » qui va la préparer à intégrer HEC, alors qu'Anthony, le protagoniste du roman, revient très tôt dans sa ville natale d'Heillange après un court passage par l'armée[4].

Les destins croisés d'Ingrid et d'Héloïse, deux *millennials* françaises

Héloïse est née en 1988 et a grandi dans la banlieue de Nantes, alors qu'Ingrid, d'un an son aînée, voit le jour en 1987 à Évreux en Normandie et grandit dans un petit village des environs. Mis à part leur âge, qui fait d'elles deux représentantes de la génération des *millennials*, leurs parcours sont diamétralement opposés.

Fille d'un professeur d'université et d'une enseignante au lycée, Héloïse accomplit une scolarité exemplaire : lycée en filière générale à Nantes avec option théâtre, prépa littéraire (hypokhâgne et khâgne) au lycée Fénelon à Paris puis admission à l'École normale supérieure de Lyon. Après une parenthèse à Londres, elle retourne en France pour se consacrer à son projet musical, abandonnant ses prestigieuses études.

Pendant ce temps, Ingrid grandit dans une famille difficile. Sa mère est femme de ménage, son père, alcoolique, a quitté le foyer mais menace périodiquement d'y revenir, terrorisant son ex-femme et ses enfants. « J'aime l'école, j'y suis plutôt bonne, et j'ai un rêve professionnel : devenir sage-femme, témoigne Ingrid. Je coche donc spontanément la case "seconde générale". » Mais son beau-père lui rétorque qu'il n'en est pas question, et qu'elle devra se contenter de choisir un métier qu'elle apprendra au CFA (centre de formation des apprentis) du coin. « À la maison, il n'y a pas de communication, pas de discussion. Seulement des ordres », souligne Ingrid. Après ce loupé initial, la jeune femme enchaîne les petits boulots, sort désormais réservé à celles et ceux qui n'ont pas validé de cursus universitaire : serveuse dans un bistrot de Rouen, vendeuse sur les marchés en compagnie d'une camelote qui vend des râpes à légumes, vendeuse d'encarts publicitaires puis chez un cuisiniste, opératrice de phoning, femme de chambre au Mercure de La Baule, etc. « À cause de ma mère, je n'ai pas pu faire d'études, j'ai une vie de merde », constate-t-elle froidement.

Tous les éléments biographiques d'Héloïse et d'Ingrid sont authentiques, mais ils ne proviennent pas d'entretiens menés dans le cadre de cette enquête. Le parcours d'Héloïse est reproduit à partir de sa page Wikipédia. Car Héloïse, Letissier de son nom de naissance, n'est autre que la chanteuse Chris, ex-Christine and the Queens. Quant à Ingrid, nous connaissons son parcours grâce à son autobiographie publiée en 2019. Car son nom de famille, désormais connu de tous, est Levavasseur : elle a été l'une des porte-parole les plus médiatiques du mouvement des Gilets jaunes[5].

On mesure l'écart qui sépare nos diplômés mobiles, dont Chris est une bonne représentante, des figures des Gilets jaunes, qui ont pourtant le même âge : Ingrid Levavasseur, Priscillia Ludosky, Éric Drouet ou Fly Rider ont tous entre 30 et 36 ans au moment du soulèvement de l'automne 2018. Aucun éditorialiste n'aura pensé pour autant à associer le qualificatif de *millennial* à ces trentenaires résidant à la campagne ou en zone périurbaine, aux vies assez éloignées des carrières exemplaires de nos hauts diplômés.

Pourtant, on ne peut déduire de ces deux témoignages qu'un gouffre infranchissable sépare les individus d'une même génération. Très vite, Ingrid Levavasseur va tenter de se remettre sur les rails de la réussite scolaire et donc professionnelle, en passant un diplôme d'aide-soignante, puis d'infirmière. En dépit d'une éducation alimentaire inexistante et de mauvaises habitudes (féculents, graisses, absence de légumes), elle consulte une nutritionniste pour perdre du poids et soigne son alimentation et celle de ses enfants. Elle se met même au footing, sport des jeunes cadres dynamiques par excellence. Timidement, elle prend pour modèle le style de vie avenant promu par tous les grands médias. Bref, la vie de Levavasseur et de la plupart des Gilets jaunes n'est pas celle des Tuche, et on aurait du mal à plaquer sur le cas français la sociologie des extrêmes qui fait des Américains une nation divisée entre « déplorables » *White trash* incultes d'une part et superdiplômés snobinards des villes côtières de l'autre... Reste qu'en matière de lieu et de style de vie, de quotidien professionnel, social, familial et sentimental, des écarts colossaux existent entre les Français d'une même génération, et le parcours scolaire et universitaire exerce une influence déterminante sur tous ces aspects.

Paris et les métropoles TGV : une géographie des 20 %

PARIS, LA VILLE OÙ LES 20 % POURRAIENT DEVENIR LES 80 %

Où vivent les membres de la classe diplômée ? D'abord près des lieux où ils trouvent du travail. Les secteurs dans lesquels ils sont employés, comme la finance, l'informatique et l'entrepreneuriat numérique, la recherche, l'enseignement supérieur, le marketing, le conseil en stratégie ou en organisation, les industries culturelles (médias, jeux vidéo, production audiovisuelle), loin d'être répartis équitablement sur le territoire, sont fortement concentrés dans les grandes agglomérations vouées depuis le début du XXIe siècle aux emplois de l'économie immatérielle. Celle-ci repose sur le gisement de matière grise qu'offrent les hauts diplômés. Le processus est cumulatif et engendre un cercle vertueux : plus les villes attirent les « talents », plus ces talents ont tendance à s'y agglutiner, plus les entreprises y disposent d'une vaste main-d'œuvre pour leurs recrutements et leurs besoins en prestations intellectuelles (entreprises de conseil, agences de communication, sociétés de prestations informatiques...).

L'urbaniste Richard Florida parle d'un mécanisme du *winner takes all*, et de « villes superstars » qui concentrent l'essentiel des entreprises innovantes, des compétences et des capitaux nécessaires à leur développement[6]. Une fois enclenché, le mécanisme est difficile à contrer dans la mesure où l'avance initiale de ces quelques villes renforce leur domination. Quelques quartiers piétonniers de la seule ville de San Francisco, relate Florida à titre d'illustration, concentrent plus de capital-risques investis dans les start-up que des pays entiers. De même que la mondialisation a généré une ligne de partage entre des gagnants et des perdants parmi les populations, détaille l'urbaniste, celle-ci classe les villes entre quelques rares gagnantes et un vaste ensemble de territoires délaissés : villes d'influence régionale et anciennement industrielles, zones rurales et banlieues.

Appliqué au cas français, le Grand Paris est la seule entité urbaine qui puisse être qualifiée de ville superstar. Étudier les chiffres de répartition des cadres diplômés en France permet de saisir instantanément l'équilibre des forces entre Paris et le reste du pays. Dans la figure 5, nous avons indiqué la répartition de ces travailleurs qualifiés en utilisant une catégorie de l'Insee, celle des cadres des fonctions métropolitaines supérieures. Cette catégorie regroupe les cadres supérieurs et les chefs d'entreprises des professions suivantes : 1) la conception et la recherche (R&D), 2) les prestations intellectuelles (dont l'ensemble des services aux entreprises comme le conseil et l'informatique), 3) la culture et le loisir, 4) la gestion (management d'entreprise, banque et assurance) et enfin 5) le commerce interentreprises (B to B).

Ces métiers ont en commun d'être très qualifiés, de posséder une dimension stratégique et de se concentrer dans les grandes agglomérations, d'où leur appellation de « cadres des fonctions métropolitaines ». En outre, cette catégorie permet d'exclure tous les travailleurs diplômés des secteurs de la production concrète (comme le bâtiment), de l'économie du quotidien (comme le commerce de proximité) et des secteurs de l'éducation, de la formation, de la santé, de l'administration et de l'action sociale. Ces restrictions ont pour but de ne pas inclure les métiers qualifiés traditionnels (comme médecin spécialiste, haut fonctionnaire, enseignant) et de se concentrer sur les professions les plus caractéristiques de la nouvelle économie de la connaissance et de l'innovation, ou en tout cas de ce qui s'en rapproche statistiquement (consultant, responsable RH ou marketing, développeur et autres métiers qualifiés qui se pratiquent en open space ou en coworking).

Ainsi définis, les emplois de l'économie de la connaissance représentent 2,8 millions de salariés en France, soit environ un actif sur dix. Le premier chiffre à retenir, c'est que l'agglomération parisienne regroupe 1,2 million de ces emplois, soit un peu plus de 40 %, et la seule ville de Paris, un peu moins de 500 000 ! En clair, un peu moins d'un salarié de l'économie de la connaissance sur deux travaille en Île-de-France, et environ un sur cinq à Paris même* (le classement des emplois de cadres des fonctions métropolitaines par grande aire urbaine est présenté dans la figure 5, le classement par commune cette fois, dans la figure 6).

* Dans cette partie, nous ne considérons pas les bac +5 dans leur totalité, mais uniquement les cadres des fonctions métropolitaines supérieures. Les niveaux de concentration en région parisienne sont donc encore plus impressionnants que ceux de notre sondage car, dans ce dernier, tous les bac +5 ont été regroupés dans la même catégorie, notamment ceux dont les métiers (enseignants, professions libérales) sont moins spécifiquement parisiens. C'est pourquoi nous obtenons dans ce sondage le chiffre de 35 % de résidents dans l'agglomération parisienne parmi les bac +5 dans leur ensemble, contre près d'un sur deux pour les cadres des fonctions métropolitaines supérieures que nous étudions ici, et qui forment un sous-ensemble de la plus vaste famille des hauts diplômés.

Figure 5. Classement des aires urbaines qui comptent au moins 10 000 emplois des fonctions métropolitaines supérieures

Aire urbaine (ville-centre + banlieue + périphérie)	Nombre de cadres des fonctions métropolitaines	Proportion de cadres des fonctions métropolitaines dans l'emploi total (moyenne : 12,4 %)
Paris	1 181 759	15,2
Lyon	130 727	13,6
Toulouse	89 684	13,1
Aix-Marseille	75 865	10,9
Lille	61 452	12,8
Bordeaux	53 975	11,7
Nantes	50 250	10,9
Grenoble	42 171	16,8
Nice	40 890	15,2
Rennes	34 079	11,2
Strasbourg	33 961	11,4
Montpellier	30 459	13,7
Clermont-Ferrand	17 627	12,6
Rouen	15 854	8,4
Orléans	15 810	10,6
Tours	14 244	10,9
Nancy	12 954	11,2
Toulon	12 864	7,5
Dijon	12 483	8,8
Saint-Étienne	11 453	7,6
Angers	11 195	8,8
Avignon	10 556	7,2
Caen	10 176	10,4
Brest	10 067	14,7

Source : Insee, Recensement de la population de 2015, Analyse fonctionnelle des emplois.

Les aires urbaines sont formées d'une ville-centre constituant un pôle principal d'emplois, de sa banlieue et de ses couronnes périurbaines. Le cas de l'aire urbaine de Paris est très particulier et recoupe de fait l'essentiel de la région parisienne.

Figure 6. Classement des villes en fonction du nombre d'emplois de cadres des fonctions métropolitaines supérieures et du nombre de restaurants du *Guide du Fooding*

Commune	Nombre de cadres des fonctions métropolitaines	Rang dans les villes « de bureau »	Nombre de restaurants *Fooding*
Paris	463 937	1	460
Lyon	61 276	2	30
Toulouse	58 030	3	15
Courbevoie	46 354	4	Aucun
Marseille	39 158	5	31
Puteaux	38 681	6	Aucun
Boulogne-Billancourt	33 118	7	Aucun
Nantes	28 051	8	11
Nanterre	23 332	9	Aucun
Issy-les-Moulineaux	23 103	10	Aucun
Levallois-Perret	22 877	11	Aucun
Montpellier	22 264	12	4
Saint-Denis	22 199	13	Aucun
Bordeaux	21 695	14	16
Lille	20 265	15	8
Strasbourg	19 299	16	6
Grenoble	18 749	17	6
Rennes	18 124	18	8
Neuilly-sur-Seine	17 837	19	Aucun
Aix-en-Provence	15 464	20	3
Vélizy-Villacoublay	15 198	21	Aucun
Rueil-Malmaison	14 181	22	Aucun
Guyancourt	13 596	23	Aucun
Montreuil	12 605	24	Aucun
Nice	12 193	25	22

Commune	Nombre de cadres des fonctions métropolitaines	Rang dans les villes « de bureau »	Nombre de restaurants *Fooding*
Villeurbanne	11 704	26	Aucun
Clermont-Ferrand	11 413	27	3
Blagnac	11 385	28	Aucun
Saint-Ouen	10 731	29	2
Villeneuve-d'Ascq	10 213	30	Aucun

Source : Insee, Recensement de la population 2019. Analyse fonctionnelle des emplois. Guide du Fooding, consulté en août 2020.

La répartition géographique résidentielle des 20 % n'est cependant pas l'exact reflet cartographique de ces zones de concentration d'emplois qualifiés : on devrait sinon s'attendre à ce que tout le monde rêve de vivre à Courbevoie, à Puteaux ou à Nanterre, autant de villes situées dans le top 10 des emplois de cadres de l'économie de la connaissance. Or il n'en est rien. Une autre dimension joue un rôle de plus en plus central dans l'arbitrage que font les diplômés lorsqu'ils s'installent quelque part : c'est la fameuse qualité de vie. Comme l'écrit le sociologue français Pierre Veltz dans le sillage des analyses de Richard Florida, « il est peu probable que dans l'avenir les villes ennuyeuses et strictement fonctionnelles aient beaucoup de chances ». « Aujourd'hui, ajoute-t-il, bien souvent, on choisit son lieu de vie, et on se débrouille pour trouver du travail là où on a décidé de vivre[7]. » C'est une bonne nouvelle pour les villes littorales et ensoleillées… et une mauvaise nouvelle pour Nanterre. Cette tension entre la dimension économique, héritée d'une période dans laquelle l'ascension sociale et l'aisance matérielle étaient des objectifs primordiaux, et la dimension hédoniste, culturelle voire champêtre est au cœur des dilemmes des jeunes diplômés et des jeunes actifs, et conditionne largement leur choix d'implantation géographique. La nouvelle répartition qui en résulte découle d'un savant dosage des critères entre nécessité économique et aspiration au bien-vivre.

LE XIe ARRONDISSEMENT DE PARIS, OU LA VI(LL)E RÊVÉE DES DIPLÔMÉS

Certaines communes parviennent à allier l'utile à l'agréable, c'est-à-dire à fournir un éventail satisfaisant d'atouts entre une bonne qualité de vie et des emplois qualifiés nombreux à proximité. C'est le cas de certains arrondissements parisiens. Le promeneur du XIe arrondissement de Paris peu au fait des goûts culturels locaux peut parfois se sentir désorienté. Il n'est pas toujours évident d'identifier quel type de marchandise ou de service commercialisent un « interprète d'objet », un « bar à iode » ou un coiffeur de teinture végétale, pour ne citer que trois enseignes aperçues au sein du même îlot des abords du métro Charonne. Berceau de la culture *Fooding*, un guide connu pour avoir apporté un coup de jeune à une restauration française jugée trop guindée, le XIe arrondissement est une partie de l'Est parisien devenue incontournable pour tout amateur de cuisine raffinée, même si localement on les appelle plutôt des *foodies*. Les cartes des bistrots néoauthentiques, qui réinventent le patrimoine gastronomique populaire parisien, aiment par exemple hybrider les œufs mayo, la blanquette de veau et autres saucisses-purée avec des apports de la globalisation culinaire telle qu'on en trouve dans toutes les villes branchées sur les flux internationaux. Il est devenu commun de croiser les *avocado toasts*, la *comfort food* et les *poke bowl* au milieu d'une carte d'apparence bistrotière classique. Pour que nostalgie rime avec aisance gastrique, on propose dans un de ces restaurants un plat de « coquillettes-jambon de luxe sans gluten ». Le *foodie* ou la *foodista* plus aventureux pourront opter pour un burger au pain au charbon actif naturel.

Avec 71 restaurants répertoriés sur le site du *Guide du Fooding* et 52 brunchs testés par la rédaction du site Où Bruncher, Paris XIe est la commune de France la plus fournie en lieux célébrant le bien-vivre, si on accepte la pertinence de notre indicateur pour approcher cet hédonisme urbain. C'est un arrondissement qui compte

150 000 habitants, ce qui n'en fait que le huitième arrondissement le plus peuplé de la capitale. Même un taux de restaurants *Fooding* ou de lieux où bruncher ramené au nombre d'habitants ne remettrait pas en question son hégémonie au plan national. Comment expliquer sinon que Lyon, deuxième ville la plus peuplée de France avec ses 513 000 habitants, n'abrite que 31 restaurants *Fooding* et 47 lieux où bruncher ?

La culture *Fooding* n'est pas la seule à s'épanouir dans l'Est parisien. La tendance *healthy*, qui englobe tout ce qui est favorable à la santé, y dispose d'un solide ancrage avec ses bars à jus, ses salles de yoga et de gym, ses espaces de détente, de relaxation et autres spas. Surtout, elle se repère à la place très importante qu'occupent dans le XIe arrondissement les régimes alimentaires spécifiques. En quelques années, on a vu y apparaître les options végétariennes, puis vegan, les menus sans gluten, les vins naturels ou cultivés en biodynamie, les approvisionnements locaux (qui ne travaille pas « en circuit court » dans les cuisines du XIe), les épiceries proposant leurs produits en vrac, le retour des artisans chocolatiers ou des microbrasseurs. Ce nouvel art de vivre, sorte de stade stomacal du développement personnel, allie préoccupation environnementale et écologique, souci de soi et, dans certains cas, dimension sociale.

Les innombrables espaces de coworking et coffee shops où chaque client est muni d'un MacBook complète le tableau de cet arrondissement prisé des nouvelles classes créatives. L'agglutinement de profils appartenant historiquement plutôt à l'alter-élite (très haut capital culturel, professions de l'innovation culturelle et sociale, niveau de vie variable) aboutit à une sorte d'inversion statistique sur certaines portions de territoire : les 20 % finissent par représenter une majorité absolue, et même écrasante, de la population de certains quartiers. Ainsi observe-t-on depuis quelques années des enclaves urbaines se spécialiser dans les attentes des jeunes diplômés, comme l'îlot Bréguet situé entre la rue Bréguet et la rue du Chemin-Vert près du quartier parisien de la Bastille. Outre une des principales agences de publicité française (Publicis), dont les locaux étaient jadis situés dans l'ouest de la capitale, l'îlot totalement remanié par la municipalité abrite un hôtel cinq étoiles new-look, des start-up, une cantine végétarienne, des magasins bio, des espaces de coworking et des salles de gym.

Certaines villes ont la chance d'être à la fois proches d'un vaste marché de l'emploi très qualifié et de constituer des enclaves de bien-être et de bien-vivre pour leur population. Le XIe arrondissement fait partie de ces rares sites français qui réunissent ces deux facettes de la vie urbaine en des proportions aussi harmonieuses, ce qui est probablement la clé de son formidable succès auprès des acheteurs parisiens – l'arrondissement a franchi depuis longtemps, comme beaucoup d'autres, le seuil des 10 000 euros du mètre carré. Des chercheurs américains ont baptisé ce type de quartier le Central Recreational District, le quartier central de loisir. Toutes les grandes métropoles disposent d'un tel quartier, qui concilie « bonheur de vivre » et accès aux quartiers d'affaires.

Dans le XIe arrondissement comme dans d'autres arrondissements parisiens historiquement populaires, l'évolution de la part des diplômés donne la mesure du processus de gentrification par le capital culturel. Le statisticien Mathieu Garnier a calculé sur son site de « tripatouillage de données » l'évolution des diplômés (de niveau bac +2 et supérieur) aux environs de chaque station de métro à Paris entre 1990 et 2013[8]. Si la rive gauche reste, grâce à la présence des universités et donc de chercheurs et d'enseignants, le foyer central des diplômés parisiens, avec par exemple un taux de 74 % de diplômés près du métro Jussieu, les progressions les plus spectaculaires concernent les quartiers de la rive droite, en particulier dans les IXe et XIe arrondissements. S'établissant autour de 20 % des habitants à l'aube des années 1990, la part des diplômés qui résident près des stations de métro Richelieu-Drouot (IXe) ou Oberkampf (XIe) passe à plus de 60 % au début des années 2010. D'autres stations comme Château d'Eau ou Goncourt dans le Xe arrondissement ont connu le même sort, passant d'un diplômé sur cinq dans la population environnante à une majorité absolue (autour de 60 %). Dans ces quartiers, où les diplômés sont déjà majoritaires, retirer la population des plus de 40 ans aboutirait à un paysage encore plus concentré puisque l'essentiel des arrivées de jeunes est désormais le fait de très diplômés. La banlieue de proche couronne n'est pas à l'écart du mouvement : autour des métros Croix-de-Chaveau et Robespierre, qui correspondent au quartier prisé du Bas Montreuil, les diplômés représentaient environ un habitant sur dix dans les années 1990. Ils sont désormais près d'un sur deux au début des années 2010 (respectivement 45 % et 43 %).

Si la gentrification qui découle mécaniquement de cet afflux de cadres et de diplômés dans certains territoires fait tant parler, c'est qu'elle illustre un phénomène de massification de leurs effectifs. « Tant que les cadres ne représentaient qu'une petite minorité de la population, leur regroupement dans quelques enclaves bourgeoises n'altérait pas vraiment la tonalité générale des villes et des régions, écrivait au début des années 2000 le sociologue Éric Maurin[9]. Aujourd'hui qu'ils représentent près de 15 % de la population active, il en va tout autrement. Ils s'accaparent désormais des pans entiers de l'espace urbain, notamment les centres-villes, les beaux quartiers et les zones les plus proches des principaux équipements. » Pour le Nord-Américain Richard Florida, la focalisation médiatique et intellectuelle autour de la gentrification révélerait une compétition de plus en plus impitoyable entre fractions de la nouvelle élite urbaine pour acquérir les précieux mètres carrés situés dans ces oasis d'innovation et de créativité. Contrairement à la fin du siècle dernier, où les quartiers populaires des métropoles n'attiraient que les profils dissidents ou marginaux de l'élite culturelle, dans les villes superstars, les superriches et les start-upeurs millionnaires hissent désormais la concurrence immobilière à des niveaux insupportables pour le commun des mortels, y compris les plus diplômés d'entre eux. Le XIe arrondissement suit cette trajectoire : de repaire de l'alter-élite culturelle, militante et bohème, il se mue progressivement en nid douillet de la sous-élite, et attire même quelques représentants de l'authentique et véritable élite économique et financière, dont les jeunes membres préfèrent l'ambiance à celle, trop guindée, de l'Ouest parisien ou de la rive gauche. Parallèlement, les beaux quartiers ont initié un mouvement vers la culture alternative de l'Est parisien du bien-vivre, là encore en raison d'un renouvellement générationnel des différentes branches des élites[10]. La convergence des modes de vie entre Est et Ouest parisiens, rive gauche et rive droite, oppositions jadis si structurantes, est le signe d'un peuplement de plus en plus homogène de ces quartiers et arrondissements au cœur des richesses immatérielles : bons emplois, bonnes écoles, bons restaurants, haute qualité de vie. Le XIe est une sorte de maître étalon du bien-vivre urbain des nouvelles générations éduquées.

VILLES D'« OPEN SPACE » OU VILLES « QUALITÉ DE VIE » : LE DILEMME DES 20 %

La dureté croissante de la vie parisienne, qui devient une véritable ville duale, c'est-à-dire peuplée de plus en plus de riches et de pauvres selon une structure en sablier avec un nombre restreint de classes intermédiaires pour faire tampon, prenant ainsi le chemin des villes américaines, pousse un nombre croissant de diplômés de la génération née dans les années 1980 et 1990 à fuir la capitale. Voire ne plus y faire étape, ce qui était inconcevable il y a encore quelques décennies. Tout le monde ne peut pas vivre dans le XIe arrondissement de Paris.

Nous avons constaté plus haut l'écrasante domination du Grand Paris, qui concentre à lui seul 40 % des emplois de l'économie de la connaissance. La métropole placée en seconde position du classement, Lyon, ne joue pas dans la même catégorie et se retrouve loin derrière Paris, puisqu'elle ne regroupe « que » 60 000 de ces emplois, et autant dans sa périphérie, soit 120 000 travailleurs qualifiés de l'économie de la connaissance contre 1,2 million pour l'aire urbaine de la capitale française… Dit autrement, la première capitale régionale du classement des emplois très qualifiés ne représente que le dixième de la main-d'œuvre du Grand Paris. L'aire urbaine de Toulouse arrive en troisième position, avec 80 000 cadres des fonctions métropolitaines, principalement en raison de l'implantation d'Airbus et de la filière aéronautique qui l'entoure (lire, p. 193, l'encadré consacré aux nerdistans français). Des villes particulièrement à la mode comme Nantes ou Bordeaux arrivent tout juste à 50 000 emplois de cadres des fonctions métropolitaines chacune, en choisissant un mode de décompte généreux des emplois qui incorpore leurs agglomérations respectives. À l'échelle de la commune, ces villes sont des nains de l'économie de la connaissance : il y a deux fois plus de cadres sup' dans les villes-dortoirs et de sièges sociaux de banlieue parisienne comme Courbevoie (46 000), Puteaux (38 000), Boulogne (33 000) que dans une vraie capitale régionale comme Nantes (28 000). Avec 21 000 cadres de ce type, Bordeaux arrive derrière la ville de Saint-Denis, autrement moins cool dans les classements des villes de trentenaires proposés annuellement par les hebdomadaires…

Ces chiffres surprenants peuvent nous amener à établir une distinction schématique entre les *villes de bureau* et les *villes de qualité de vie*. La première catégorie comprend des villes de la banlieue parisienne pour certaines très bourgeoises (Boulogne-Billancourt, Courbevoie), pour d'autres très pauvres (Nanterre, Saint-Denis). Elles ont en commun de regrouper des dizaines de milliers d'emplois très qualifiés. Ce sont des villes d'open spaces, où s'installent les grands sièges sociaux et « campus d'entreprise », les grands centres de R&D, les grandes écoles et les universités, les grands cabinets de conseil et tout l'écosystème d'affaires autour duquel s'organise l'économie tertiaire supérieure. En revanche, ces communes ne brillent pas pour la qualité de leur vie hors travail, et de ce fait elles ne concourent pas dans la catégorie des villes agréables à vivre des palmarès saisonniers réalisés par les magazines. L'archétype français de ce type de ville est le quartier de la Défense, situé à cheval sur les communes de Puteaux et de Courbevoie. Pas étonnant qu'il s'agisse des deux communes françaises qui, en proportion de cadres des fonctions métropolitaines, arrivent en tête du classement national avec un taux de près de 48 % de ces emplois dans le total des actifs qui travaillent sur la commune.

À l'autre extrémité de ces villes d'open spaces, on trouve des villes à la mode, qui font la une des magazines mais qui sont en réalité assez peu fournies en emplois qualifiés susceptibles de répondre aux attentes de nos diplômés. Ces villes sont avant tout plébiscitées pour leur qualité de vie hors travail : elles sont proches d'espaces naturels agréables, le coût de la vie y est maîtrisé (en comparaison avec Paris), elles abritent des institutions culturelles, disposent de très bonnes infrastructures de transport vers l'extérieur (aéroport international et gare TGV) et pour la mobilité intérieure (vélos et tramway). Enfin, elles se distinguent par une offre très fournie de petits restaurants conviviaux prisés par les membres de la classe culturelle. Notons que la région parisienne est un cas à part : elle concentre à la fois des enclaves de bureau, des villes grises et monofonctionnelles, comme le quartier de la Défense, et des oasis de bien-être, à l'image du XIe arrondissement.

« Petite déco soignée, mobile flottant dans une ambiance tamisée, on se sent un peu à la maison quand on pousse la porte de Stories, la boutique de mode ouverte par Clarisse Lecointe en septembre, rue de Bertrand à Rennes. Antoine, son compagnon, travaille chez lui. Il a créé une société d'études spécialisées dans l'analyse médiatique. Les trentenaires ont fui le bruit et la fureur de Paris voilà presque un an pour rejoindre la capitale bretonne, qu'ils connaissaient à peine. »

C'est ainsi que démarre un article intitulé : « Néo-Rennais. La vie rêvée d'Antoine et Clarisse[11] », consacré par le quotidien régional *Le Télégramme* à un couple de trentenaires parisiens qui a choisi de s'installer à Rennes en 2017. Les portraits et reportages de ce type sont devenus un « marronnier » de la presse magazine. Depuis quelques années, leurs suppléments et hors-séries consacrés au palmarès des villes dans lesquelles il fait bon vivre se bousculent en kiosque. En couverture de ces dossiers qui fabriquent des classements en calculant la moyenne de plusieurs indicateurs (qualité de vie et de l'air, dynamisme économique, taux de réussite scolaire), on retrouve habituellement la photo d'un couple de dynamiques trentenaires comme Antoine et Clarisse, posant dans la rue piétonne de la ville qui a remporté la première place cette année-là.

Les articles relatent souvent les mêmes parcours et décrivent une même aspiration : un couple de trentenaires actifs dans la publicité, le conseil, l'informatique ou dont l'un des membres monte sa boîte est lassé du rythme épuisant de la vie parisienne. À l'approche d'une naissance, le ménage décide de quitter Paris et se penche alors sur la carte de l'archipel des villes connectées au TGV : Nantes, Bordeaux, Lille, Strasbourg, Lyon, Nancy, Aix-Marseille, Rennes, Montpellier. Dans l'exemple d'Antoine et de Clarisse, un véritable *benchmark* des villes a été réalisé : « Avantage de leurs métiers respectifs, le couple se sentait libre de s'installer où il voulait. Antoine a créé avec deux associés une société d'études en analyse médiatique. Il travaille depuis chez lui. Et Clarisse portait son projet de boutique de mode. "On pouvait aller à Nantes, Bordeaux, Lyon", liste le jeune patron. "On s'est fait un week-end à Marseille, mais ça ne nous a pas trop plu. On nous a beaucoup parlé de Nantes, avec des échos positifs, comme Bordeaux, mais très peu de choses sur Rennes". »

Une fois le déménagement effectué, le couple s'émerveille de disposer de 90 mètres carrés dans le quartier historique pour un prix inférieur à leur deux-pièces parisien qui était situé à proximité du périph'. L'*hinterland* de leur ville d'adoption offre de sympathiques options de promenades, de chambres d'hôtes et de destinations gastronomiques pour de petits week-ends. En ville, les déplacements se font à pied, à vélo ou en tramway. L'aéroport et la gare TGV à proximité assurent la liaison avec la capitale, souvent nécessaire pour le travail, et offrent la possibilité précieuse de partir à l'étranger pendant les vacances.

Depuis que les classements des métropoles existent, le trio de tête a peu varié. Bordeaux prend généralement la première place, immédiatement suivie de Nantes, de Rennes ou d'Angers. En 2019, dans le palmarès établi par *Le Point*, Strasbourg a créé la surprise et Lyon a gagné quelques points. Marseille réalise de temps à autre une percée sur le podium avant de dégringoler dans le classement.

Mais ce sont toujours les grandes capitales régionales connectées au TGV qui attirent les membres de la classe culturelle.

La grande migration des cadres et des diplômés franciliens a en effet pris une forme très particulière : la carte de leurs déménagements est un reflet quasi parfait du réseau des villes TGV. Lorsque les membres de la classe culturelle déménagent, ils ne s'installent prioritairement ni en grande couronne, ni dans une ville moyenne de province : ils choisissent une autre métropole, c'est-à-dire une ville qui ressemble à Paris en plus petit. Il est frappant de comparer ces flux aux lieux privilégiés par les milieux populaires lorsque ceux-ci décident de changer de commune[12]. Chez les ouvriers, on déménage par sauts de puce, dans la ville ou dans le département voisin. Il est hors de question de quitter sa zone territoriale de confort, souvent parce que les réseaux familiaux et amicaux sont importants dans la vie quotidienne et pour trouver du travail. Nous retrouvons dans ces parcours l'attachement des *somewhere*, les gens qui se sentent de quelque part, au pays qui les a vus naître et où ils ont grandi. Inversement, les membres de la classe culturelle ont un réseau social qui se tisse le long des fils de la toile TGV, et ils retrouvent dans ces ambassades parisiennes leurs habitudes : espaces de coworking, associations de professionnels qualifiés, restaurants innovants, activités culturelles et liées au numérique, équipement scolaire de bon niveau et bien entendu un marché de l'emploi adapté à leurs CV et à leurs attentes.

Depuis que les métropoles régionales sont à la mode, on observe le développement de ce qu'on pourrait appeler des XIe arrondissements-hors-les-murs, qui reproduisent en petit l'atmosphère et les caractéristiques de la maison mère. Dans des villes comme Bordeaux, Nantes, Toulouse, Marseille, un quartier anciennement bourgeois regroupe généralement les notables autochtones, membres des professions libérales : avocats, médecins, notaires, juges. Les transplantés de Paris et des autres capitales régionales qui œuvrent dans les professions qui nous intéressent ont fait émerger de nouvelles centralités : Les Chartrons à Bordeaux, Endoume à Marseille, Saint-Aubin à

Toulouse, des enclaves au sein desquelles s'épanouissent la culture bobo et son habituel mix de bien-vivre, de bien-être et de Bien avec un « B » majuscule. Les couples arborant poussette Yoyo, baskets Veja et se rendant au brunch dominical ont ainsi trouvé leur nid dans chaque quartier de ces villes de région. Dans ces quartiers, il est possible de vivre la même vie que dans le XIe arrondissement : la scène gastronomique y est dynamique, des coworkings et autres tiers-lieux accueillent les consultants et des experts avec leurs *laptops* chargés de projets sur le dos, les grands musées et les institutions culturelles proposent un programme plongeant les métropoles régionales dans une ambiance festivalière et événementielle quasi permanente.

Dans notre sondage, la surreprésentation des diplômés à Paris et dans son agglomération ainsi que leur présence importante dans les cœurs des métropoles régionales a une incidence sur la question de l'expérience quotidienne du transport. La voiture n'est plus le moyen de locomotion principal que d'un bac +5 sur deux, contre 61 % en moyenne chez nos enquêtés âgés de moins de 40 ans, ce qui au passage pousse à fortement nuancer le lieu commun d'un déclin du recours à l'automobile parmi les *millennials*. Cette vie post-voiture individuelle que l'on prête à une génération est en fait majoritaire uniquement chez sa fraction la plus diplômée. C'est évidemment une conséquence de son implantation dans les cœurs urbains ou dans les quartiers de banlieue dense et bien reliée au centre dans lesquels la voiture perd du terrain : 10 % seulement des Parisiens utilisent une voiture quotidiennement, 34 % des Lyonnais, 43 % parmi les Bordelais, 41 % à Strasbourg, 39 % à Grenoble, 45 % à Lille, 49 % à Rennes, 50 % à Nantes[13]. Or il s'agit précisément des villes dans lesquelles la part de diplômés est la plus importante dans la population. À l'inverse, les villes du Sud font figure d'agglomérations populaires et polluantes, dans lesquelles la voiture donne encore le ton, pour des raisons qui tiennent autant à leur aménagement « à l'américaine » aujourd'hui contesté qu'à des habitudes culturelles (à l'exception notable de Nice, où seuls 42 % des habitants utilisent une voiture).

Une seule de nos enquêtés nous a parlé longuement de la question de l'essence et de la difficulté qu'elle avait à acheter un véhicule hybride, très cher, en dépit de son salaire confortable. Il s'agissait d'une commissaire de police habitant une maison dans une commune rurale de la grande couronne sud de la région parisienne : « Pour élever mon fils de 6 ans, avoir un jardin, un espace vert était indispensable. » Étant dépendante de la voiture comme l'essentiel des habitants des communes périurbaines et pavillonnaires, cette jeune active s'étonne de ce problème français : « Si c'est compliqué pour moi avec mon salaire, comment font ceux qui gagnent le Smic ? » nous interroge-t-elle. Ce sera la seule fois que la question de l'automobile aura fait irruption dans nos discussions avec des dizaines de jeunes actifs diplômés. Embouteillages, transports en commun bondés et régulièrement défaillants, coûts engendrés par la possession d'une automobile, ces questions tendent à devenir secondaires pour les diplômés qui résident dans les cœurs urbains très bien desservis et connectés, d'autant que les nouvelles professions se sont recentrées sur l'urbain dense au détriment des parcs d'entreprises de périphérie.

Figure 7. Ceux qui se rendent au travail en voiture ou en scooter

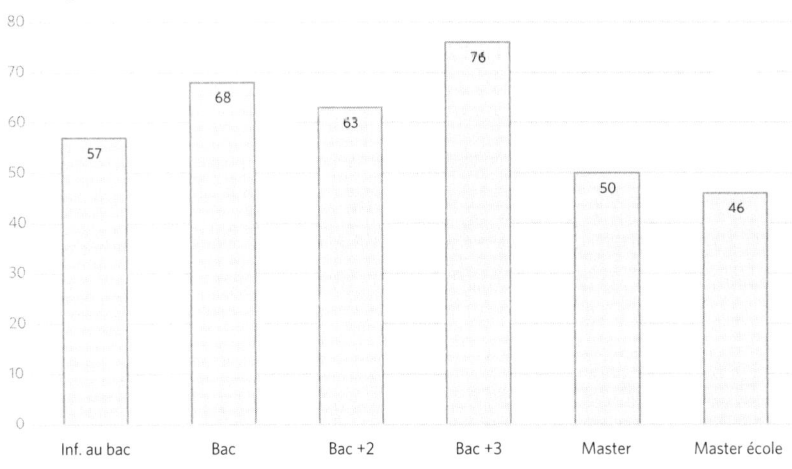

Sondage Ifop, octobre 2019, en pourcentages. Base : Français âgés de 25 à 39 ans.

La qualité de vie étant une aspiration centrale pour les 20 %, les villes TGV de province sont souvent concurrencées par leur arrière-pays quand celui-ci est situé à la montagne (Grenoble, Annecy), près de la mer (Aix-Marseille, Nice, Montpellier, Nantes) ou dans un cadre naturel privilégié (comme les coteaux lyonnais). Conséquence : les critères de choix s'inversent entre le centre et la périphérie, surtout lorsque arrivent les enfants. La banlieue résidentielle, parfois vécue comme une punition ou un déclassement en région parisienne, avec son cortège de stéréotypes dévalorisants (les quartiers de lotissement à la *Desperate Housewives* ou à la *Truman Show*), devient une alternative prisée en province. Dans certains cas extrêmes, comme à Marseille, la gentrification reste limitée en comparaison du phénomène inverse, celui de la fuite des cadres en périphérie vers des villages et des littoraux plus chics, en particulier sur la côte varoise.

La concurrence entre la ville-centre et ses couronnes explique également qu'on trouve désormais des XIe arrondissements-hors-les-murs situés en altitude. Dans les hauteurs de la vallée du Grésivaudan, un couple de cadres supérieurs nous explique ainsi avoir renoncé aux communes les plus chics de la banlieue grenobloise et avoir opté pour un des villages de montagne en voie de gentrification où se sont installés beaucoup de membres des classes créatives : chargés de communication, journalistes, profs et « ingénieurs Quechua ». « À la sortie de l'école des enfants, on s'est rendu compte qu'on était tous pareils ici, c'est un monde très homogène. » Typiques des métiers de l'alter-élite, ces villages de néoruraux diplômés concentrent de nouvelles activités comme un bar, une épicerie associative ou un coworking. Ainsi, certains villages absorbés par les couronnes périurbaines se spécialisent dans l'accueil des 20 %.

Toulouse, Grenoble, Sophia Antipolis, plateau de Saclay : les nerdistans français et leurs aires de jeu

Richard Florida a, dans son célèbre livre consacré à la classe créative, établi une typologie amusante des villes. Il identifie notamment un type de ville qui regroupe les professions scientifiques et techniques, et qu'il baptise les « nerdistans ». Ces nerdistans regroupent les ingénieurs, les étudiants et autres *techies* ou *nerds*, d'où leur surnom, dans les vastes campus universitaires et parcs d'entreprises américains. C'est le cas de la Silicon Valley en Californie bien entendu, mais aussi de gros centres régionaux comme le Triangle de la recherche (Caroline du Nord) ou l'écosystème d'entreprises situées de part et d'autre de la Route 128 (Massachusetts).

Les nerdistans français, identifiés par la part qu'occupent les chercheurs dans l'emploi, sont Grenoble, grâce à la recherche sur l'énergie atomique et les nanotechnologies, Toulouse, autour d'Airbus, Vélizy-Villacoublay, commune du plateau de Saclay qui regroupe grandes écoles et sièges d'entreprises, Guyancourt, où se trouve le technocentre de Renault, ou encore Villeurbanne. On voit assez bien quel type de handicap peut pénaliser certains de ces nerdistans : les parcs d'entreprises high-tech, les centres de R&D et les campus contemporains ont tendance à ressembler à des villes artificielles. Florida identifie ce problème à propos des villes qui, en Amérique du Nord, essaient de cloner la Silicon Valley en créant des parcs d'entreprises et des quartiers de bureaux selon le modèle périurbain, c'est-à-dire en générant des cités monofonctionnelles, éloignées de la vraie ville. Or, pour être attractif, un nerdistan doit proposer un cadre de vie plaisant en dehors des heures de bureau : le succès de la Silicon Valley s'explique en partie par la proximité de San Francisco, qui est une ville cool et alternative en plus d'abriter les sièges sociaux d'Uber et d'Airbnb et d'être située à quelques dizaines de kilomètres de Facebook, de Google ou d'Apple (ou du moins, qui l'était avant que le succès de l'économie numérique n'en sape justement l'ambiance et n'en rende l'accès réservé aux plus fortunés). De même, en France, Grenoble peut compter sur les Alpes qui l'environnent – cette étrange rencontre ayant même

généré son socio-type, l'ingénieur Quechua –, Toulouse, sur le soleil, tout comme Sophia Antipolis à Nice, alors que les ingénieurs et chercheurs de Vélizy ou du plateau de Saclay peuvent se replier sur la vallée de Chevreuse.
Enfin, Paris a réussi à devenir un nerdistan intégré à la ville : le quartier du IIe arrondissement de Paris, surnommé Silicon Sentier, a attiré de très nombreuses start-up en phase d'amorçage et de développement dans ses appartements haussmanniens. L'avènement de la culture start-up a été concomitant de l'identification du Sentier comme un des berceaux de la culture *Fooding*.

UN MODÈLE ALTERNATIF : LA DÉCONNEXION ENTRE LE LIEU DE TRAVAIL ET LE LIEU DE VIE

Les villes régionales ont tout pour séduire la génération de diplômés du supérieur qui privilégie la qualité de vie. Tout, à l'exception d'un petit détail : l'emploi qualifié. Les chiffres de leur localisation permettent de mieux comprendre cette relation ambiguë qu'entretiennent les membres de la classe culturelle avec Paris : si la vie rêvée des Parisiens se situe, de plus en plus, hors de la capitale, les opportunités professionnelles ont tendance à rester très concentrées autour de celle-ci.

L'inadéquation française entre les villes où il fait bon vivre et celles où les offres d'emploi abondent a engendré un nouveau type de navetteur. Les couloirs aériens intérieurs et, surtout, les lignes de TGV sont devenus des voies empruntées par les membres de la classe culturelle selon une logique proche de celle des trajets pendulaires des Trente Glorieuses. Le TGV s'est mué en quelque sorte en un « métro des CSP+ » selon l'expression imagée du romancier Aurélien Bellanger. Présentations PowerPoint, tableurs Excel, rétroplanning, schémas directeurs, plans de formation, manuscrits, notes de synthèse… Jeter un œil aux ordinateurs portables des passagers d'un TGV InOui un matin en semaine, c'est avoir l'impression d'être dans un open space roulant à grande vitesse.

Figure 8. « Vous arrive-t-il de voyager en TGV ? »

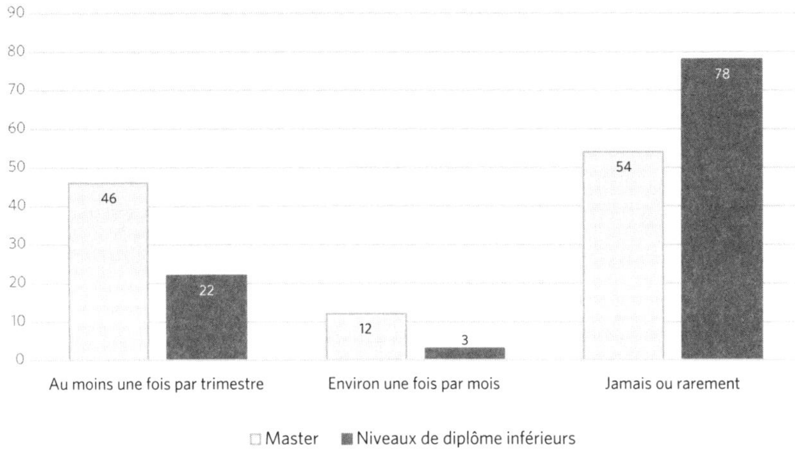

Sondage Ifop, octobre 2019, en pourcentages. Base : Français âgés de 25 à 39 ans.

Figure 9. Voyage en TGV au moins une fois par trimestre

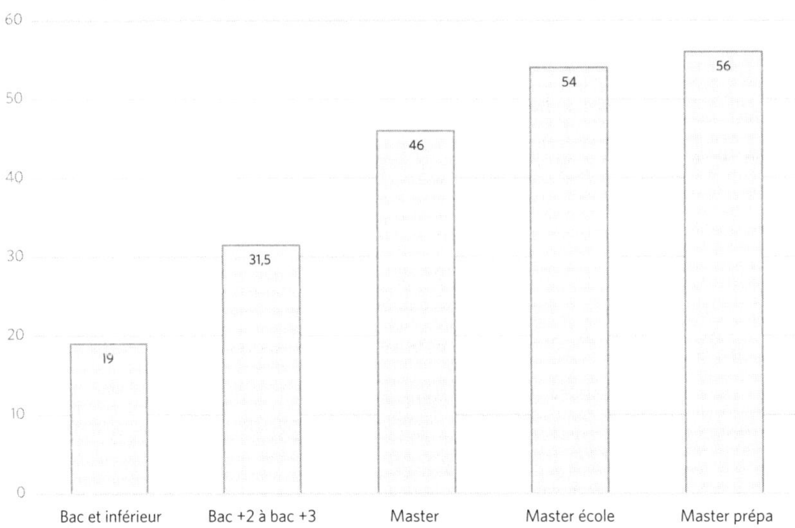

Sondage Ifop, octobre 2019, en pourcentages. Base : Français âgés de 25 à 39 ans.

Dans des villes prises d'assaut par les 20 % comme à Bordeaux, les trains du matin pour Paris sont complets. Un des membres du couple rejoint le lundi son emploi à Paris, y passe une partie de la semaine et télétravaille le reste du temps. Certes, cette birésidentialité reste marginale, et les navetteurs du TGV sont probablement quelques dizaines de milliers. Mais ce modèle émergent existe et il représente une alternative au schéma résidentiel dominant français, celui d'une vie organisée à l'échelle d'un bassin d'emploi et dans lequel on se déplace en voiture[14] (le véhicule individuel reste majoritaire dans les trajets quotidiens comme les résultats de notre sondage portant uniquement sur des *millennials* le rappelle).

Après une scolarité dans le privé, une licence média à l'Institut catholique de Lille et une école de journalisme à Strasbourg, Élodie est responsable d'une publication professionnelle à Paris. Elle télétravaille depuis les montagnes grenobloises où elle habite avec son compagnon la moitié de la semaine. Cette passionnée de journalisme n'a eu aucun mal à convaincre son employeur de gérer son média à distance, pourvu qu'elle fût présente un ou deux jours par semaine pour voir ses collaborateurs et réaliser ses interviews. Si elle correspond à l'image que l'on peut se faire d'une diplômée qui vit son travail avec passion, cet engagement est contrebalancé par celui de son copain, ingénieur dans un laboratoire pharmaceutique en Suisse : « Il déteste son boulot et le fait uniquement pour le salaire, nous explique Élodie. Il est passionné par le ski mais comme il ne voulait pas gagner mille balles par mois en étant moniteur de ski, il a préféré être ingénieur, ce qui lui permet de s'acheter des skis et d'en faire tous les week-ends. » Le couple, à cheval entre deux villes, balançant entre esprit de sérieux et épanouissement personnel, a trouvé l'équilibre que cherchent tant de membres de leur génération. Celui qui consiste à ne se fermer aucune porte et à allier réussite professionnelle et cadre de vie idéal.

Il n'est plus rare de trouver, dans ces métropoles régionales, de petites entités de conseil, des start-up pointues, des agences créatives ou des activités de free-lance, créées sur place par désir du fondateur de se rapprocher d'un lieu agréable, ensoleillé, en bord de mer ou à taille humaine. Ces entreprises tournent avec des clients localisés ailleurs, pour la plupart à Paris, dans une autre capitale régionale ou à l'étranger. Parfois, l'équipe elle-même est constituée de travailleurs indépendants ou de salariés répartis en plusieurs lieux. L'agence est fondée à Marseille, un développeur est à Aix, un autre à Paris et la graphiste habite à Rennes. Un consultant établi à Berlin ou à Montréal renforce l'équipe lors de projets ponctuels.

Autre possibilité pour s'installer dans une métropole à haute qualité de vie dépourvue d'emplois tertiaires qualifiés : créer son activité sur place dans les secteurs culturel, associatif, solidaire ou artisanal, autant de filières qui séduisent les diplômés et pour lesquelles ils montrent certaines aptitudes. La décision de changer de ville peut alors se doubler du choix de changer de vie et d'entreprendre une reconversion professionnelle vers un secteur plus en phase avec la « joliment nommée » quête de sens. Une tentation de tout plaquer à laquelle de plus en plus de jeunes diplômés sont sensibles dans le contexte de l'épidémie de Covid-19 et de l'incertitude qu'elle fait planer sur l'économie.

Figure 10. Les lieux de vie et de travail des superdiplômés

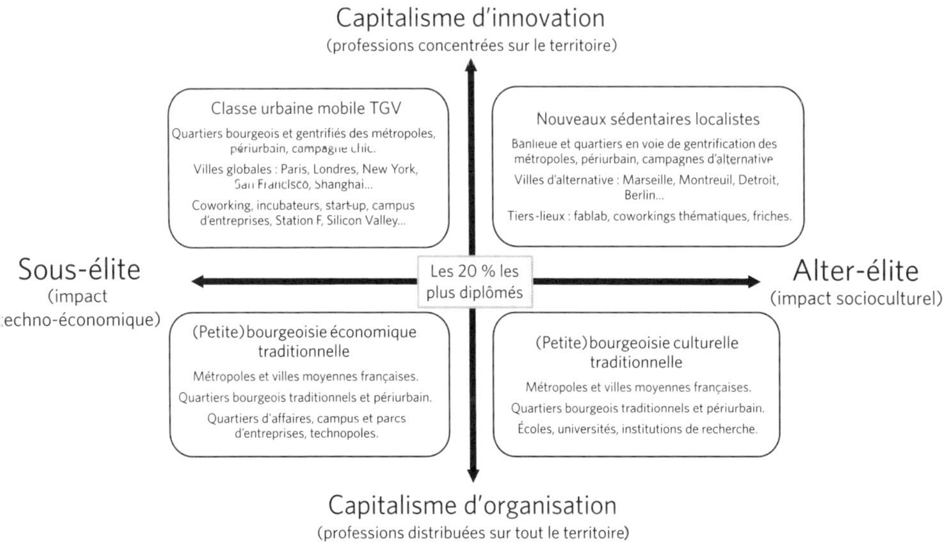

Culture, consommation et styles de vie : entre bien-vivre et alter-consommation

Un marché et une culture de premiers de la classe

SCIENCES PO, NOUVELLE ÉCOLE DU RIRE

Un vent nouveau souffle sur l'humour français depuis une bonne décennie. Des humoristes comme Marina Rollman, Haroun, Chris Esquerre ou Karim Duval ont renouvelé la manière d'écrire pour la scène, la radio, la télévision et les réseaux sociaux. Porteurs de styles et d'univers singuliers, ces nouveaux humoristes situés entre la fin de la génération X et le cœur de celle des *millennials* (c'est-à-dire nés entre 1981 et 1996, selon la définition qu'en donne le Pew Research Center) ont en commun une approche souvent plus écrite que celle des anciens comiques troupiers ou des humoristes de stand-up ; ils sont moins adeptes des vannes ou des chutes qui viennent scander le récit des artistes plus traditionnels. Ils abordent souvent les thèmes liés au quotidien des couches urbaines qualifiées dont ils sont eux-mêmes issus.

Après une maturité (l'équivalent suisse du bac) en grec ancien, philosophie et arts plastiques, la Suissesse Marina Rollman (née en 1988) a suivi une licence en culture antique et monde contemporain à la Sorbonne. « Amoureuse de littérature américaine » comme l'indique son portrait réalisé dans *Les Échos*[15], l'humoriste parle dans ses chroniques très suivies sur France Inter du tofu vendu chez Naturalia, s'amuse des velléités d'ouverture de foodtruck chez les jeunes diplômés en burn-out (elle a elle-même travaillé dans un foodtruck), moque les *bullshit jobs* de la com' ou les convictions écologiques plus ou moins suivies d'effet des membres de sa génération.

Remarqué sur Canal+ pour ses éditos absurdes et chroniqueur un jeudi sur deux sur France Inter, Chris Esquerre (né en 1975) a pour marque de fabrique une écriture précise et cérébrale, qui en fait un comique à part dans la grande famille du rire. « Son public est composé au moins en partie de ces cols blancs et autres cadres sup' qu'il a longtemps parodiés sur M6 ou Canal+ », détaille son portrait dans *Le Figaro*[16]. « Une population qu'il connaît bien puisqu'il en est lui-même issu : après son école de commerce, Sup de Co Rouen, Chris a été embauché chez Andersen Consulting, devenu Accenture aujourd'hui. » Après cette expérience chez l'un des Big Four du conseil en entreprise, Esquerre a créé le Humour Consulting Group, « un ersatz du Boston Consulting Group dont l'objectif est simple : faire rire ses clients, les grosses entreprises ». La parodie de la culture corporate innerve ses sketchs et son univers.

Sur sa chaîne YouTube, l'humoriste Karim Duval (né en 1981) diffuse des vidéos de quelques minutes en lien avec les thèmes de ses spectacles. Certaines, comme « Le slip chinois » ou « Comment élever son enfant en mode start-up », rencontrent un grand succès viral, tout comme les vidéos dans lesquelles l'humoriste se penche sur le malaise de la génération Y, dans une série intitulée *Le Point sur les Y*, ou sur le jargon de bureau. Un univers que connaît bien Karim Duval : diplômé de l'École centrale de Paris, il a lui-même travaillé comme ingénieur dans la technopole de Sophia Antipolis avant d'embrasser une carrière d'humoriste à plein temps. Dans ses sketchs, Karim Duval traite également du coaching, du coworking et invente un professeur de franglais, autant de vidéos qu'il diffuse sur LinkedIn, le réseau social des cadres supérieurs et des diplômés de grandes écoles. On peut d'ailleurs surprendre dans la file d'attente de ses spectacles les discussions de jeunes consultants ou de chefs de projet qui sont venus l'écouter.

On pourrait ajouter à cette liste d'humoristes bac +5 Gaspard Proust (HEC Lausanne), Haroun (Inseec), Camille Chamoux (khâgne et hypokhâgne) et une majorité de celles et ceux programmés à l'antenne de France Inter depuis plusieurs saisons. L'arrivée d'une génération d'humoristes diplômés, passés pour certains par les grandes écoles de commerce et d'ingénieurs, tranche avec la scène humoristique française traditionnelle. Les amuseurs publics étaient plus souvent des cancres renvoyés assez tôt de l'école pour avoir fait rire leurs camarades de classe, ou de jeunes ambitieux montés à Paris sans beaucoup de bagages culturels ni de réseau social, dans l'espoir de percer sur scène. La légende selon laquelle on entre dans le show-biz en apprenant sur le tas appartient au passé. L'humoriste qui passe à l'antenne est de nos jours plus fréquemment diplômé d'école de commerce ou agrégé de lettres qu'ancien préposé à l'accueil ou standardiste de Radio France, comme en témoigne ce relevé des diplômes de celles et ceux qui se relaient pour assurer le billet quotidien de la très écoutée matinale de France Inter.

Liste des diplômes obtenus par les humoristes du billet de la matinale du 7-9 de France Inter (saison 2019-2020)

Cet inventaire se limite aux études généralistes suivies par les chroniqueurs et humoristes, hors formations théâtrales.

Billet du lundi :

Sophia Aram (née en 1973), maîtrise d'arabe (Inalco).

Billet du mardi :

Alex Vizorek (né en 1981), école de commerce (Solvay Brussels School of Economic and Management, Université libre de Bruxelles), journalisme (Université libre de Bruxelles).

Billet du mercredi :

Nicole Ferroni (née en 1982), agrégation de SVT.

Billet du jeudi (attribué à deux humoristes en alternance) :

Chris Esquerre (né en 1975), licence d'économie (en Angleterre), école de commerce (ESC Rouen). A travaillé chez Andersen Consulting.

Tanguy Pastureau (né en 1974), BTS tourisme.

Billet du vendredi :

François Morel (né en 1959), études de lettres modernes.

HUMOUR, CULTURE, ALIMENTATION, SPORT : UNE VERSION BAC +5 DE TOUT ?

Le succès de Jamel Debbouze et du Jamel Comedy Club, émission diffusée sur Canal+ entre 2006 et 2008, et qui a fonctionné comme une sorte de réseau informel et d'école du rire en faisant monter sur scène nombre de nouveaux talents, a amené une diversité sociale et ethnique qui était absente de l'esprit railleur français. La focalisation autour de cet humour parfois qualifié de communautaire (en fait, reflétant mieux la diversité de la population) a ringardisé une scène française un peu dépassée, et a occulté la dimension éducative qui structure les amuseurs publics français des années 2010.

Emmanuel Todd, nous l'avons indiqué, a perçu la nouvelle stratification éducative qui résulte de la généralisation de l'enseignement supérieur et ses conséquences sur la société. Avec « l'avènement d'une classe culturelle éduquée et nombreuse » dans les années 1990 en France, écrit le démographe, « pour la première fois, les "éduqués supérieurs" peuvent vivre entre eux, produire et consommer leur propre culture. Autrefois, écrivains et producteurs d'idéologies devaient s'adresser à la population dans son ensemble, simplement alphabétisée, ou se contenter de parler tout seuls[17]. » Or « l'émergence de millions de consommateurs culturels de niveau supérieur » autorise les créateurs à se replier sur cette élite de masse pour en faire leur public.

Lorsqu'il écrit ces lignes publiées en 2008, Todd pense avant tout à sa génération, celle du baby-boom, du cinéma d'auteur et de *Télérama*. Cette spécialisation des goûts était déjà au centre de la grande enquête menée par Pierre Bourdieu dans *La Distinction* : dès la fin des années 1970, coincée entre la bourgeoisie industrielle et commerçante traditionnelle d'une part et la classe ouvrière de l'autre, une « petite bourgeoisie nouvelle » accédait à l'université et à la culture, ce qui avait pour conséquence une démocratisation culturelle inédite et l'apparition de médias et de courants nouveaux, répondant à cette « bonne volonté culturelle », selon l'expression assassine du sociologue :

BD, photographie, rock, voyages chez l'habitant, goût pour le raffiné, pour l'authentique et le naturel, autrement dit tout un style de vie[18].

De nos jours, les enfants de la France de Bourdieu ont ajouté un étage supplémentaire à la distinction. L'exemple de l'humour et du marché du rire est le signe qu'en France en 2019, il existe une version diplômée d'à peu près tout. La différence avec les années 1970 tient au fait que la culture des classes moyennes diplômées tirait ses produits à plusieurs centaines de milliers d'exemplaires (*Le Nouvel Obs*, *Télérama*, les films de Woody Allen). Des médias généralistes, à l'image de France Inter, s'adressent d'ailleurs encore à un public diplômé toutes strates d'âges confondues, là où certains produits plus récents de la culture médiatique du 20 % franchissent difficilement le seuil des dizaines de milliers de lecteurs et d'auditeurs. Podcasts, newsletters, mooks et nouveaux médias en ligne ont tous en commun de s'adresser à des audiences de niche, ciblant des profils très éduqués au détriment du modèle des médias qui ont accompagné l'ère de la démocratisation scolaire.

Le statut de niche des produits culturels consommés par les diplômés français est viable quand ceux-ci sont importés de l'anglosphère et touchent de ce fait un public international – mais exclusivement parmi les plus éduqués. Dans cette culture médiatique, les séries sont peut-être l'exception qui confirme la règle. Tout en portant la marque de la sophistication culturelle d'aujourd'hui, elles ont séduit des audiences réellement massives. Mais, ici encore, des barrières à l'entrée, culturelles comme financières, existent qui contredisent ou nuancent la thèse d'un remplacement de TF1 et de Radio France par *Game of Thrones* et *Mad Men*. D'abord, ces séries ne sont accessibles qu'aux abonnés des réseaux qui les diffusent en streaming – Canal+, OCS, Netflix… Par ailleurs, cette production est quasi intégralement américaine, ce qui implique une familiarité importante avec la culture et l'actualité états-uniennes, sans compter la maîtrise de l'anglais qui s'impose comme un préalable pour l'apprécier (vous pouvez toujours essayer de regarder *BoJack Horseman* en version française mais vous passerez à côté de la majorité des références et des nuances de la série).

Figure 11. Consommation d'œuvres en anglais (livre, presse, séries) selon le niveau de diplôme

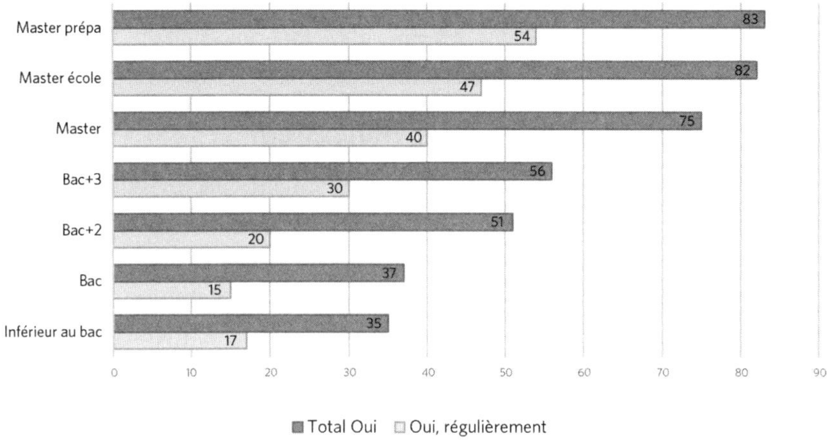

Sondage Ifop, octobre 2019, en pourcentages. Base : Français âgés de 25 à 39 ans.

Reste que les conclusions de Bourdieu semblent s'appliquer fort bien à notre époque, qui voit tous les marchés de consommation se scinder et se spécialiser pour épouser ce partage selon le niveau éducatif. De nos jours, tous les produits qui s'adressent aux catégories supérieures peuvent être définis comme incorporant plus de connaissances et de contenu spécifiques, qu'on pense aux médias comme France Inter, France Culture, *Le Monde* et *Libération*, etc. ou à la nouvelle scène de la restauration, dont les chefs incorporent régulièrement des produits, des spécialités ou des méthodes qui tous exigent de la part de leur public un investissement intellectuel important pour s'y retrouver, et dont la critique emprunte autant au journalisme littéraire qu'au savoir gastronomique, le tout en maniant l'anglais comme une langue de travail. Autre indice de cette spécialisation, les néocommerçants en reconversion après des études supérieures longues s'adressent, bien souvent, à des clientèles qui leur ressemblent, et avec lesquelles ils partagent un fonds commun. Des chercheurs en *hipster studies* ont montré comment le capital culturel cher à Pierre Bourdieu était ensuite converti et transposé en capital économique par ces entrepreneurs trentenaires qui œuvrent aussi bien dans le tatouage que dans la bière ou le fromage, et qui proposent en quelque sorte une version bac +5 de chaque produit[19].

Profession : podcasteur

« Six à dix minutes pour comprendre comment “hacker” son cerveau pour le rendre plus écolo à la manière de Satish Kumar ou encore comprendre ce qu'il se passe dans notre tête quand on dort avec le docteur Matthew Walker… Face à l'énigmatique cerveau humain, cette série de podcasts vient expliciter de manière très fluide des concepts de développement personnel combinés aux neurosciences. »

Tous les mois, le site My Little Paris offre une sélection de podcasts de sept à huit minutes autour d'un sujet intrigant. Souvent insolite (des témoignages de braqueurs, la vie secrète des objets…), ou simplement informatif (par exemple sur les femmes qui ont écrit de la musique). En décembre 2019, c'était le livre de Satish Kumar et sa théorie du bol d'eau qui étaient à l'honneur, suivis d'un livre de Matthew Walker, *Pourquoi nous dormons ?*

Ce site lancé en 2008, âge d'or des influenceuses, a été vendu en 2014 à Auféminin.com pour 24 millions d'euros, puis revendu à TF1. My Little Paris symbolise le prototype de la start-up axée sur la communication des marques et des produits, valorisant une culture glamour en direction des nouvelles générations éduquées, et utilisant à ses fins les mécanismes du Web – info en continu, création de communautés affinitaires, ton décalé, alliance du marchand et du non-marchand. Il emploie une centaine de jeunes journalistes rédactionnels, la plupart hyperdiplômés, pour un salaire qui s'échelonne de 2 200 à 2 800 euros mensuels. Il s'inscrit dans la foulée d'entreprises d'édition produisant des contenus éditoriaux et des recommandations en direction des *millennials*. Uzbek et Rica, Neon, We Demain, lancés dans les années 2010-2012 et accessibles en magazines papier et en version Web, construisent, comme les influenceuses, une communauté complice autour d'un art de vivre. Une forme de romantisme s'attache à ce mode de consommation urbain qui implique d'abandonner la voiture, symbole de possession ostensible et de carbonisation mortifère au profit du vélo, de la trottinette ou des transports en commun, vecteurs d'une mobilité agile à options multiples ; de toujours mêler optimisation économique et enrichissement humain ; d'être écoresponsable (capital partagé) dans les moindres parcelles de la vie. La petite musique « nouveau monde » de ces magazines diffuse partout, y compris auprès de la presse généraliste.

Les podcasts répondent à un goût propre aux jeunes diplômés* : celui de se cultiver lors des moments de déplacement ou lorsqu'on s'adonne à des activités manuelles ou routinières, et ce sur des sujets hétéroclites, du plus insolite au plus futile, des tendances du moment aux débats scientifiques pointus. Avoir le sentiment de s'améliorer, ne pas laisser son esprit céder au vide, ce que trivialement on appelle « ne rien faire », ne jamais subir de pause, ne jamais être en roue libre, l'optimisation du temps est ainsi posée en vertu ; on trouve ici des traits que nous avons déjà observés. Les podcasts natifs (créations sonores qui ne sont pas passées par une antenne) mis en ligne sur ces nouveaux sites proposent des informations décalées ou de niche et sont rémunérés par les messages publicitaires qui précèdent leur visionnage.

Les nouveaux *yuppies* ou les métamorphoses de la bourgeoisie française

THE SOCIALITE FAMILY, ÉLOGE DU BIEN-VIVRE ET MIROIR DES COUCHES CULTIVÉES

The Socialite Family (TSF) est le site d'une boutique de décoration et de design parisienne. Loin d'être un simple catalogue de vente en ligne, TSF est devenu un véritable magazine d'art de vivre dans

* Les internautes écoutent pour 23 % d'entre eux des podcasts au moins une fois par mois, mais il s'agit la plupart du temps d'écoute d'émissions radio en différé ; 6 % des auditeurs écoutent des podcasts natifs : 41 % des auditeurs de podcasts natifs sont des CSP+, et 72 % ont entre 15 et 34 ans. Étude Médiamétrie, juin 2019.

lequel des « familles inspirantes » dévoilent leurs intérieurs dans des interviews agrémentées de photographies de meubles et d'objets de leurs – immenses – logements. Ces derniers sont de deux types : des grands appartements bourgeois parisiens ou des demeures retapées à la campagne : atelier d'artisan, relais de poste, bâtisse au milieu d'un vignoble, généralement avec l'intervention d'un architecte ou d'un décorateur d'intérieur.

Les couples des familles TSF sont fréquemment binationaux. Le capital social est international, la culture familiale, cosmopolite. Les membres de la famille Socialite œuvrent dans l'économie de la connaissance, de la mode ou dans le secteur du bien-vivre, en particulier de la gastronomie. Presque tous recèlent dans leur besace une bonne adresse de fromager, de cave à manger ou de table bistronomique à partager avec les lecteurs. Les couples qui forment les familles TSF sont manifestement fortunés et multipropriétaires, mais ils dépensent leur argent avec goût et selon une attitude réfléchie : ils collectionnent des œuvres d'art, investissent dans des projets innovants ou se consacrent au développement personnel (naturopathie, yoga).

La salle commune et la cuisine ouverte sont les lieux des retrouvailles familiales et des « grandes tablées » entre amis, loin des habitudes guindées de la bourgeoisie provinciale des films de Chabrol. Ainsi chez cette star de la création qui a développé sa ligne de sacs et qui habite une maison de trois étages dans le Quartier latin, tomettes au sol et poutres apparentes, le mode de vie a un aspect communautaire : « Chacun a son étage et on a tous des plannings très différents, mais on se retrouve toujours plusieurs fois par semaine pour dîner dans la cuisine », précise la propriétaire, ajoutant que « les copains passent à l'improviste ».

Un couple composé d'une architecte et d'un entrepreneur présente son appartement situé dans le XVIIIe arrondissement de Paris près de Barbès, « une des parties les plus cosmopolites et multiculturelles de la capitale, et ça nous plaît bien », tiennent à préciser les intéressés. Leur « appartement se situe dans les anciens locaux d'un grossiste en verrerie, porcelaine et poterie, qui a occupé les lieux du XIXe siècle jusqu'à la fin des années 1920 ».

TSF est l'un des représentants les plus emblématiques d'une nébuleuse de sites, blogs, comptes Instagram qui rendent hommage au nouvel art de vivre de la génération des bourgeois éduqués, riches du double capital économique et culturel pour conserver la terminologie bourdieusienne. Ces nouveaux héros de la presse *lifestyle* ont cette particularité d'être à la fois des modèles de réussite économique et de s'inspirer des manières de vivre bohèmes dans leur intimité. En termes de niveaux de revenus, de patrimoine, de carnet d'adresses comme de modes de vie, nous côtoyons dans ces portraits la véritable élite contemporaine. Car où ranger des couples de trentenaires dont le patrimoine atteint le million d'euros ? Dans les classes moyennes supérieures ? Plus sûrement dans les 10 % et pour certains, donc, dans le 1 % des plus fortunés. Du fait du croisement des héritages, des revenus et des alliances matrimoniales au sommet de la pyramide, cette superélite est aujourd'hui en partie composée de start-upeurs qui ont réussi leur « sortie », de consultants haut de gamme, d'avocats ou de journalistes renommés, de professeurs de yoga ou de designers parisiens. Certains sont les descendants, d'autres les conjoints de membres de l'élite dirigeante plus traditionnelle : top management des entreprises du CAC40, hauts fonctionnaires, etc. Il n'est pas rare de retrouver des noms à particule dans les portraits réalisés par ces médias *lifestyle* haut de gamme, signe de l'ancienneté de certaines fortunes héritées, entretenues ou renouvelées. Sur la base du capital accumulé par les anciennes générations, se greffe une nouvelle vigueur entrepreneuriale, de nouvelles valeurs également. Ces rejetons inspirants du capitalisme à la française se lancent dans l'écosystème numérique, ils créent des marques écoconscientes ou *made in France*, ils sont journalistes ou artistes, se passionnent pour les communs, la *civic tech* ou l'écologie quand ils ne sont pas à la tête de quelque chaîne de restauration hipster ou de tiers-lieu disruptif.

Sympathique, ouverte, tolérante, dynamique, sportive, cultivée, cette nouvelle élite n'en est pas moins recroquevillée sur un entre-soi socioculturel, générationnel et géographique. La France qui brunche, celle des incubateurs de start-up, des reconversions professionnelles vers des métiers de bouche ou du sens, du *slow living* et du *slow food*, des voyages en Asie et aux États-Unis, de la French Tech, des bistrots *Fooding*, des petits cavistes de vin nature, du yoga et de la méditation pleine conscience, a réussi une greffe harmonieuse avec la bourgeoisie plus traditionnelle. Difficile de dire s'il s'agit vraiment d'une substitution, d'une cohabitation ou, plus probablement, d'une forme de fusion-hybridation dans laquelle le passage de relais générationnel a joué un rôle moteur, tout comme la redistribution dans l'espace de la classe cultivée (lire le chapitre précédent).

Dans le même état d'esprit que TSF, le site The Good Dad présente une série de portraits de pères contemporains réalisés par le magazine *The Good Life*. On y découvre « la vie d'hommes de talent qui s'avèrent aussi être des superpapas » et qui jonglent « entre carrière et vie de famille, responsabilités professionnelles et personnelles ». Et dont les intérieurs sont le refuge de fauteuils design d'une valeur de 4 000 euros ou de poussettes norvégiennes de la marque Stokk Beat à 599 euros pièce. L'un des phénomènes les plus marquants de la nouvelle stratification éducative est que la formation des couples a tendance à renforcer l'isolement culturel des nouvelles élites. Les mariages entre niveaux scolaires différents, qui étaient communs dans les sociétés où le diplôme était rare et le féminisme inexistant (le médecin épouse sa secrétaire), ont laissé place à la formation de couples homogènes doublement diplômés. Si cette tendance est sans nul doute positive du point de vue de l'authenticité des relations amoureuses et de l'égalité entre les sexes, une de ses conséquences mécaniques est que le marché du mariage s'est réorganisé selon le niveau éducatif (voir partie 1), réduisant d'autant une des voies de la mixité sociale. Dans la mesure où les hommes rechignent à épouser une femme plus diplômée qu'eux, l'explosion scolaire génère aussi des déséquilibres au sommet, au détriment des femmes plus diplômées que les hommes dans les jeunes générations.

ENTRE BIEN-ÊTRE ET BIEN-VIVRE : LE STYLE DE VIE DES NOUVEAUX *YUPPIES*

Nous courons ici le risque qui nous a poursuivis à chaque étape de cette enquête : celui d'« essentialiser » notre population, c'est-à-dire de considérer que tous les individus d'un même groupe portent toutes les caractéristiques identifiées chez quelques-uns d'entre eux. C'est le destin qu'a connu l'expression de « bobo », d'abord utilisée par son inventeur David Brooks pour désigner la « nouvelle élite socio-culturelle » américaine des années 1990 et 2000, née avec le premier boom informatique, jusqu'à s'étendre à tous les individus éduqués des pays occidentaux. Dès que l'on plonge plus en détail dans les modes de vie de nos enquêtés, on se rend compte que notre distinction entre élite, sous-élite, alter-élite conserve sa pertinence et peut se prolonger et se transposer dans le domaine des modes de consommation et des styles de vie des 20 % les plus éduqués. Juste en dessous de la nouvelle élite esthétique, entrepreneuriale et culturelle, sorte de 1 % stylistique qui cumule tous les privilèges et obtient les meilleurs scores sur tous les aspects de la vie (très grandes écoles, meilleurs postes, plus hauts patrimoines, meilleurs logements dans les lieux les plus prisés, hypermobilité géographique, etc.), se trouve une sous-élite qui n'a évidemment pas les moyens de vivre entre Londres, New York et Megève, de s'offrir un appartement haussmannien de 120 mètres carrés et une résidence secondaire en Normandie ou en Provence.

Cette sous-élite, que l'on assimile souvent aux bobos, déploie un code de conduite propre ; elle invente un nouveau compromis entre le bien-vivre, le bien-être et le bien-faire (nous verrons que cette troisième modalité s'exprime plutôt en mode mineur). Par leur nombre, par leur ascendant culturel et par leurs revenus, nos 20 % jouent dans la consommation et les modes de vie le même rôle que celui que nous leur avons attribué dans le domaine professionnel, celui d'une avant-garde dont l'influence se révèle capitale sur certains segments de la société. Si ruissellement il y a, c'est peut-être en ce domaine qu'il est le plus net. De même que nous avons distingué dans la deuxième partie une sous-élite au travail dont l'élan innovateur se borne plutôt aux aspects économique et technique, et une alter-élite qui porte un projet social alternatif, on trouve au sein de nos 20 % à la fois ceux qui consomment les nouveaux produits et services mis sur le marché avec le plus de célérité et d'entrain, et ceux qui interrogent avec le plus de vigueur le modèle dominant du consumérisme ambiant. Penchons-nous dans un premier temps sur la branche consumériste, pour ensuite donner la parole à la minorité de surdiplômés adepte d'alter-consommation.

Nous pouvons aborder la sous-élite des styles de vie comme une réinterprétation contemporaine des *yuppies* des années 1980 et 1990, soit un curieux mélange entre esprit de compétition et souci de soi, attrait de la nouveauté et capacité à se restreindre, carriérisme raisonné et quête de sens existentielle. Porté par le boom de l'informatique et de la finance, la globalisation économique et la métropolisation alors naissante de l'économie postindustrielle, un nouveau groupe social émerge dans ces années de transition, que les marketeurs vont baptiser *yuppies* pour « *young, urban, professionals* » soit « jeune », « urbain » et « cadre supérieur ». L'habitat *yuppie* est concentré dans les cœurs des métropoles qui accompagnent la transition postindustrielle de l'économie. Leur ascension correspond à la renaissance des centres-villes américains, dont la revitalisation des quartiers industriels en lofts new-yorkais est la manifestation la plus emblématique.

Le français traduira cette formule qui renvoie à un mode de vie typiquement nord-américain par l'expression ironique de « jeune cadre dynamique ». Techno-optimistes, les *yuppies* étaient dans les années 1980-1990 les primo-utilisateurs de tous les appareils et gadgets électroniques permettant d'accéder aux nouvelles formes de communication de cette époque de transition : téléphone fixe avec répondeur, téléphone de voiture, Minitel, téléviseur avec caméscope et chaînes câblées, chaîne hi-fi, premiers micro-ordinateurs, équipements automatisés de

Figure 12. Se déplacent en taxi ou en Uber (au moins ponctuellement)

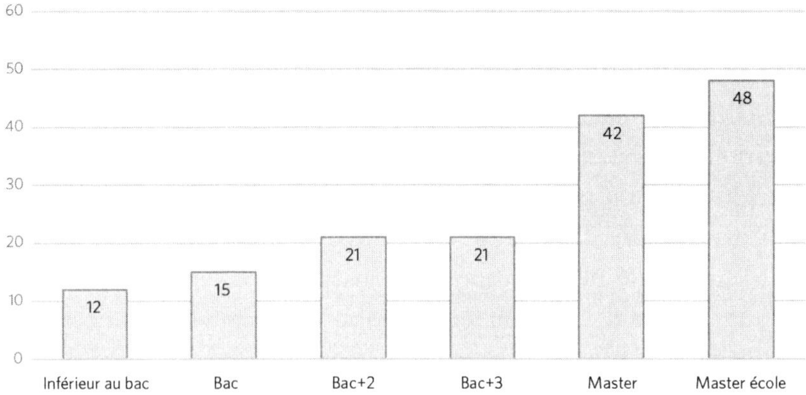

Sondage Ifop, octobre 2019, en pourcentages. Base : Français âgés de 25 à 39 ans.

la maison, le tout accompagné d'un grand nombre de télécommandes. De nos jours, cette technophilie se repère à leur consommation intensive des applis numériques qui promettent de nous faciliter la vie et qui, bien souvent, reposent sur le travail humain : essentiellement Uber pour le taxi et Deliveroo pour la livraison de plats à domicile.

Dans le domaine de la consommation, les *yuppies* d'hier et d'aujourd'hui adoptent des attitudes hédonistes, épicuriennes, insouciantes, incarnées par le bling-bling des années 1980. Mondains, ils sont à l'avant-garde d'un style de vie urbain qui s'organise autour d'événements festifs, de dîners en ville et de restauration récréative. Ils sont constamment à la recherche de la dernière adresse qui fait parler d'elle et où se pressent leurs semblables – certains sont aujourd'hui influenceurs sur Instagram. Obsédés par leur apparence physique et leur santé, les *yuppies* des années 1980 étaient les clients des aliments et produits vitaminés et dynamisants, de la gym et de l'aérobic, du squash, du tennis et du footing. Nous allons voir que, encore aujourd'hui, la pratique sportive augmente de façon linéaire avec le niveau de diplôme, que c'est également parmi les diplômés que nous trouvons ceux qui pratiquent le plus de disciplines sportives, mais que celles les plus prisées ne sont pas les mêmes qu'il y a trente ans.

BIEN-ÊTRE : LE SPORT ET LA DISCIPLINE AU CENTRE DE LA VIE DES DIPLÔMÉS

La pratique régulière de différentes disciplines sportives, individuelles ou collectives, en salle ou en extérieur, faisait partie des questions posées dans notre sondage. Il en ressort très clairement que plus on est diplômé, plus on est sportif, et cette règle vaut pour tous les types de disciplines.

L'écart est le plus marqué pour les sports de salle : gym, fitness et autres crossfit, ce qu'on peut attribuer à la fois au mode de vie urbain de nombre de diplômés, qui n'ont pas de possibilité d'accès aisé à la nature, et à leur niveau de revenu, suffisant pour s'offrir des abonnements à des salles de sport. Mais des sports qui ne coûtent presque rien sont aussi largement pratiqués par les 20 %. Dans ces disciplines comme la natation, la pratique régulière est quatre fois plus fréquente chez les superéduqués (les bac +5 avec prépa) que chez les non ou très faiblement diplômés (niveau inférieur au bac). Autre discipline dans laquelle les hyperdiplômés surpassent les autres : le running. Devenu phénomène de société, ce sport de performance a été adopté par l'ensemble des classes diplômées (bac +3 et supérieur), qui sont désormais un quart à le pratiquer avec régularité. Et l'on constate aussi avec surprise que les sports collectifs, qui ont la réputation d'être plus populaires, sont également plus fréquemment pratiqués par des diplômés.

Le niveau de pratique sportive des jeunes travailleurs diplômés révèle un goût réel de l'effort. La familiarité avec la compétition pour les diplômes et pour les postes peut expliquer pour partie cet engouement, et le fait que des habitudes prises pendant les années d'études fixent un cap de comportement pour les années futures. Au passage, ces résultats invalident largement la thèse popularisée parfois dans les médias selon laquelle les *millennials* et ceux qui prennent leur suite constitueraient une génération de « flemmards » avant tout portée sur la satisfaction immédiate de ses désirs.

Figure 13. Pratiques sportives régulières selon le niveau de diplôme

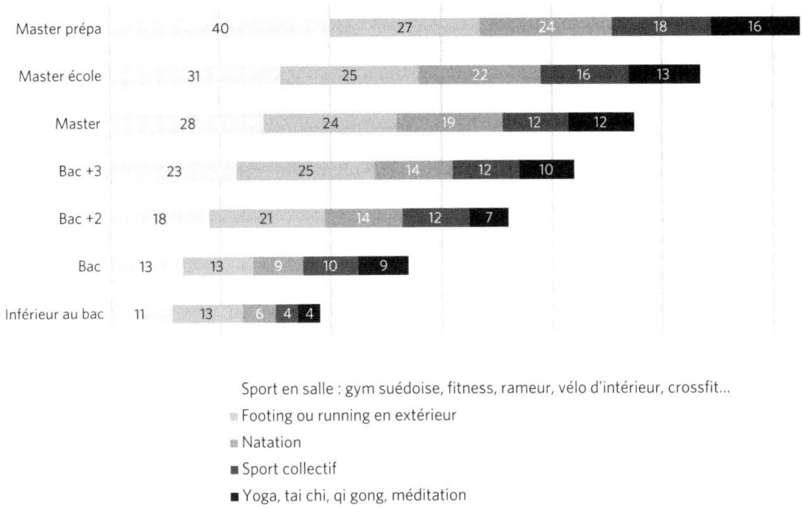

Sondage Ifop, octobre 2019, en pourcentages. Base : Français âgés de 25 à 39 ans.

Mathilde, consultante de 28 ans, a pratiqué le crossfit et se rend à présent en salle de gym quotidiennement. Son témoignage illustre l'investissement d'une partie des hauts diplômés dans l'entretien de leur capital physique : « Je vais à la salle de sport tous les matins. Ce sont des salles dans lesquelles vous vous inscrivez à un cours et vous êtes encadré par un coach. Donc j'alterne ; je fais du bootcamp, du cycling, du yoga, de la boxe. J'essaie de diversifier. Je fais une heure de session tous les jours avant d'aller bosser. Le cours regroupe jusqu'à 20 personnes, c'est sur un modèle très anglo-saxon, pour les femmes il y a plein de produits, du démaquillant, c'est de la superqualité, on sait pourquoi on paie. Quand je n'y vais pas, je constate que je n'ai pas la même productivité. Mon cerveau est mieux animé après. Je cuisine beaucoup, je fais beaucoup plus attention à ma santé que quand j'étais plus jeune ; je n'ai pas envie de donner n'importe quoi à mon corps. J'adore les légumes et les fruits. Je n'achète rien de préparé, ni de fast-food, si j'achète une pizza c'est que je connais le pizzaiolo et que je sais ce qu'il met dans ses pizzas. J'ai été élevée sans soda, sans gâteau. »

Certains sports comme la course à pied et ses multiples déclinaisons en épreuves (marathon, semi-marathon, courses thématiques) ont été hissés depuis quelques années au rang de culte contemporain. Ces sports, ainsi que ceux plus confidentiels comme le trail (course en montagne sur des distances particulièrement longues) ou le crossfit ont également rencontré chez les diplômés une population réceptive à la culture de l'effort, du dépassement de soi et de la compétition.

Richard Florida apporte une interprétation particulièrement convaincante de cette propension des plus éduqués à transpirer. Il note que le temps libre des membres de la classe créative est essentiellement occupé par des loisirs « actifs » réalisés en extérieur : la course à pied, le cyclisme, l'escalade, la randonnée, le ski, le snowboard, la plongée sous-marine et le tennis font partie des sports favoris cités dans ses enquêtes auprès de cadres des secteurs créatifs au début des années 2000. Parmi les professionnels du secteur high-tech, pratiquer le VTT est par exemple « devenu une compétence sociale de rigueur, tout comme monter à cheval l'était pour les membres des anciennes élites[20] ».

Pour Florida, ce goût pour « la récréation active » s'explique par le fait que le travail des membres de la classe créative est essentiellement intellectuel et sédentaire, nécessitant en compensation des activités permettant de décharger l'énergie accumulée. Alors que les membres des classes populaires dont le travail peut être physiquement éprouvant privilégient des sports motorisés et peu épuisants, ou des loisirs passifs comme le sport à la télévision, les membres de la classe créative font le chemin en sens inverse. Le goût de cette population pour les sports d'extérieur s'explique également par le fait que ceux-ci procurent des expériences et des sensations uniques et sont considérés comme de petites aventures à renouveler régulièrement en marge du temps productif. Les activités physiques en extérieur procurent « plus d'expérience par unité de temps » que les loisirs passifs comme la télévision. Ces sports correspondent par ailleurs à l'ethos créatif : ils valorisent le goût du challenge vis-à-vis de la nature, de son propre « temps » et de ses propres limites, plutôt que la compétition frontale contre d'autres sportifs. De fait, c'est souvent avec eux-mêmes que les adeptes de ces sports d'endurance sont en compétition. Ce mélange d'individualisme dans la pratique, de culture de l'effort et d'impératif de se muscler intelligemment explique par ailleurs l'engouement récent des salariés qualifiés pour la pratique de l'escalade en salle.

L'ALIMENTATION ENTRE BIEN-VIVRE ET BIEN-ÊTRE

L'alimentation est une autre dimension dans laquelle les plus éduqués s'illustrent par leurs choix de vie. Dans ce poste budgétaire qui est aussi un terrain d'investissement central du capital humain, l'idéal hédoniste du bien-vivre croise sur sa route le gendarme de la préoccupation du bien-être. Une enquête précédente que nous avons menée en 2018-2019 sur les modes de vie des jeunes actifs diplômés urbains[21] nous a permis de bien cerner les grandes lignes de cette consommation alimentaire, au-delà du buzz médiatique et de la fausse évidence d'un « tous bio, tous vegan et tous sans gluten » qu'on prête parfois un peu rapidement à nos éduqués supérieurs.

Le graphique suivant permet de se faire une idée précise des habitudes de courses de ces individus qui sont à la fois éclairés par leurs connaissances et leur accès aux informations sur la santé alimentaire, dotés d'un budget confortable pour leur alimentation et qui résident à proximité d'une densité importante de commerces. Les formats de distribution les plus prisés par nos intéressés sont les suivants :

1. Les supérettes : il s'agit des petits formats de grande distribution (Carrefour City, Monop') qui ciblent spécifiquement les habitants des grandes villes aisés et soucieux de leur santé. Il s'agit aussi des formats les plus chers de la grande distribution ;
2. Les rayons bio des grandes surfaces généralistes et les magasins bio spécialisés, c'est-à-dire les nouveaux réseaux comme Naturalia ou Bio C' Bon qui maillent le territoire français depuis une quinzaine d'années.

Figure 14. Fréquentation de différents formats et circuits de distribution

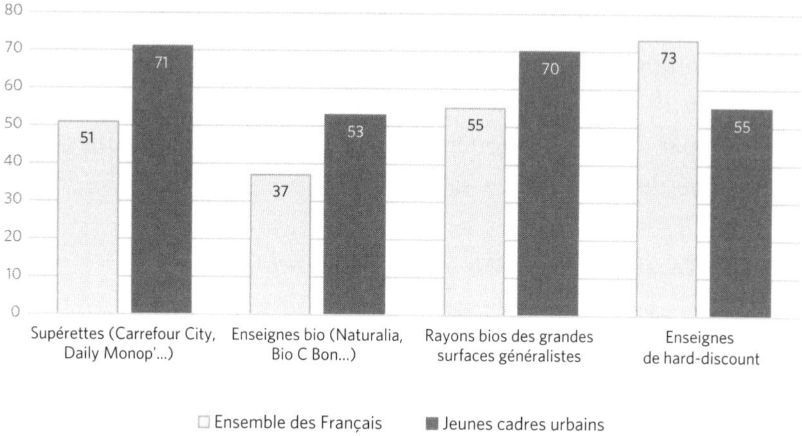

Source : « Les jeunes urbains créatifs, nouvelle figure de l'hyperconsommateur », étude L'ObSoCo, *décembre 2018.*

À l'inverse, nous voyons que le hard-discount est beaucoup moins fréquenté par les jeunes diplômés que par l'ensemble de la population. Cette réalité peut s'expliquer à la fois pour des raisons de budget, d'implantation (les grands supermarchés low cost sont nombreux en périphérie) ou de choix (l'image pouvant être négative, en dépit d'un effort certain de montée en gamme de la part de ces distributeurs).

Ces quelques résultats statistiques et constatations de terrain nous indiquent que nous sommes face à une nouvelle manière d'être *yuppie*, plus inventive et plus contemporaine, éloignée à la fois de la rigueur bourgeoise des anciennes élites et des excès de la culture du corps et du succès des années 1980-1990. On peut y lire l'invention par les 20 % d'un harmonieux équilibre entre la dimension hédoniste de la vie (bien-vivre), sa composante sanitaire (bien-être) et l'injonction plus morale et politique à bien se comporter, à être une sorte d'ortho-consommateur (le Bien avec un « B » majuscule). Effectuons à présent un zoom sur cette dimension vertueuse, qui a parfois tendance à prendre le dessus dans les représentations lorsqu'il est question de modes de vie des nouveaux bourgeois.

Décroissance, alter-consommation : l'alter-élite ou la politisation des modes de vie

L'ALTER-ÉLITE, UNE ARISTOCRATIE DE L'ALTER-CONSOMMATION

Membre de la profession des alter-consultants décrite plus haut, Victor nous fait part de ses aspirations et de ses doutes quand nous engageons la conversation sur les choix de vie. « Je me sens un peu pris entre plusieurs impulsions, qui sont à la fois philosophiques et de mode de vie. J'aimerais sortir un peu de l'agitation et de la frénésie du monde innovant, moderne, où tout est neuf, où tout est génial et où tout est usant. » Victor nous avoue ainsi ne pas se sentir tout à fait prêt pour le grand basculement en dehors de la zone de confort de la société de consommation. Habitant Paris mais s'en éloignant très régulièrement pour de longs voyages à finalité personnelle et philosophique, Victor songe pourtant comme d'autres enquêtés croisés au fil de nos entretiens à faire le grand saut : « Avec ma compagne, on a vécu dans des communautés en Inde, des lieux de méditation. On a notamment séjourné chez Vandana Shiva, une écologiste indienne, qui a fondé un lieu qui reprend ses principes : on a assisté à un séminaire pour étudier sa pensée, on était nourris et logés dans des conditions indiennes, pour 1 000 euros la semaine. On a participé à une retraite taoïste en Chine. Au cours de nos voyages à l'étranger, on a aussi passé trois semaines en Australie dans une ferme permacole. « Le maximum que j'ai pu faire c'est trois semaines. Je pense que le moment n'est pas encore venu de vivre à plein temps dans une communauté de ce type, mais l'idée de concevoir autrement la vie en collectif me plaît. J'y trouve une forme de confort, des relations qui par certains aspects sont plus satisfaisantes que celles qu'on peut avoir au quotidien, et plus apaisées également. »

Sans aller jusqu'à penser à intégrer une « communauté intentionnelle », selon la terminologie en vogue, un autre de nos interviewés, Cédric, nous raconte son basculement vers l'alter-consommation et une forme de décroissance choisie. Ingénieur de formation, Cédric a enchaîné sept années dans la même grande entreprise de transports, où son sort semblait scellé pour longtemps. À l'approche de la trentaine, il opère un revirement : « Depuis le bac j'ai fait tout ce qu'il fallait faire, sans réfléchir à ce qui me plaisait. Je me suis retrouvé à cocher la case CDI, job intéressant, salaire annuel de 60 000 euros bruts. » Il entame alors avec sa compagne un long périple à vélo à travers l'Amérique latine. Ce voyage a une finalité philosophique, il joue un rôle de rite de passage ainsi que de session officieuse de réorientation : « Ce voyage a servi à nous reconnecter avec nous-mêmes. Notre objectif était d'imaginer ce qu'on voulait faire après. En Argentine, on avait arrêté de se projeter et on avait comme seul projet de pédaler soixante kilomètres plus au sud chaque jour, on n'avait qu'à trouver un endroit pour manger, et un endroit pour dormir en sécurité. On n'avait plus de clés, on n'avait presque plus de portefeuille. »

Après sa traversée du continent sud-américain, Cédric explique comment le retour dans une société française dépensière l'a progressivement éloigné du consumérisme de son milieu. « Quand on a fait ce voyage à vélo on avait très peu de possibilités de consommer autre chose que de la nourriture, déjà parce qu'on n'avait pas de place, et qu'on n'avait pas vraiment d'occasion de dépense ! En revenant de ce voyage, sortir notre portefeuille était devenu compliqué. Aller au bar, au resto, au spectacle, à l'expo… Ces excès nous ont fait partir, et en revenant on a fait un rejet de ces consommations qu'on n'avait pas pratiquées pendant deux ans et qui n'étaient plus du tout une source de plaisir pour nous. »

Cédric est en quelque sorte devenu un abstinent volontaire de la consommation. « Je ne souhaite pas indexer toutes mes actions sur le pouvoir d'achat, sur la consommation », nous dit-il. Sportif, engagé dans l'économie sociale en plus de ses activités de fondateur de start-up, il a renoncé aux mondanités qui, d'ailleurs, ne semblent pas beaucoup l'intéresser. En revanche il a acheté avec sa femme une petite maison dans un quartier recherché de Marseille. Curieusement, ce sont les revenus que lui et sa femme tirent de leurs activités de conseil auprès d'industriels qui leur offrent du temps libre et financent leur désengagement de la société marchande. L'intéressé est tout à fait conscient du paradoxe.

Au-delà de sa défiance vis-à-vis du matérialisme, Cédric prêche une forme de vie expérimentale : « J'ai mûri une idée qui consiste à vivre par tranches de vie plutôt que d'avoir une seule vie qui nous mènerait tout droit à la sacro-sainte retraite. Une vie séquencée par phases de trois, quatre ou cinq ans, dans laquelle je changerais de vie professionnelle, de lieu, de source de revenu, d'environnement à chaque fois. On choisirait des sources de revenu différentes, des modes de vie différents, des environnements différents, des contextes différents, et je pense qu'il y aura un moment où on sera plus proches de la nature, plus isolés probablement. » Cédric parle alors d'un projet qui sera peut-être sa prochaine étape : quitter la ville pour devenir gardien de refuge de montagne.

Depuis plusieurs années, des tendances à l'alter-consommation, voire à la déconsommation, s'affirment dans la société française et font l'objet d'un intérêt médiatique soutenu. Or toutes les études réalisées montrent que le profil social de ces adeptes des consommations émergentes et alternatives est proche de celui des jeunes diplômés sur lesquels nous nous sommes penchés. Les alter-consommateurs se recrutent parmi les citoyens les plus éduqués, les urbains et, pour certaines pratiques, parmi les membres des jeunes générations. Pascale Hébel écrit ainsi que le souci de l'environnement, l'attrait pour le *made in France* ou pour le commerce équitable sont généralement le fait « de personnes jeunes, d'urbains, de diplômés du supérieur[22] ». Selon la sociologue Sophie Dubuisson-Quellier, « la consommation engagée est très segmentée socialement » et « elle concerne majoritairement des femmes, [...] des individus d'un âge moyen de 35 ans, ayant un niveau d'éducation supérieur à la moyenne et issus des classes moyennes supérieures[23] ».

La description la plus poussée de ce mode de vie que les médias qualifient tour à tour de « sobre », de « minimaliste » ou de « frugaliste » a été menée par la sociologue américaine Elizabeth Currid-Halkett dans son ouvrage paru en 2017, dont nous avons déjà parlé dans les parties qui précèdent, *The Sum of Small Things. A Theory of the Aspirational Class*[24]. Parce qu'ils aspirent à être les meilleurs individus possible, Elizabeth Currid-Halkett parle des membres de ce groupe social comme d'une « classe ambitieuse » – *aspirational class.* Sa thèse est qu'à mesure que les biens matériels se sont démocratisés sous l'effet de la mondialisation, la consommation ostentatoire de ces biens a perdu de son pouvoir classant chez les membres des nouvelles classes supérieures éduquées. Ces dernières passeraient de la possession de biens nombreux et luxueux à une consommation discrète de produits dont le coût d'accès n'est plus conditionné par le niveau de revenu mais par le niveau d'éducation et d'information requis pour en bénéficier. Elizabeth Currid-Halkett évoque à propos de ces nouvelles marchandises distinctives et classantes leur « production ostentatoire » qui succède à la consommation ostentatoire de la classe de loisir définie par Thorstein Veblen ; contrairement à la bourgeoisie industrielle et commerciale identifiée par le sociologue américain un siècle plus tôt, ce n'est plus le prix qui fait la distinction, c'est le coefficient de respectabilité sociale inclus dans le produit. Le mode de production vertueux, écologiquement et socialement responsable, artisanal et local ne s'additionne pas à la valeur initiale du produit, il détermine entièrement celle-ci. On peut citer parmi les exemples les plus emblématiques de cette philosophie de vie la mode éthique, le café de spécialité, les légumes « moches » non traités et cultivés localement, mais également les produits culturels élitistes comme certaines séries ou podcasts (lire plus haut). Pour la population décrite par Currid-Halkett, « nous sommes ce que nous mangeons, buvons et plus généralement ce que nous consommons, et c'est la raison pour laquelle pour certains produits, le processus de production opaque a été remplacé par une transparence à chaque étape ». Dans tous ces exemples, ce n'est pas l'argent mais bien la compétence culturelle qui constitue la barrière à l'entrée, compétence mise au service d'un certain goût de l'effort – un élitisme de la vertu en quelque sorte.

Dans un monde où chacun peut posséder un iPhone, choisir précautionneusement son alimentation, consacrer son temps libre au perfectionnement de sa culture générale ou à l'entretien de son corps, voyager intelligemment et consciemment sont des choix de vie qui produisent plus de statuts et de différenciations que de se promener au centre commercial le samedi après-midi, une carte de crédit dans une main et un caddie d'hypermarché dans l'autre. Du rejet explicite de la consommation de masse des Trente Glorieuses est né un nouveau type d'alter-bourgeoisie, qui prend l'ancien à rebours sur à peu près tous les postes de consommation – à l'exception des plus capitaux, à savoir le logement et l'éducation des enfants, deux importantes sources de dépenses de l'*aspirational class* selon la sociologue, qui relativisent les discours en faveur de la sobriété d'une partie de cette population.

Parmi les élites socioculturelles américaines au sein desquelles l'enquête d'Elizabeth Currid-Halkett a été menée, le ou plutôt la membre type de l'*aspirational class* est une jeune femme diplômée, habitante d'une métropole côtière et exerçant une profession du secteur créatif, s'approvisionnant chez Whoole Foods, achetant son café dans un coffee shop indépendant plutôt que chez Starbucks, pratiquant le yoga, se déplaçant plus volontiers en transports en commun ou à vélo qu'en voiture individuelle et vivant selon un principe général de déclassement volontaire – et, paradoxalement, ostentatoire – dans sa consommation quotidienne.

Un couple de diplômés réellement déclassés, ou quand les bac +5 s'identifient aux Gilets jaunes

Institutrice dans le sud-est de la France (après un master de sciences à l'université), Marion gagne 1 700 euros nets par mois et son copain, chercheur en CDD, 1 800. « On touche 3 500 euros à deux, avec deux enfants. Il y a vingt ans, cette somme aurait dû nous permettre d'acheter une maison, de manger correctement et de partir en vacances. » Au lieu de cela, Marion loue une petite maison en colocation avec sa mère, car aucune d'entre elles ne trouvait un logement correct dans les 800 à 900 euros dans cette ville moyenne à vingt minutes du littoral dont les maisons coûtent en moyenne 3 600 euros du mètre carré à l'achat.

« Au niveau de mon éducation, je suis de classe moyenne plus, mais au niveau de mes ressources financières, je suis classe moyenne moins. » Avec Marion et son compagnon, nous sommes à des années-lumière des consultants et start-upeurs parisiens rencontrés au début de cette enquête. Nous nous trouvons ici à une sorte de point de rupture avec les classes supérieures et même avec les classes moyennes, dans le discours de l'intéressée comme dans les conditions de vie. « On ne peut pas se payer un week-end. Même quand je vais au resto, ce qui m'arrive par-ci par-là, je ne prends qu'un verre au lieu de deux. » Ce genre de restriction vis-à-vis de petits extras est précisément ce qui a été rapporté des ronds-points par les Gilets jaunes qui intervenaient dans les médias au plus fort du mouvement de l'hiver 2018-2019. Fait rare pour une diplômée de son niveau, Marion s'est totalement identifiée au mouvement des Gilets jaunes, au point de prendre part aux blocages et de distribuer des tracts aux automobilistes avec une amie à la sortie d'un péage. Cette proximité se limite néanmoins au partage d'une condition, puisque dans son rapport à la consommation Marion déploie un discours plus conforme aux aspirations de la frange dissidente des 20 % : « Je suis anticonsommation radicale », nous dit-elle. Les habitudes de consommation du couple semblent à cheval entre une déconsommation volontaire et une réelle nécessité économique. « On fait de la récup' tout le temps, pour les fringues, les meubles. On passe par les gens en direct ou par Le Bon Coin : les deux lits des enfants, la commode, les meubles dans ma chambre, rien de ce qui est ici n'est neuf. Acheter du Ikea me sort par les yeux. C'est une question de principe, mais c'est aussi une question de prix. » On peut parler à leur propos de ce que les Américains ont défini comme les *downshifters*, les décroissants volontaires. « Pour les courses, je suis au stade moitié-moitié : moitié panier bio en Amap, moitié grande surface. Mon objectif pour 2020 c'est de me passer d'Auchan. Je fais tous les biscuits et je prépare tous les pots des enfants, je prépare mes pâtes, tout, parce que les plats préparés, c'est de la merde, en termes de goût et en termes de ce qu'il y a à l'intérieur. J'essaie de ne plus acheter certaines marques, comme celles de Lactalis, par contestation, parce que c'est des enfoirés. »

« Ces dernières années, je n'en pouvais plus de cette société dans laquelle tu paies ton chauffage une fortune, tu paies ton eau une fortune, alors que moi je verrais les choses tout à fait différemment. Pourquoi on ne serait pas dans l'entraide ? » Le couple est, comme beaucoup de sa génération, sauvé en partie par le patrimoine familial – un modeste chalet dans les Alpes, ce qui permet de partir en vacances sans payer le logement. Cohérents dans leur prise de distance vis-à-vis de la société, Marion et son compagnon projettent de faire construire une maison isolée sur un terrain appartenant au père de ce dernier, dans l'arrière-pays, là où la vie serait moins chère et surtout en rupture avec les sollicitations de la société de consommation. « Mon copain a une formation d'ingénieur, il a plein d'idées pour être autonome niveau électricité. » Les deux diplômés font partie d'une fraction de leur génération tentée par la rupture nette et radicale avec les modes de vie actuels. C'est parmi ces membres de la classe diplômée désenchantés et touchés par la contrainte financière que l'on trouve les adhérents les plus fervents aux thèses de la collapsologie, l'effondrement imminent de la société faisant quelque part écho au propre déclassement vécu dans le quotidien par ceux qui, comme le souligne Marion avec lucidité, auraient fait partie, une génération plus tôt, des privilégiés.

Le niveau de radicalité politique du couple est en rapport avec son éloignement de la société de consommation et du jeu électoral classique : « Avant je votais, j'étais une bonne citoyenne, j'étais plus extrême gauche ; j'étais bien conditionnée aussi : j'étais pro-Europe, pro-Ve République, mais mon copain pas du tout. » Nourri par les productions en ligne de vidéastes politiques proches de la « dissidence », le couple se reconnaît désormais dans le discours de l'UPR, le parti souverainiste de François Asselineau favorable au Frexit.

DU FLEXITARISME AU « MODÈLE AMISH » : JUSQU'OÙ VA L'ALTER-CONSOMMATION DES DIPLÔMÉS ?

Contrairement à ce qu'une interprétation très politique du mode de vie des « bobos » pourrait laisser penser, les membres de la classe ambitieuse que nous avons côtoyés au cours de notre enquête ne sont pas tous des petits-bourgeois déguisés en altermondialistes. Souvent, leurs choix de vie montrent une volonté sincère de ne pas suivre les voies qui avaient été tracées par leurs aînés. Alors que la sous-élite *yuppie* est plutôt enclavée dans des quartiers et des communes spécialisées dans l'accueil des diplômés, les membres de l'alter-élite peuvent cohabiter avec des populations plus pauvres, descendantes de l'immigration, comme on l'observe sur la ligne de gentrification des grandes villes ou de leurs banlieues. Cette coexistence découle souvent de contraintes immobilières et le discours de la mixité sociale fait parfois de nécessité vertu. Mais dans d'autres configurations, comme le choix d'habiter à Marseille, l'alter-élite recherche spécifiquement un milieu socioculturel éloigné du sien, et plus encore de la bourgeoisie traditionnelle, qui est souvent la classe sociale à laquelle elle se compare le plus volontiers – pour s'en distinguer. De loin, on pourrait conclure que la sous-élite choisit Bordeaux et Aix-en-Provence, quand l'alter-élite fondra pour Montreuil et Marseille. Cette distinction fonctionne à une échelle d'observation nationale mais elle masque le fait qu'en zoomant sur chaque situation locale, on retrouvera une forme d'archipélisation de la classe diplômée, avec des microclimats qui peuvent correspondre à chaque sous-groupe : il y a des quartiers « bordelais » à Marseille comme on trouve des ambiances « marseillaises » dans certains quartiers de Bordeaux.

L'appartenance à l'*aspirational class* dépend très fortement du niveau de diplôme. Mais le niveau de diplôme n'explique pas tout, il ne suffit pas à entrer mécaniquement dans le groupe des décroissants, postmatérialistes, adeptes de la sobriété volontaire. Cette généralisation serait incompatible avec ce que nous avons écrit plus haut, à savoir l'existence d'un vaste groupe de nouveaux *yuppies* au sein des classes cultivées. L'alter-consommation est donc une modalité, un possible de l'appartenance à la classe des diplômés, et nullement une conséquence automatique. Dans l'espoir de convaincre le lecteur de l'importance de ce partage culturel à l'intérieur de la classe diplômée, nous conclurons cette partie en comparant trois gestes écologiques à propos desquels nous avons interrogé notre échantillon.

Le premier geste est la réduction de la consommation de viande. Le différentiel entre très diplômés et très peu diplômés est conséquent : nous passons de 29 % de flexitariens chez les non diplômés à 60 % chez les bac +5, une progression qui va du simple au double. Rappelons que notre échantillon est composé exclusivement de Français âgés de moins de 40 ans, et que de ce fait l'effet générationnel ne joue pas dans ces variations : tous les répondants étant « jeunes », les fluctuations qui dépendent de la variable éducative sont d'autant plus visibles. La baisse de la consommation de viande est encore plus élevée chez les sympathisants d'Europe Écologie-Les Verts, parmi lesquels elle culmine à 66 %, contre 50 % pour les sympathisants de LREM – et tout de même 25 % chez les électeurs du RN. Enfin on constate un écart de 10 points entre les hommes et les femmes de la jeune génération : 35 % de flexitariens parmi les hommes contre 45 % chez les femmes. Conclusion : le niveau de diplôme est déterminant dans la probabilité d'adopter la pratique.

Figure 15. Réduction de la consommation de viande par niveau de diplôme

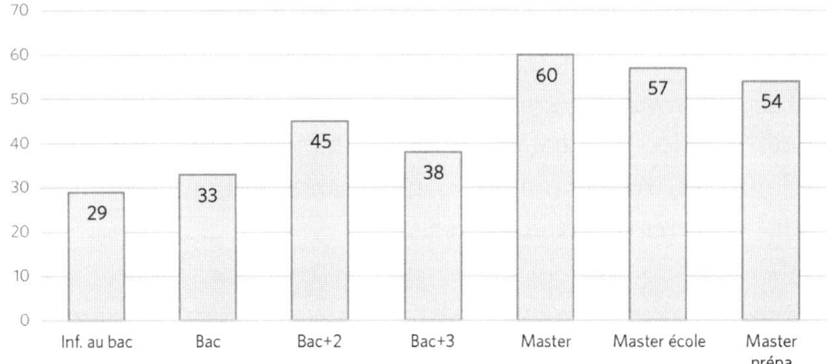

Sondage Ifop, octobre 2019, en pourcentages. Base : Français âgés de 25 à 39 ans.

Figure 16. Réduction de la consommation de viande par proximité politique

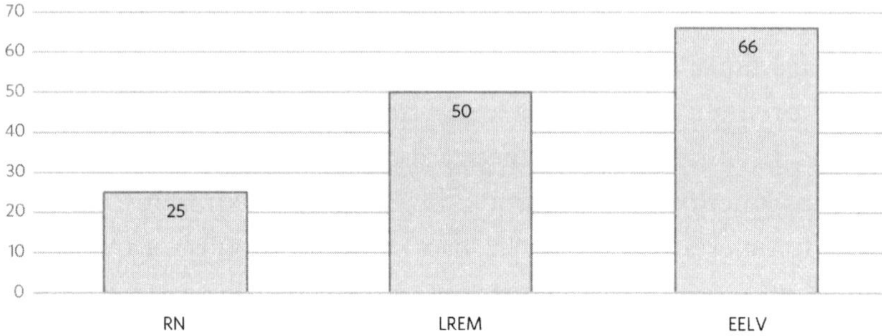

Sondage Ifop, octobre 2019, en pourcentages. Base : Français âgés de 25 à 39 ans.

Passons à un comportement écolo plus contraignant : utiliser des couches, des démaquillants ou d'autres produits lavables* : 29 % des sondés diplômés de niveau master de notre échantillon déclarent avoir déjà eu recours à ce type de produit, contre seulement 10 % parmi les non-diplômés. Cette fois, même si le niveau de diplôme fait tripler la fréquence de la pratique, la minorité « éclairée » de nos bac +5 n'est plus que d'un tiers d'entre eux, et ce pourcentage baisse ensuite parmi les hyperdiplômés (master avec prépa ou école), pour retomber à environ un cinquième de la population. Surtout, la proportion de pratiquants varie très fortement avec la proximité politique : seulement un quart des sympathisants LREM ont déjà utilisé des couches ou autres produits d'hygiène lavables, contre un écologiste sur deux. Nous aboutissons au constat suivant : alors que certains marqueurs de l'alter-consommation (baisser sa consommation de viande) sont relativement *mainstream* dans les milieux éduqués, d'autres pratiques associées à l'écologie sont à la fois minoritaires parmi les diplômés et très cantonnées à une frange militante et engagée – en l'occurrence aux écologistes.

* Les enquêtés pouvaient cocher la réponse suivante : « Utiliser des couches, des chiffons ou des démaquillants lavables », parmi une liste de gestes présentés comme favorables à l'environnement.

Figure 17. Utilisation de couches lavables par niveau de diplôme

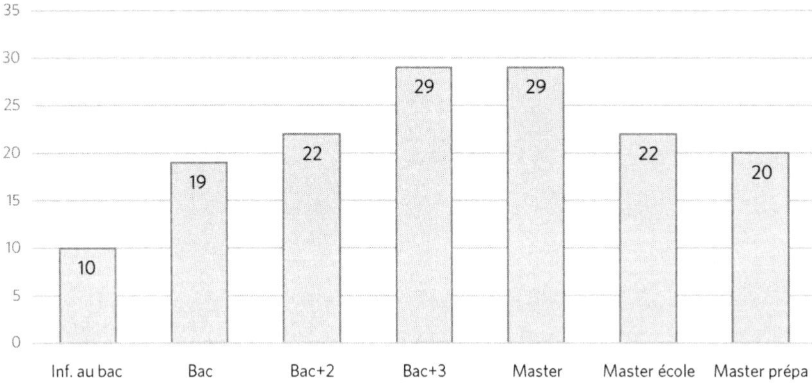

Sondage Ifop, octobre 2019, en pourcentages. Base : Français âgés de 25 à 39 ans.

Figure 18. Utilisation de couches lavables par proximité politique

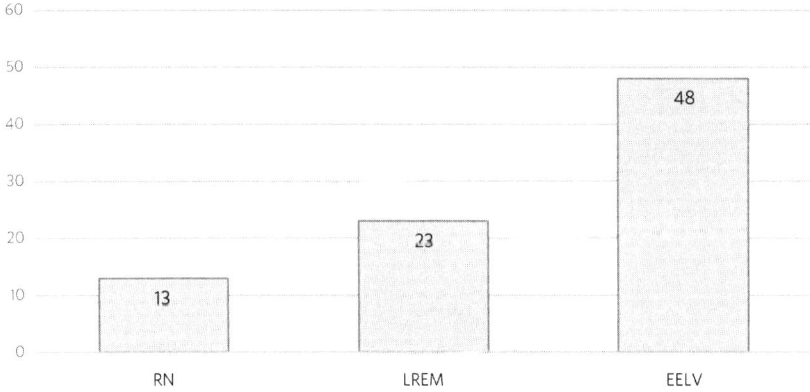

Sondage Ifop, octobre 2019, en pourcentages. Base : Français âgés de 25 à 39 ans.

Terminons avec un troisième item de notre liste d'actions plus ou moins écolo : l'achat d'un vêtement éthique*. La probabilité triple des non-diplômés aux très diplômés (7 % des premiers et 23 % des seconds), mais en revanche elle est faiblement dépendante de la proximité

* La formulation complète était la suivante : « Acheter des vêtements d'une marque, d'une boutique ou d'un site de vente en ligne éthiques, respectueux des travailleurs, de l'environnement, des animaux ou se revendiquant du mouvement *slow fashion* ».

Figure 19. Achat de vêtements éthiques par niveau de diplôme

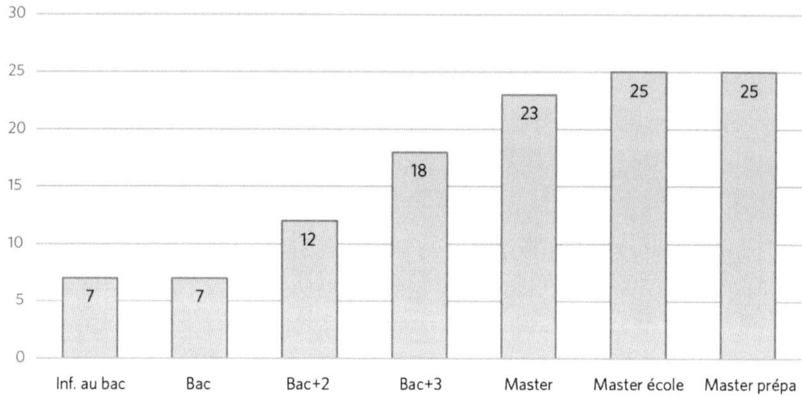

Sondage Ifop, octobre 2019, en pourcentages. Base : Français âgés de 25 à 39 ans.

Figure 20. Achat de vêtements éthiques par proximité politique

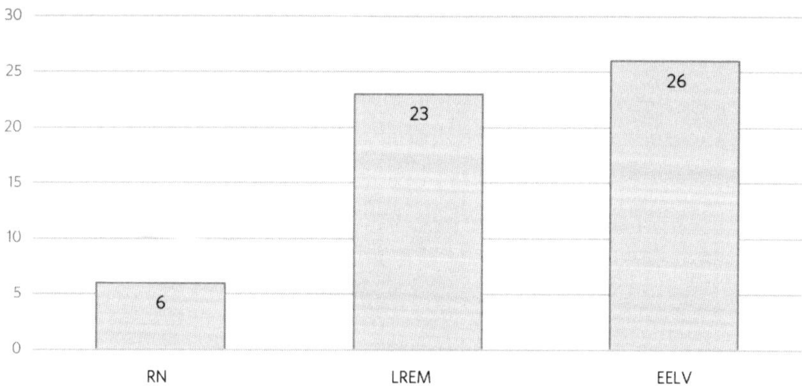

Sondage Ifop, octobre 2019, en pourcentages. Base : Français âgés de 25 à 39 ans.

partisane : il suffit d'être macroniste pour acheter un vêtement éthique, même si les écologistes sont légèrement plus nombreux à le faire.

Concluons en remarquant que la nouvelle bourgeoisie *yuppie* diplômée n'est absolument pas indifférente à ces valeurs portées par l'alter-élite, mais qu'elle en intègre des éléments avec parcimonie et sans que ces apports ne remettent fermement en cause son mode de vie. L'alter-élite, quant à elle, est plus radicale, et on peut dire qu'elle sert de boussole morale au reste des troupes, un peu comme les courants religieux intégristes et orthodoxes sont souvent admirés par les fidèles à la pratique plus relâchée, qui forment la majorité des populations de croyants.

Notre sondage confirme ainsi qu'un hypothétique « modèle amish » de rupture nette avec les modes de consommation dominants est loin d'être la norme au sein des couches diplômées, à l'exception d'une frange très engagée qui mêle les actes aux paroles et qui a fait de la transition écologique un principe qui guide sa vie quotidienne. Chez la nouvelle bourgeoisie en revanche, le confort et l'esthétique priment : le minimalisme chic l'emportera sur le dénuement, la mode éthique sur Emmaüs, le bio sur le jardin potager, le design DIY sur la récup' et Naturalia sur l'Amap.

Figure 21. Modes de consommation des superdiplômés

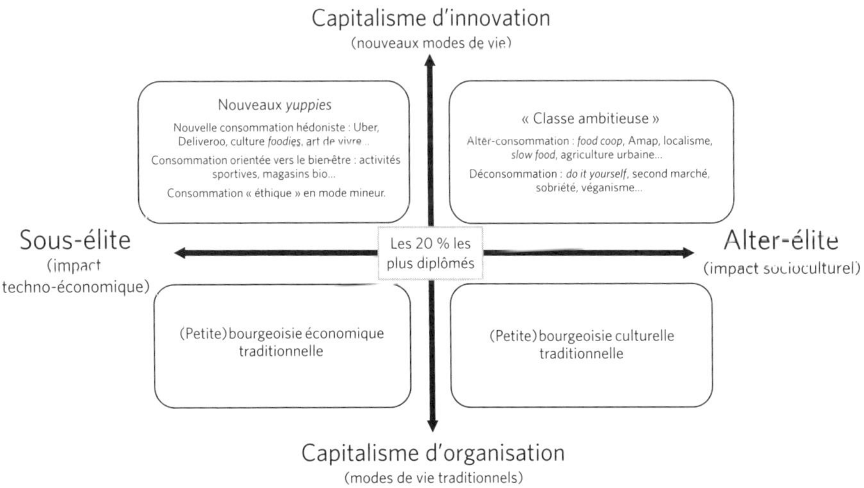

Le schéma ci-dessus synthétise les enseignements de notre partie consacrée aux modes de vie. Les deux cadrans supérieurs opposent – de manière schématique et donc exagérée – les modes de vie et la culture de consommation des deux branches principales des 20 %. Les deux cadrans inférieurs ne font pas l'objet de développements spécifiques, parce que les professions plus traditionnelles qui peuplent ces cases sont plastiques et subissent l'influence des nouvelles professions qui, placées au centre de gravité de la société, sont celles qui désormais donnent le ton sur le plan culturel.

Le degré de plasticité des anciennes professions dépend d'abord de la proximité géographique avec les professions nouvelles. Une jeune enseignante, une jeune avocate, un jeune médecin ou un jeune consultant en IT ont d'autant plus de probabilité de ressembler aux membres de la sous-élite ou de l'alter-élite nouvelles et d'adopter leurs modes de vie qu'ils évoluent dans les mêmes quartiers et les mêmes environnements. Certains jeunes profs, déclassés, n'ont plus rien des hussards de la République et se rapprochent du vote RN. À l'opposé, d'autres évoluent dans un environnement parfaitement bobo : sorties culturelles, restaurants à la mode, voyages… Il en va de même des ingénieurs et des consultants : il s'agit de professions tellement répandues dans les entreprises de bac +5 qu'il est difficile de les englober dans un même ensemble sociologiquement cohérent. Certes, tous sont plutôt bien rémunérés et résident dans les grandes agglomérations (lire notre chapitre consacré à la géographie des 20 %). Mais quoi de commun entre le « dév' *fullstack* » de start-up branchée, dont les bureaux sont situés à Saint-Ouen en banlieue parisienne, recruté *via* le site Welcome to the Jungle, et l'ingénieur projet du périurbain, qui travaille dans un parc d'entreprises pour le compte d'une grosse ESN ? Tous partagent une culture métier, une aisance en anglais et dans les langages techniques ainsi qu'une proximité avec les nouvelles méthodes de travail, qu'on peut attribuer à un effet générationnel. Mais leurs modes de vie se révèlent parfois éloignés. L'aspiration à une vie expérimentale qui caractérise certains membres de la sous-élite évoluant dans l'écosystème start-up et tous ceux de l'alter-élite est peu présente chez ces profils plus classiques.

PARTIE 4

Les 20 % et la politique : le changement sans le peuple ?

La démocratie des surdiplômés

La politique, c'est notre affaire

Oleg, fondateur de plusieurs start-up : « J'ai toujours voté à gauche, et là j'hésite entre la gauche et La République en marche. Je suis à fond pour payer mes impôts, payer des droits de succession. Sur l'entreprise, par contre, j'ai intérêt à avoir une réflexion saine sur le cadre juridique et les méfaits de l'instabilité juridique. Mon sentiment par rapport à la société française ? Je me sens extrêmement positif et optimiste. Tout ce qui ressemble à du défaitisme, du repli sur soi, je ne comprends pas. Les élites ont souvent une culpabilité face à leur réussite. Mon père n'avait pas un rond ; j'ai l'impression que tout le monde peut y arriver, mes parents ont réussi grâce à l'école républicaine, j'ai des amis qui viennent de tous les milieux sociaux. Je me sens aussi la nécessité de refuser le repli identitaire. On a un magnifique pays, j'ai eu de la chance de faire des études. Je suis contre l'idée qu'il faut tout casser, remettre en cause le capitalisme, je n'aime pas la critique systématique et j'aime bien les gens qui proposent. Je suis entouré de personnes qui pensent comme moi. »

Ces propos expriment l'ethos politique des 20 %. Optimisme et confiance dans la méritocratie scolaire. Foi dans l'ouverture culturelle et refus du cloisonnement. Foi aussi dans la démocratie représentative : le vote est un devoir absolu, et s'effectue selon un processus maturé, raisonné. Ainsi, malgré l'individualisme, malgré le fait que ces jeunes professionnels se projettent dans l'entreprise, et n'envisagent presque jamais de s'engager en politique, ils adhèrent au triptyque : méritocratie scolaire, démocratie représentative, engagement civique. Autrement dit, pour eux, la politique, l'exercice de la citoyenneté sont des affaires sérieuses. En forçant le trait, on pourrait presque dire : c'est leur affaire.

Notre enquête Ifop confirme cette appréciation (figure 1). L'intérêt pour la politique *via* les moyens d'information suit la courbe ascendante des diplômes et s'intensifie clairement à partir de bac +5 (48 %), connaissant même un net infléchissement à la hausse pour les individus passés par une classe préparatoire (54 %). Sans surprise, l'engagement concret dans la vie publique, civique, associative ou politique est modeste dans toutes les catégories, mais sensiblement plus important pour les individus ayant effectué un cursus universitaire long – une personne sur cinq de la classe cultivée. En contrepoint, on observe le centrage exclusif sur la famille et sur les proches chez les individus de faible niveau de diplôme (57 % chez ceux qui sont en dessous du bac, contre 26 % pour ceux passés dans une classe préparatoire).

On sait que l'intérêt pour la politique, et par conséquent le fait de voter et de s'engager, va crescendo avec l'élévation du niveau scolaire[1]. L'acquisition d'une culture générale, l'ouverture à l'information généraliste, le frottement à des débats et controverses contribuent à la formation des opinions politiques et permettent d'avoir une vision moins subjective, et donc plus intellectuelle des phénomènes politiques. Les citoyens qui sont allés le plus loin dans le système d'enseignement sont donc aux avant-postes pour participer à la vie démocratique. Parallèlement, depuis deux décennies, une partie des couches populaires inclinent à s'abstenir lors des

Figure 1. Intérêt et implication dans la société en fonction du niveau de diplôme

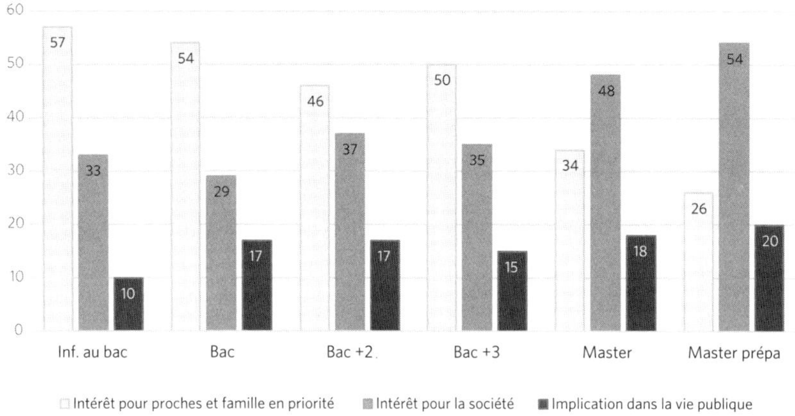

Sondage Ifop, octobre 2019, en pourcentages. Base : Français âgés de 25 à 39 ans.
La formulation exacte des propositions testées était la suivante : 1) « Je me préoccupe en priorité de mes proches, de ma famille et de mes amis » ; 2) « Je m'intéresse beaucoup à la marche du monde grâce à l'information » ; 3) « Je suis impliqué dans la vie publique, civique, associative ou politique ».

consultations électorales, avec le sentiment que « cela ne sert à rien » et que de toute façon la classe politique, qu'elle soit de droite ou de gauche, telle qu'elle se dessine dans les grandes démocraties, ne les représente pas. 70 % des électeurs belges ayant un bas niveau d'éducation, 60 % de leurs homologues danois, 69 % de leurs homologues français, 60 % de leurs homologues allemands et néerlandais, 65 % de leurs homologues britanniques estiment que leur gouvernement n'accorde aucune importance à ce qu'ils pensent[2] et d'ailleurs que les politiques agissent essentiellement en faveur de leurs propres intérêts (75 % des peu diplômés en France). Au premier tour de l'élection présidentielle française de 2017 – élection où pourtant le taux de participation est nettement plus élevé que pour toutes les autres consultations électorales –, 29 % des ouvriers et des employés se sont abstenus contre 21 % des professions libérales et des cadres supérieurs. Les deux phénomènes, ethos et prédispositions culturelles pour participer à l'activité démocratique chez les (hyper)diplômés, et retrait de l'espace démocratique chez les peu diplômés, se confortent mutuellement. Là encore, s'affirme l'idée que la politique est l'affaire de la classe cultivée.

Les hauts diplômés peuvent-ils à eux seuls gouverner un pays ?

L'intelligence universitaire peut-elle, toute seule, gouverner un pays ? L'excès d'honneur accordé à la méritocratie scolaire, la monopolisation des fonctions politiques par les hyperdiplômés ne sont-ils pas la source de la crise de légitimité démocratique qui atteint les pays développés ? Dans *Diploma Democracy*, Mark Bovens et Anchrit Wille, politologues aux Pays-Bas[3], posent cette question. Mobilisant un corpus considérable sur plus de 20 pays par le prisme des enquêtes de comparaison internationale (l'*European Social Survey* de 2014 et les eurobaromètres), ils examinent la transformation de la vie démocratique dans les sociétés développées où une part croissante, mais tout à fait minoritaire, de l'électorat est diplômée de l'enseignement supérieur, et où, parallèlement, l'ensemble des fonctions de représentation et de décision est accaparé par cette classe cultivée. Pour saisir cette domination des diplômés (d'ailleurs plutôt des hyperdiplômés), Mark Bovens et Anchrit Wille se réfèrent aux pedigrees universitaires des hautes fonctions – les ministres, les cabinets ministériels, les parlementaires, et plus amplement ceux qu'ils nomment les professionnels de la politique –, donc ceux de l'élite politique dirigeante. Ils désignent les deux problèmes découlant du clivage qui se creuse entre ce monde et le reste de la société.

Le premier problème est l'éclatement des choix électoraux entre les diplômés et les autres, le niveau scolaire se posant comme *la* variable sur laquelle s'indexent les idéologies et les projections politiques. Les diplômés dirigent leur choix vers les partis sociolibéraux, alors que les peu diplômés optent pour les partis populistes – chose intéressante et maintenant bien documentée, l'ancien axe droite/

gauche n'est plus pertinent pour apprécier ce clivage autour des diplômes. Le second problème est la profonde méfiance des couches populaires à l'égard des dirigeants politiques, perçus comme coupés des réalités et pratiquant un entre-soi. À l'aune de mouvements sociaux récents, on pourrait ajouter que cette méfiance parfois se transforme en ressentiment violent, voire en haine.

La recherche de Mark Bovens et Anchrit Wille marque sa pertinence à un niveau général, car elle questionne l'utilisation de la ressource « parchemin universitaire » pour capter les postes politiques ; la fonction de représentation ne peut-elle être assumée que par des « diplômés » ? Beaucoup d'économistes le pensent, mais les rares études qui se sont attaquées à cet enjeu n'aboutissent pas à des résultats conclusifs – le diplôme n'apparaît pas comme le paramètre décisif[4] de l'efficacité de l'action, alors que bien d'autres qualités demandent d'être mobilisées. Les deux auteurs poussent d'ailleurs à son point extrême leur critique de la course aux diplômes : ces derniers seraient d'abord un prétexte pour conquérir une position de supériorité dans une société[5].

Notre enquête qualitative et quantitative sur les 20 % permet toutefois d'enrichir ce cadre conceptuel en approfondissant la réflexion sur le rapport à la politique des personnes hyperdiplômées mais qui n'appartiennent pas aux sphères du pouvoir. Ainsi, nous ajouterons à la perspective dégagée par *Diploma Democracy*, qui cible les diplômés en les appréhendant globalement comme l'élite, la grille « élite, sous-élite, alter-élite » que nous avons posée au départ et qui englobe les 20 %. En effet, grâce à notre enquête qualitative, se dessinent au sein même de la classe cultivée bien d'autres spécificités politico-culturelles que les seules opinions partisanes.

La sous-élite se pense-t-elle comme une élite ?

Chez les interviewés de notre enquête, le vote, loin d'être un acte anodin, dérive d'une démarche appliquée. Pour chaque scrutin, le choix politique est pesé : « À chaque vote, je m'informe, je repense le contexte et vote en fonction. » Ces bons élèves opèrent en stratèges éclairés et se déterminent en usant de la même logique argumentative que les consommateurs qui, face à un marché, évaluent le produit procurant les meilleurs avantages. Dès lors, entendant occuper le cercle de raison, et procédant avec pragmatisme, ils ne se sentent jamais obligés envers une affiliation partisane particulière. Cette façon d'être impliqué dans le choix politique pour le pays (ou pour un territoire), en insistant sur le devoir du citoyen et la maturation qu'elle suppose, tous ces signes distinctifs signalent-ils le résidu qui demeure de la personnalité « bourgeoise » moderne, second stade de l'individualisme, telle que la décrit Marcel Gauchet dans « Le nouvel âge de la personnalité » : l'homme (ou la femme) de devoir qui dans l'ensemble de ses actes, et encore plus dans la sphère politique, exige de se placer en conscience du point de vue de l'ensemble de la société et non pas uniquement du point de vue de sa pure subjectivité, position marquant le troisième et ultime stade de l'individualisme[6] ? La question demeure ouverte, car qui oriente ce choix savamment construit : leur milieu (« On vit en vase clos et les informations qui nous arrivent confortent nos idées ») ou une capacité à se projeter en fonction d'intérêts supérieurs, alors que plusieurs d'entre eux disent se sentir concernés par l'avenir du pays, et affirment vouloir faire quelque chose d'utile pour la société, que ce soit par le biais professionnel ou par leurs engagements associatifs ?

En aucun cas, on ne repère chez eux le rejet de la politique comme un univers corrompu ou frappé de paralysie, même si beaucoup pensent que l'entreprise constitue un levier au moins aussi efficace pour faire bouger la société que l'investissement partisan. Ils ne déclinent pas le thème de la démocratie affaiblie comme le fait Yascha Mounk dans son livre *Le Peuple contre la démocratie* : celui-ci affirme que face à une jeunesse populaire qui a perdu confiance en la démocratie politique existe une jeunesse éduquée tout aussi désillusionnée qui plébisciterait l'efficacité de la technocratie et des experts dans des instances non élues (autorités indépendantes, juges, organisations supranationales). Cependant, sans ébranler leur confiance manifeste dans les institutions démocratiques, la musique du désenchantement se glisse parfois discrètement dans leurs propos : « Je considère que le vote et l'élection ne sont pas si légitimes que ça, et ont beaucoup de travers. Je critique la soumission des responsables politiques aux considérations de l'opinion, le réseautage, le copinage et le fait que les hommes politiques considèrent d'abord leur intérêt individuel. Je suis un peu désenchanté par rapport à la démocratie. Je souhaiterais que la démocratie ne soit pas un outil pour outrepasser la liberté des autres », souligne un ingénieur.

Quelle image cette élite scolaire perçoit-elle d'elle-même ? Le mot élite, dont l'aura s'est ternie, est devenu synonyme de pouvoir dominant et égoïste dans la verve populiste, suscite interrogation ou même malaise chez ces diplômés. D'ailleurs, la connotation négative qui assaille le terme les agace, tant ils ont le sentiment d'avoir, par leurs parcours scolaires et les efforts qu'ils représentent, gagné cette place de premiers de la classe. En même temps, avec lucidité, ils savent bien qu'ils ne sont pas représentatifs de l'ensemble de la société française, et plus largement ils reconnaissent leur enfermement social car, dans presque toutes les dimensions de leur existence, ils ne fréquentent que des personnes dotées du même niveau de diplôme.

Aucun ne naturalise sa réussite scolaire comme relevant de dons dont il ou elle aurait par miracle bénéficié du ciel. En bons disciples de la pensée bourdieusienne et rompus à la rhétorique sur l'inégalité des chances, ils se disent unanimement chanceux par leur ancrage familial : « Dans le monde social, je fais partie des privilégiés, je fais partie des riches, des personnes qui ont les clés pour comprendre, les personnes qui devraient se bouger les fesses pour changer les choses » (Lola, ingénieure, salaire de 3 000 euros nets). Cette conscience de l'importance du background familial dans leur réussite scolaire les amène à l'idée de devoir compenser cette chance par une forme d'engagement dans leur vie : « Je n'ai jamais manqué de rien, mes parents étaient installés, ils m'ont donné une éducation, une ouverture sur le monde, je m'intéresse à plein de choses, j'ai eu de la chance, mes parents ont du capital, mais cette chance impose aussi des prérogatives : j'ai envie de pouvoir rendre, de faire des choses » (Jérémy, créateur de start-up). Dans un livre pamphlétaire (*Peut-on réussir sans effort ni aucun talent ? Les mirages du mérite*[7]) le philosophe Gilles Vervisch se moque du *storytelling* gonflé d'importance et caricatural de réussites dans le domaine entrepreneurial (il cite Steve Jobs) ou du cinéma (il cite Léa Seydoux) qui se présentent comme des héros qui se seraient faits eux-mêmes grâce à leurs efforts personnels et à leurs talents innés, sans jamais effectuer la moindre référence au milieu qui les a portés et a aidé leur envol. Les premiers de la classe ne s'autorisent pas une telle légèreté ou une telle vanité : ils ont conscience d'où ils viennent, car dans leur cursus universitaire ils ont reçu quelques rudiments de sciences humaines et ils ont été acculturés au discours culturel critique.

La plupart d'entre eux n'appartenant pas (encore ?) aux sommets de l'appareil politico-administratif ou des grandes entreprises, ils ne se sentent pas partie prenante du monde du pouvoir. Pourtant, ils se sentent « élite un peu » : « Socialement je n'ai pas d'importance, je n'ai pas de pouvoir, donc je n'ai pas l'idée de faire partie de l'élite, mais *in fine* je fais partie de l'élite. J'ai envie d'avoir un vrai impact : je n'ai pas d'ambition de pouvoir, ou d'ambition financière à proprement parler, mais j'ai envie d'avoir un projet qui ait un impact » (Jérémy, créateur d'entreprise). Par ailleurs, l'univers des hauts diplômes étant symboliquement hiérarchisé, on peut se considérer comme exclu de la vraie élite parce qu'on ne possède pas le bon parchemin ; ainsi un centralien s'exprime : « Les polytechniciens ou normale sup : par ces deux écoles on entre dans l'élite officielle de la France. » Enfin, leur niveau de revenus, situé pourtant dans les 10 % les plus aisés, mais le plus souvent à des années-lumière de celui des 1 %, peut leur donner le sentiment qu'ils n'appartiennent pas à l'élite : « Je ne me perçois pas dans une catégorie particulièrement aisée. Je n'ai accédé à la propriété que récemment et à crédit. J'ai eu du mal à obtenir un crédit, avec mon conjoint. Je m'estime privilégiée par rapport à la population globale française, mais pas aisée et pas dans l'élite en tout cas. J'ai bénéficié d'un contexte social privilégié dans les années 1980 où la promotion sociale était plus facile, mais je ne suis pas sûre qu'aujourd'hui je pourrais avoir le même parcours. Ça me fait peur pour demain, je suis même convaincue que l'ascenseur social est bloqué » (Jeanne, femme haut fonctionnaire au salaire de 5 100 euros par mois).

De l'élite, ils n'ont donc pas tous les attributs, en termes monétaires comme en termes de capacité de décision sur la société. Par contre, un imaginaire élitaire les anime : le souhait d'avoir un impact sur la société, le sentiment d'être investis d'une mission qui les dépasse à l'égard de la marche du monde. Dit autrement, le désir de participer à l'architecture de l'avenir, mais, pour presque tous, sans pénétrer dans la machinerie du pouvoir. Leur ambition concerne plutôt l'influence culturelle, par l'engagement associatif, par l'exemplarité des choix de mode de vie et par la participation à des innovations sociales ou technologiques.

Les couleurs politiques des 20 % : du rose pâle aux mille nuances de vert

Lorsqu'on les interroge sur leur proximité politique, les bac +5 se prononcent nettement pour la gauche (surtout le Parti socialiste), La République en marche et Les Verts (figure 2). Les scores du Rassemblement national (4 %) et des Républicains (7 %) sont spectaculairement faibles. Le déportement de la sensibilité politique des hyperdiplômés vers ces trois pôles ne surprend pas, ce qui frappe, c'est la force des corrélations : plus on a suivi des études longues, plus on est polarisé vers la gauche et vers le mouvement écologique – le tropisme vers la gauche et le mouvement écologique atteint son acmé pour les individus passés par une classe préparatoire. Notons aussi que la préférence écologique apparaît comme un signe distinctif des ingénieurs et/ou informaticiens – « Je ne mets pas le chauffage chez moi, car mes voisins chauffent suffisamment. Je prends les transports en commun, j'éteins toutes les lumières, je fais le tri, du covoiturage, je vais faire du compost (comme d'ailleurs mes parents en font !), j'achète local. Je n'arrive pas à diminuer ma consommation d'avion, je suis trop habituée à voyager », dit Lola, ingénieure consultante. « Personnellement, mon combat, c'est la transition écologiste. » Engagement écologique et expertise scientifique marchent ainsi ensemble. Les études menées auprès des militants qui participent aux marches sur le climat ou aux actes d'Extinction-Rébellion montrent d'ailleurs qu'il s'agit moins d'un mouvement de jeunesse que d'un mouvement de diplômés, « qui mobilise le salariat qualifié et ses enfants ». C'est ce qu'affirment les sociologues Maxime Gaborit et Yan Le Lann, qui précisent à propos des participants d'une manifestation qui s'est tenue le 13 octobre 2018 à Paris que « 50 % des participants étaient cadres ou exerçaient une profession intellectuelle supérieure et que 60 % avaient un bac +5[8] ».

Figure 2. Proximité partisane par niveau de diplôme

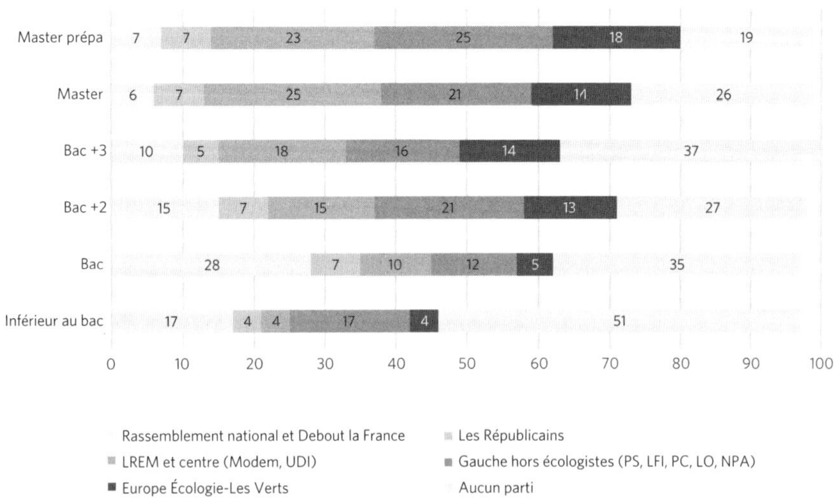

Sondage Ifop, octobre 2019, en pourcentages. Base : Français âgés de 25 à 39 ans.

La République en marche (19 %, à laquelle il faudrait ajouter les partis centristes, 6 %) fait à peu près jeu égal avec la gauche (21 %) pour les bac +5. « J'ai bien aimé le vent frais apporté par Macron et la grandeur politique qu'il a essayé d'introduire. J'aime bien l'idée qu'un pays est une cause qui est plus grande que nous. J'aime bien le personnage. Mais après, je n'attends rien de la politique », dit Romain, créateur d'entreprise. Dans l'ensemble, les diplômés de la sous-élite, plus que les autres électeurs, se présentent comme Macron compatibles, confirmant les résultats des présidentielles de 2017 : son électorat comprend un quart de bac +4 et au-delà, et au total 58 % de diplômés du supérieur (contre 51 % pour François Fillon)[9]. Il existe aussi une certaine homothétie socioculturelle entre notre population de jeunes diplômés et les députés de la LREM élus en 2017. Ceux-ci se caractérisent par une surconcentration de diplômés du supérieur, de cadres supérieurs et dirigeants d'entreprises privées, chefs de PME/TPE, et de consultants divers, notamment en marketing et en communication d'après une enquête du Cevipof[10]. Luc Rouban[11], auteur de cette enquête, note que le macronisme se présente comme l'extension de l'idéologie managériale au domaine politique.

Dans notre enquête qualitative, qui comprend une surreprésentation de consultants et de start-upeurs, la préférence macroniste est manifeste, quelquefois accompagnée de l'enthousiasme envers « l'homme qu'on attendait », mais plus généralement affirmée comme un choix tiède, à propos duquel « on attend de voir », notamment sur ses engagements écologistes. Le macronisme est vu tantôt comme une valeur de gauche, tantôt comme une valeur de droite : donc une option au contenu polysémique qui permet de ne pas trancher pour une seule direction (Pierre : « Politiquement, j'ai évolué. Je viens de la droite par mon éducation. Sur les questions de société je suis tout à fait à gauche. Je suis plutôt libéral et très proeuropéen. Donc macroniste de conviction »). C'est évidemment une option en faveur du libéralisme, mais certains considèrent que le fondateur d'En marche ! est, en la matière, trop modéré : « Il est moins libéral sur les questions économiques que Fillon et il est moins libéral sur les questions culturelles que Mélenchon, or moi je suis très libéral sur ces deux axes. Pourtant, Macron était le meilleur choix en 2017 », dit Will qui, lorsqu'il était étudiant, a milité dans les Jeunesses fédéralistes européennes.

Pour les membres de la classe cultivée que nous avons interviewés, la politique est marquée du sceau du devoir (« On a la chance de pouvoir voter ») plutôt que de la passion – aucun n'est engagé dans un parti ou un mouvement, ils manifestent souvent leur distance et une circonspection vis-à-vis de la sphère gouvernementale et leur souhait d'avoir un impact sur la société passe d'abord par le canal entrepreneurial et/ou associatif de terrain. Ils s'informent, suivent les débats politiques, lisent éventuellement des ouvrages de réflexion, et votent à chaque élection – « Je ne laisserai à personne d'autre mon bulletin de vote. » Chez eux ne figure aucun automatisme partisan, aucune identification avec un parti particulier, personne ne se définit par une appartenance du type « Je suis socialiste ». Leur rattachement politique se réfère toujours à un spectre large – « je suis plutôt à droite » ou « plutôt à gauche » – et de fait beaucoup se définissent comme centre-droit ou centre-gauche avec un balayage de sensibilité écologiste. Derrière les couleurs du rose pâle et du vert, une seule conviction s'affirme d'airain : le projet européen. Toutefois, même chez les plus à gauche, la petite poignée de cadres qui a voté Mélenchon lors de l'élection présidentielle de 2017, l'idée d'éradiquer le capitalisme ou de batailler avec lui n'affleure pas. La classe cultivée est volontiers rebelle dans l'âme, mais pas révolutionnaire.

Comme une ritournelle, le refrain écologiste est entonné partout : qu'il soit une préoccupation intellectuelle, qu'il engage un vote direct pour le parti des Verts, qu'il soit un critère pour évaluer l'action d'Emmanuel Macron, ou encore un souci dans les actes du quotidien (« Je m'intéresse à l'environnement. On fait nous-mêmes notre lessive comme plein de nos amis, on utilise des cotons lavables pour changer notre fille, on fait le tri sélectif. Ma femme achète ou échange en ligne des habits chez Vinted, marché en ligne communautaire de vêtements *second-hand*. À Noël je vais proposer à mes frères et sœurs qu'on se fasse des cadeaux que nous fabriquons nous-mêmes », précise Mathias, start-upeur en plomberie, cité partie 1). Là encore, par son côté vague et polysémique, le terme écologie et ses mille nuances de « vert » emportent l'adhésion, au plus loin des postures en béton idéologique d'antan (voir la partie 3 consacrée aux modes de vie).

La conscience verte correspond à une évolution générale des esprits, et connaît un coup d'accélérateur à partir de 2018[12], comme une retombée des débats autour de l'Accord de Paris sur le climat et le réchauffement climatique (2015-2016) – voir le baromètre des opinions sur l'écologie établi depuis de nombreuses années par l'Ademe (Agence de l'environnement et de la maîtrise de l'énergie).

Le récit écologique propose plutôt une façon originale d'établir un lien à l'environnement qu'il soit naturel ou social, une philosophie du monde, un ethos, une sorte d'étoile du berger pour la vie, qu'un choix dans la nébuleuse des partis. La réorganisation du rapport de l'humain à la nature fournit un gisement inépuisable à la pensée et livre un nouvel universalisme. Un universalisme qui a le mérite de tenir à distance, sans l'exclure évidemment, le sujet de la lutte des classes, toujours délicat à affronter pour les surdiplômés. Que ceux-là trouvent dans la conscience écologique un espace pour l'engagement n'est guère étonnant : elle inspire un art de vivre en phase avec les aspirations des couches cultivées, et ces dernières sont en pointe dans l'idée qu'il faut faire évoluer nos modes de vie vers davantage de frugalité. Parallèlement, le mouvement écologique se nourrit de réflexions et de polémiques scientifiques sur l'anthropocène, les sources d'énergie, sur les biens que nous consommons, sur les façons de produire et de se déplacer, et plus généralement sur tout ce qui, dans le monde moderne, peut altérer la santé et/ou perturber ou détruire l'équilibre des sociétés humaines avec la nature. À sa manière, il a de nombreuses ramifications dans l'univers de la connaissance, en particulier dans celui des sciences dures comme la physique, la chimie, la géologie et la biologie. Il n'est donc guère étonnant que les ingénieurs et nombre de spécialistes se sentent concernés et à l'aise pour intervenir dans cette sphère du débat public, et tentent d'influer sur les décisions politiques. Face à un danger d'ordre vital, le rôle des experts comme lanceurs d'alerte n'a jamais été aussi crucial.

La critique virulente du modèle techno-capitaliste surgit chez certains écologistes, mais cette vision de rupture est loin d'animer tous les défenseurs de la nature. La conscience verte est un arc-en-ciel à mille tonalités et englobe collapsologues et zadistes, apôtres de la décroissance et/ou de la sobriété heureuse comme les Colibris, zélateurs de la pensée sauvage et militants de la cause animale, protecteurs de l'environnement et simples citoyens adeptes de l'écologie comme d'un supplément d'âme.

Les jeunes, directement menacés par le réchauffement climatique et séduits par les valeurs de la pensée sauvage, manifestent une vive sensibilité aux enjeux écologiques : s'esquisse chez eux un *value gap* avec les autres générations (figure 3). Pourtant, les différences d'opinions avec les autres classes d'âge ne sont pas si clivantes quand on entre dans le détail des sous-enjeux écologiques et des solutions à apporter – en 2019 pour 44 % des 25-34 ans, l'écologie est la seconde question la plus importante d'aujourd'hui après la hausse des prix, alors que globalement, pour l'ensemble des sondés, elle vient aussi en seconde position (36 %) mais après l'emploi (43 %) et à égalité avec les taxes et impôts. La sensibilité écologique est aussi plus marquée chez les CSP+ et chez les urbains. La confiance accordée aux scientifiques pour évaluer correctement les effets du dérèglement climatique émane plus clairement des diplômés du supérieur (72 % contre 66 % chez les moins diplômés). Le fait qu'il faille modifier nos modes de vie est aussi corrélé positivement avec le niveau d'études (56 % pour les diplômés de l'université contre 51 % pour les non- ou peu diplômés) ainsi que l'appel à une modération de la consommation (42 % contre 37 % en moyenne). On peut être optimiste et imaginer que les effets conjugués des changements de mode de vie, du volontarisme étatique et du progrès scientifique et technologique aboutiront à enrayer les dégâts des émissions de gaz à

Figure 3. Niveau d'adhésion à certaines opinions sur l'écologie

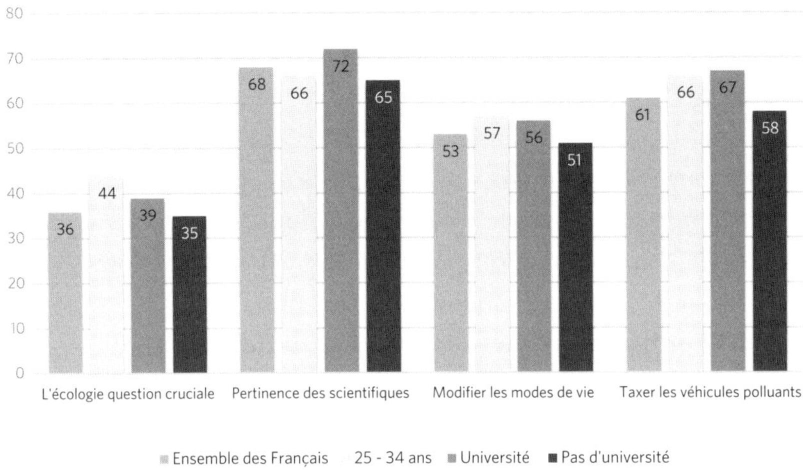

Source : sondage OpinionWay, 2019 pour l'Agence de la transition écologique (Ademe). En pourcentage des réponses.

effet de serre : cette vision habite davantage les diplômés et les CSP+ que le reste de la population. Enfin, pour réduire les désordres climatiques, 67 % des personnes passées par l'université proposent de taxer les véhicules polluants contre 58 % des peu diplômés. Le *value gap* doit donc être aussi rapporté au niveau éducatif. Les étudiants et les jeunes professionnels occupent ainsi l'épicentre de l'espace idéologique écologique.

C'est aussi comme électeurs qu'une petite fraction des jeunes éduqués pose sa griffe : on le repère dans le vote écologiste, en particulier aux élections européennes de 2019 et aux élections municipales de 2020[13]. Notre enquête permet de relever qu'au sein des couches cultivées de 25-40 ans, l'écologie engagée fédère deux fractions. D'une part, une fraction surdiplômée bien intégrée dans les métiers du management et de l'expertise, mais qui entend garder ses distances face aux diktats de la compétition tous azimuts et du modèle de la consommation ostentatoire. De l'autre, une fraction diplômée du supérieur long également, mais qui subit la dégradation du statut, du salaire, et plus généralement des conditions de vie des professionnels des secteurs de l'éducation, de la culture, de la santé ou du social et qui se vit, à sa manière, comme déclassée. L'écologie, au-delà de la perception plus ou moins aiguë d'une urgence vitale, peut se lire comme le signe d'une exigence morale et/ou comme la manifestation d'un sentiment de déclassement. Le succès des coalitions « rouge/vert » qui ont remporté plusieurs grandes villes comme Lyon, Bordeaux, Marseille[14] lors des élections municipales de 2020 résulte de cette orientation politique des 20 % surdiplômés de la génération Y. À tous ces indices, on voit que l'écologie est brandie comme l'oriflamme d'une génération de surdiplômés.

Camille Étienne, influenceuse
L'écologie en bandoulière

Autre aspect générationnel : l'écologie inspire des influenceurs du Net. Ainsi avec 10 millions de vues de sa dernière vidéo – une vidéo artistique traversée par des danses et des plongées esthétiques sur les cimes montagneuses – et intitulée « Pensée sauvage », Camille Étienne, dont la notoriété s'est déployée au cours de la phase confinement-déconfinement du printemps 2020, avance à petites foulées dans le sillage de Greta Thunberg. Un peu plus âgée et en voie de professionnalisation, elle présente une version adoucie de la *teenager* suédoise.

Comment aujourd'hui, à 22 ans, sort-on de l'ombre pour filtrer doucement dans un halo de lumière ? Depuis quelques années Camille Étienne alimente un compte Instagram où sont réunis des témoignages sur sa vie privée et le journal de bord de ses faits d'armes d'activiste. Petits billets et photos célèbrent l'éthique de la « bonne vie » pour sauver la planète. De son histoire familiale on retient qu'elle a été élevée dans un village des Alpes, qu'elle est petite-fille d'agriculteurs et enfant d'une championne d'escalade devenue naturopathe et d'un guide de haute montagne, et qu'elle a passé les vacances de ses cinq premières années dans des bivouacs sur des cimes rocheuses : le bagage idéal pour engendrer une vocation. Elle emplit les années suivantes à procrastiner devant des écrans à l'instar des autres ados de sa génération – on comprend mieux, dans la fameuse vidéo, ses injonctions répétitives et un brin paradoxales sur « il faut fermer les écrans » et la mise en accusation de Mark Zuckerberg comme démiurge funeste de la planète jeunes. Elle se retrouve à Sciences Po, et là commence un itinéraire dans l'écologie militante notamment à la suite d'un stage en Finlande sur l'agriculture. Elle développe son site, crée une chaîne YouTube et fabrique des podcasts au service de la cause. Voyager sans prendre l'avion, encenser l'agriculture de proximité, exiger l'emploi des semences paysannes, se mobiliser contre la déforestation de l'Amazonie, se soigner par les plantes, promouvoir l'auto-stop, etc. : le guide de vie n'omet aucune case. Elle croise Cyril Dion, Yann Arthus-Bertrand et Cécile Duflot, participe à des actions militantes au festival de Cannes et à celui des créations télévisuelles de Luchon, et finalement est invitée en conférencière de-ci, de-là : en vedette américaine de la pause-café lors d'un séminaire organisé par la banque JP Morgan autour des marchés financiers, en témoin lors de l'université du Medef de 2020, ou, plus attendu, à Makesense (plateforme collaborative où se réunit une communauté vouée à une société inclusive et durable) ou lors du festival Pete the Monkey (festival de partage pour les amoureux de la musique et les amis de la nature). Elle fait aussi des shootings pour des marques écoresponsables (exemple : Poétique Paris, maison de l'alter cuir, qui fabrique des vestes vegan à base d'épluchures de pommes de terre). Elle signe la tribune publiée dans le journal *Le Monde* en faveur de la décroissance et l'entrée en résistance climatique dans l'après-Covid. Sur Instagram elle comptabilise 26 000 abonnés en août 2020. Sans être engagée dans un parti ou un mouvement organisé, sans participer à des mobilisations radicales de type Extinction Rébellion, elle est messagère d'une vision du monde.

Pourquoi les diplômés votent à gauche

Divers, le vote des diplômés obéit néanmoins à quelques constantes : les partis extrêmes et radicaux sont moins représentés au sein de cet électorat, l'abstention et le désintérêt pour la politique y figurent rarement, alors que les partis libéraux et progressistes, pouvant être rattachés à la très vaste famille de la gauche et de l'écologie, recueillent de bons scores, au point qu'on a pu associer à partir des années 1980 et 1990 ces courants politiques aux populations les plus éduquées. Qu'en est-il précisément ?

Dans les années 1950 et 1960, le vote de gauche dépendait de la place occupée dans l'ordre économique ; les électeurs peu éduqués qui disposaient de revenus faibles votaient en plus grande proportion pour les partis travailliste, socialiste ou démocrate, alors que ceux qui étaient titulaires d'un diplôme d'études supérieures et qui bénéficiaient de revenus plus conséquents votaient pour les partis conservateurs. Si les « vrais » riches (capital économique, soit les revenus et le patrimoine) continuent de voter à droite, en revanche la corrélation entre niveau de diplôme (capital culturel) et proximité partisane est toujours présente, mais son sens s'est totalement inversé. À partir des années 2000, plus on est diplômé, plus on a de probabilité de voter pour les partis de gauche au sens large. Cette constatation statistique, établie, entre autres travaux de recherche, par Thomas Piketty dans un article publié en 2018, vaut pour les États-Unis, la Grande-Bretagne et la France[15].

Pour le cas français, l'économiste a mesuré à partir des sondages post-électoraux un renversement du clivage éducatif au bénéfice de la gauche. Dans la série statistique sur laquelle il a travaillé, centrée sur des élections des années 1950 et 1960, les partis de gauche obtiennent un score de 20 points inférieur chez les titulaires d'un diplôme d'études supérieures à ceux qui détiennent au maximum un niveau baccalauréat. Cet écart se réduit progressivement jusqu'à devenir nul entre le milieu des années 1970 et le milieu de la décennie 1980. À partir de cette période, l'écart s'inverse et, en 2012, les partis de gauche atteignent un score de 8 points supérieur chez les diplômés de l'enseignement supérieur par rapport au vote des moins diplômés. En neutralisant d'autres variables pouvant interférer dans ce résultat (âge, sexe, revenus), l'économiste met au jour une corrélation positive encore plus forte entre niveau d'études et vote de gauche.

Second constat, plus les électeurs sont détenteurs de diplômes prestigieux, plus la tendance à voter à gauche se confirme. L'évolution du vote des diplômés de grandes écoles appuie ce principe général. Les partis de gauche sont donc passés du statut de « parti des travailleurs » à celui de « parti des surdiplômés », note Piketty, qui évoque une « gauche brahmane » (*brahmin left*), c'est-à-dire une gauche de sachants, par opposition à une « droite d'affaires » (*merchant right*).

L'explication fréquemment avancée du vote à gauche des diplômés renvoie à l'évolution des sujets de clivage à propos desquels partis et électeurs se positionnent. Depuis les années 1990, époque où les questions liées à la globalisation émergent dans le débat politique intérieur (libre-échange, construction européenne, immigration), le clivage gauche/droite fondé sur la redistribution économique passe au second plan au profit d'autres enjeux. Les électeurs se déterminent alors davantage en fonction de thèmes liés à la mondialisation (ouverture/fermeture à l'immigration et au libre-échange) et aux valeurs (mariage homosexuel, GPA, refus de la peine de mort). Et sur tous ces points, le niveau éducatif opère comme un paramètre clivant décisif.

Le lien avec le niveau éducatif s'observe de manière quasi pure dans les attitudes de vote face aux partis récents, ceux qui sont apparus depuis les années 1990-2000. « Ainsi, les nouveaux partis de gauche se préoccupent davantage d'accroître les libertés individuelles et la tolérance envers la diversité culturelle, tandis que les nouveaux partis de droite mettent naturellement l'accent sur le maintien de l'ordre social[16] », écrivent Dick Houtman et Peter Achterberg. Dans un article, les deux chercheurs montrent à partir des élections législatives aux Pays-Bas que pour prédire le vote pour les partis traditionnels (travailliste à gauche et conservateur à droite), la position socio-économique des électeurs reste déterminante. Mais le vote pour les jeunes partis qui mettent en avant leurs valeurs culturelles plutôt que leurs programmes économiques « semble relever davantage, en revanche, d'une logique de vote culturel, les catégories les plus éduquées portant davantage leurs suffrages sur les écologistes, et les moins instruits votant plus massivement pour [les partis populistes de droite] ». C'est en tout cas ce qu'ont observé les chercheurs à propos de l'affrontement entre les écologistes libertaires de gauche (GroenLinks) et le parti populiste fondé par Pim Fortuyn, le LPF. Avec ces partis récents, insistent les auteurs, « nous sommes face à un vote culturel, c'est-à-dire que le vote de gauche est basé sur des valeurs libérales ou libertaires, favorisées par un niveau élevé de capital culturel, et, inversement, le vote de droite est basé sur des valeurs autoritaires, associées à un capital culturel limité ».

Dans un livre à charge contre l'establishment démocrate américain, du couple Clinton à Barack Obama, l'essayiste Thomas Frank décrit la manière dont le Parti démocrate s'est détourné de la classe ouvrière et des industries en déclin pour favoriser les secteurs économiques porteurs, comme Wall Street et la Silicon Valley et les catégories sociales qui les ont fait prospérer : la classe professionnelle managériale et les professions libérales, équivalent de nos cadres supérieurs de l'économie de la connaissance[17]. Bref, les 20 %. Parce qu'ils tirent leurs revenus et leur position sociale principalement de leur diplôme, et non (uniquement) de leur héritage, ces nouveaux électeurs sont à la fois gagnants sur le plan financier tout en se détournant du conservatisme social et religieux des élites économiques traditionnelles. Le drame du Parti démocrate (et même sa trahison !), selon l'auteur de *Pourquoi les riches votent à gauche,* serait d'avoir à ce point incarné la classe professionnelle urbaine et diplômée qu'il en aurait perdu toute capacité à voir et comprendre l'Amérique des travailleurs peu qualifiés des secteurs en déclin en particulier la fameuse *White working class* des « petits Blancs » peu diplômés du Midwest et de la Rust Belt, qui a accordé massivement ses suffrages à Trump en 2016.

Thomas Frank voit dans ce revirement de stratégie électorale, qui consiste à s'adresser non pas aux plus démunis, mais aux plus éduqués, l'influence de l'urbaniste Richard Florida et de ses classes créatives déjà évoquées dans ce livre. Les membres de la classe créative sont ouverts, tolérants, mais ils acceptent les inégalités économiques à condition que celles-ci reflètent fidèlement la hiérarchie du mérite scolaire. C'est dans ce cadre idéologique de la méritocratie que, selon Frank, la sensibilité aux inégalités de revenus s'est émoussée chez les démocrates américains, et que les questions culturelles portées par les nouvelles générations de militants se sont en quelque sorte substituées à celles-ci. Les injustices faites aux minorités, les discriminations ethniques ou sexuelles sont devenues des phénomènes particulièrement insupportables aux yeux des jeunes électeurs de gauche, parce que celles-ci ne reposent nullement sur un partage selon le mérite de chacun, mais bien au contraire sur l'arbitraire absolu de quelques caractéristiques identitaires propres aux individus : leur couleur de peau, leur orientation sexuelle ou leur genre. Selon Thomas Frank, les inégalités économiques seraient mieux tolérées par les surdiplômés car plus aisément justifiables dans ce cadre posé par la méritocratie (les perdants du système n'avaient qu'à mieux travailler à l'école...).

Alice, le maire et l'alter-élite

Le film *Alice et le maire* de Nicolas Pariser (2018) nous plonge dans un univers familier du cinéma français : un monde social entièrement clos sur les détenteurs de hauts titres scolaires. Ce cinéma met souvent en scène des personnages qui sont des reflets fidèles de son public, lui-même composé en grande partie de diplômés – les « profs qui lisent *Télérama* », selon le stéréotype social des diplômés de la génération du baby-boom. L'une des originalités du film est en revanche de présenter à la fois plusieurs segments de l'élite scolaire et de faire se croiser les générations de diplômés.

Commençons par l'Élite dirigeante avec un grand « E », incarnée par le maire de Lyon Paul Théraneau interprété par Fabrice Luchini. Ce maire à peine fictif est un baron politique régional qui emprunte ses traits à plusieurs grands élus français socialistes, centristes ou classés à la droite de l'échiquier politique. Son quotidien professionnel est rythmé par l'agenda officiel et ponctué par les obligations institutionnelles de la vie municipale. Il se déroule sous les ors de la République et incorpore tous les attributs du pouvoir : les discours en présence des représentants des institutions et de la société civile, la voiture avec chauffeur pour tous les déplacements, officiels comme intimes ; les maîtres d'hôtel en gants blancs qui officient à chaque repas, notamment lors des réunions et des déjeuners de travail.

Autour de Luchini, certains personnages puissants incarnent le monde de l'élite économique et financière, à l'image de l'intrigant Patrick Bras, un riche Lyonnais, probablement promoteur, auquel le scénario prête des velléités intellectuelles et de reconnaissance culturelle. Patrick Bras cherche à jouer de son influence à la mairie pour imposer un projet pompeux baptisé « Lyon 2030 » qui agrège tous les poncifs de la note de technocrate.

Dans le premier cercle de Théraneau/Luchini, on trouve également une sous-élite composée de jeunes « techno », collaborateurs de cabinet au style vestimentaire chic et strict qui sied aux métiers de représentation officielle : costumes trois pièces et chaussures de ville pour les hommes, tailleur et talons pour les femmes. Exception doit être faite du personnage de la responsable de la communication, interprétée par Nora Hamzawi. Beaucoup plus « cool » et « bobo » dans son look, ses attitudes et sa manière de s'exprimer, elle appartient pleinement à cette sous-élite qui officie sous les ordres de l'Élite, mais tend vers sa version rebelle, celle de la contre-élite… Cette tension illustre le phénomène de circulation de certains diplômés entre les segments de l'élite.

La responsable com' est d'ailleurs l'amie et l'alliée à l'intérieur du complexe dispositif municipal du personnage interprété par Anaïs Demoustier, la fameuse Alice qui donne son titre au film. Alice et son entourage sont des représentants typiques de l'alter-élite intellectuelle, universitaire et artistique qui prend généralement le contre-pied de l'élite dirigeante économique et politique et de sa sous-élite dévouée, mais qui dispose des mêmes niveaux de diplôme et partage un certain nombre de codes culturels avec les deux premiers groupes rivaux. Jeune femme formée aux lettres classiques à Normale Sup, Alice a fait « de longues études » et a enseigné dans une institution universitaire internationale prestigieuse – Oxford – qu'elle quitte pour rejoindre le cabinet du maire en tant que conseillère « idées », idées dont le maire Théraneau/Luchini se plaint d'être en panne après avoir brillé durant des décennies pour sa vivacité d'esprit. Par sa jeunesse, sa formation plus classique et sa proximité avec le pôle culturel de l'élite, Alice est chargée de porter la contradiction au maire pour lui réapprendre à penser : la confrontation (à moins qu'il ne s'agisse d'une forme de symbiose) entre l'élite dirigeante et sa frange contestataire est ici incarnée par les deux protagonistes du film, Alice et le maire.

Autour d'Alice enfin gravitent également son ancien meilleur ami, un trentenaire engagé à gauche, probablement enseignant lui-même, dont la compagne est une artiste issue d'une famille « de la bourgeoisie lyonnaise éclairée » et dont les œuvres témoignent d'une obsession pour la collapsologie. Cette alliance rappelle encore une fois la circulation permanente qui existe entre les différentes fractions de l'élite des 20 %. On croise également au fil de l'intrigue un petit groupe d'étudiants normaliens en charge d'une association d'aide aux migrants. Bien que se retrouvant par sa fonction de collaboratrice de cabinet de l'autre côté de la table des négociations, Alice n'a aucun mal à parler le même langage que ces jeunes militants associatifs, dont elle partage la formation. Le film ne tranche pas dans sa conclusion, montrant plutôt la complexité du monde politique et l'entrecroisement des idéaux et des intérêts entre les franges rivales de l'élite culturelle.

Les 20 % sont-ils (encore) l'avant-garde du changement culturel ?

Alliés des 1 %, avant-garde des luttes ou échappée solitaire : les 20 % au cœur des représentations politiques

Les années 2000 ont pu laisser à penser que le réalignement qui pousse les diplômés vers la gauche et les partis du double libéralisme culturel et économique allait se poursuivre et qu'il effacerait à terme les interférences liées à l'ancien vote de classe. Ce sont, rappelons-le, les années de l'avènement des manipulateurs de symboles, des bourgeois bohèmes et des classes créatives dans le débat intellectuel. Pendant une courte période, le discours dominant fut celui d'une transformation en profondeur des élites au profit des diplômés innovateurs culturels et à la fibre sociale au détriment de la vieille bourgeoisie possédante. Certains pouvaient même imaginer au fil de ce mouvement une fusion des deux branches de l'élite, économique et culturelle, en un nouveau groupe social unifié.

Après le référendum du Brexit de 2016 qui a coupé la Grande-Bretagne en deux, après l'élection présidentielle américaine qui, la même année, a révélé une fracture culturelle identique aux États-Unis, l'affrontement entre Emmanuel Macron et Marine Le Pen en 2017 a fourni une nouvelle illustration à l'appui de cette thèse d'une convergence des élites économiques et culturelles face à des peuples oubliés, déversant leur colère dans les urnes en faveur des partis définis comme populistes. Pour le cas français, les données collectées avant et après l'élection présidentielle de 2017 montrent qu'Emmanuel Macron fut bel et bien le candidat des 20 %. Aux côtés des cadres du privé, appartenant à une sociologie traditionnelle de droite libérale (la sous-élite), le candidat d'En Marche ! a pu compter sur un important vote enseignant, un corps électoral historiquement situé à gauche (correspondant à l'alter-élite traditionnelle). Dans un sondage préélectoral réalisé en avril 2017, soit un mois à peine avant l'élection présidentielle, les enseignants étaient 38 % à déclarer qu'ils voteraient pour Emmanuel Macron (contre 23,5 % des Français selon le même sondage)[18], confirmant par là l'hypothèse lancée par Thomas Piketty d'une « gauche brahmane », c'est-à-dire séduisant les fractions les plus savantes du corps social.

À des degrés divers, cette thèse de la convergence des classes supérieures éduquées se retrouve chez des auteurs comme Thomas Frank, qui accuse les Démocrates d'avoir choisi les diplômés et les classes créatives au détriment des prolos blancs, dans les écrits de Christophe Guilluy, le géographe qui a théorisé l'opposition entre la France de la nouvelle bourgeoisie cool et ouverte des métropoles et la France périphérique des catégories populaires[19], ou encore dans ceux de Jérôme Fourquet, qui diagnostique dans son *Archipel français* une sécession des élites et des catégories supérieures[20]. La thèse de l'émergence d'un bloc électoral supérieur est également avancée par les économistes Bruno Amable et Stefano Palombarini, qui ont baptisé la rencontre des catégories supérieures du centre gauche et du centre droit le « bloc bourgeois », une alliance électorale reposant sur la priorité accordée à la poursuite de la construction européenne et des réformes libérales[21]. Le sondeur Jérôme Sainte-Marie utilise quant à lui l'expression de « bloc élitaire » pour désigner l'électorat qui s'est formé pour soutenir Emmanuel Macron au cours de sa campagne victorieuse[22]. Ce bloc est composé de « l'élite réelle », celle du « 1 % des contribuables les plus fortunés », de « l'élite aspirationnelle, soit le monde des cadres » et de « l'élite par procuration » composée de « ceux, notamment les retraités, qui s'abritent derrière le pouvoir en place pour défendre leur situation ». Idéologiquement, ce bloc élitaire « réalise la convergence entre le libéralisme économique et le libéralisme culturel ». En face, menace de se former un bloc populiste coalisant les électeurs des catégories oubliées du projet élitaire, dans une logique de symétrie politique et sociale déjà évoquée.

Figure 4. Représentation schématique de la thèse d'une convergence politique des élites, d'après les travaux de différents auteurs qui défendent cette lecture du monde social

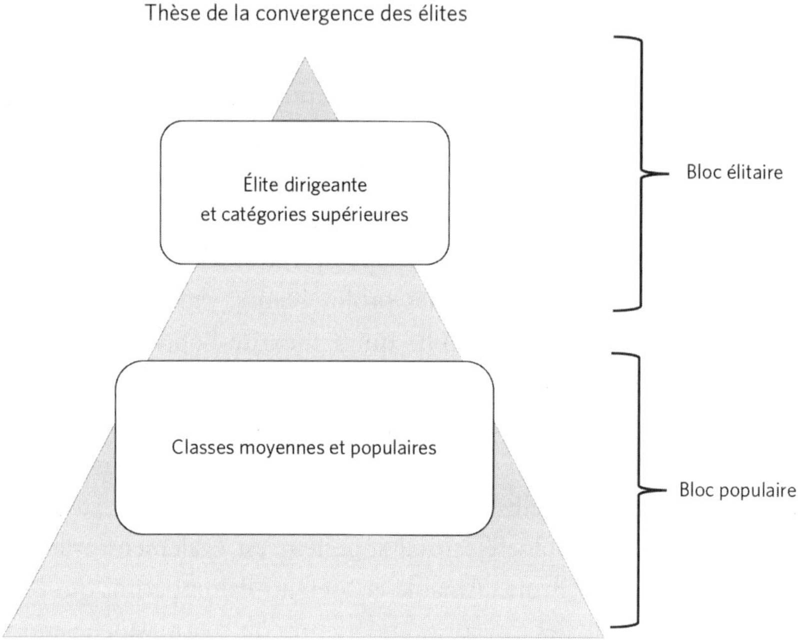

En réalité, l'« élite » est aujourd'hui une notion qui renvoie à une population tellement vaste et sa composition est à ce point hétérogène qu'en fonction des définitions, il est possible de lui faire endosser des rôles politiques divers et même antagonistes. À rebours de la thèse de la *convergence des élites*, une seconde hypothèse espère et promet plutôt la *convergence des luttes.* Plus précisément, cette thèse soutient qu'une convergence entre les électorats diplômé et populaire est possible et souhaitable. Les premiers rejoindraient les seconds en un bloc qui deviendrait – enfin – majoritaire et victorieux. Cette thèse repose sur le constat d'un déclassement économique d'une partie des diplômés. Ne pouvant plus s'insérer sur le marché du travail dans les mêmes conditions que leurs aînés, confrontés à un marché immobilier qui ressemble à une impasse, les jeunes diplômés se radicaliseraient et passeraient du bloc des satisfaits à la coalition des mécontents.

Les auteurs favorables à la thèse du déclassement ont une posture moins accusatoire et se montrent plutôt bienveillants et empathiques envers nos 20 % – raison pour laquelle les intéressés les préfèrent généralement aux premiers. De fait, dans ces écrits, les 20 % se retrouvent plutôt du bon côté de l'affrontement social. L'économiste « atterré » Thomas Porcher décrit ainsi les cadres moyens diplômés comme les prochaines victimes du redoutable mécanisme du déclassement qui a touché avant eux les habitants des banlieues, les agriculteurs, les employés, les ouvriers et les classes moyennes[23]. Dans son dernier livre, Emmanuel Todd propose quant à lui une nouvelle typologie des classes sociales françaises. Le sommet de la pyramide sociale reste occupé par le fameux 1 %, ou plus exactement l'« aristocratie stato-financière » en termes toddiens, composée de fortunes de la finance et de l'entreprise mais également de la noblesse d'État (inspecteurs des finances, polytechniciens…). L'auteur dépeint ensuite une « petite bourgeoisie CPIS » (pour « cadres et professions intellectuelles supérieures ») qui correspond aux 19 % situés juste au-dessous des « authentiques dominants ». Celle-ci est composée de Français disposant de bons salaires et qui sont propriétaires de leur logement. Cette petite bourgeoisie éduquée se rêve en gagnante de la mondialisation et méprise les électeurs de Marine Le Pen. Mais cette vision d'elle-même confine à la « fausse conscience », car elle enjolive grandement la situation objective de cette classe cultivée, laquelle serait la prochaine sur la liste des sacrifiés de la mondialisation économique si on en croit le démographe[24].

En résumé, les soutiens de la thèse de la convergence des élites voient l'affrontement politique comme un match Élites *vs* Peuple, là où à l'inverse les auteurs qui donnent du crédit à la thèse du déclassement et de la convergence des luttes adoptent plutôt un schéma 1 % *vs* 99 %. Les deux hypothèses (bloc contre bloc ou alliance entre des niveaux éducatifs différents) s'opposent en tout

Figure 5. Représentation schématique de la thèse de la convergence des luttes, d'après les travaux des auteurs qui appellent de leurs vœux cette alliance entre catégories populaires et diplômées

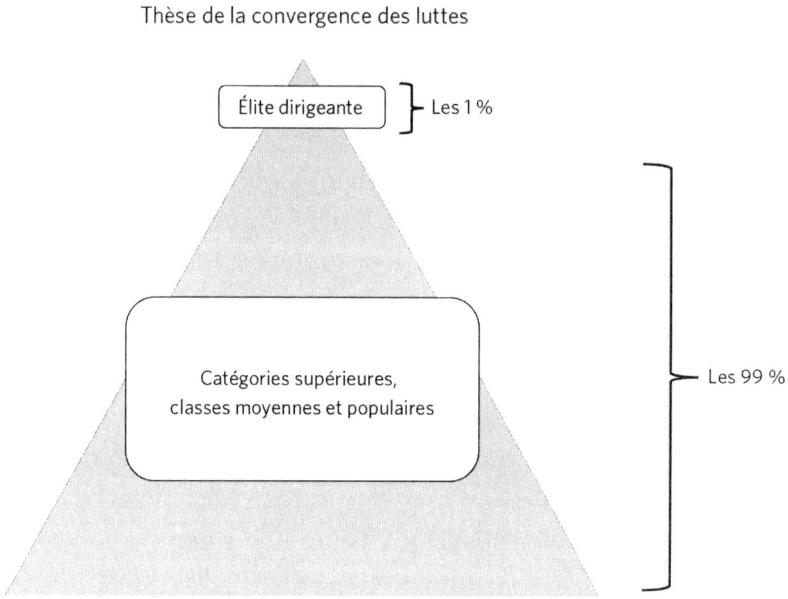

point mais elles s'accordent à propos du rôle de classe pivot qu'elles attribuent à la classe cultivée. Les premiers considèrent qu'elle rejoint le 1 % dont elle constitue une classe de renfort, assurant à celui-ci la domination politique et la préservation de ses intérêts ; les seconds estiment qu'elle rallie le bas de la société et entraîne la révolution grâce à son influence.

Nous aimerions proposer une troisième hypothèse : celle d'une autonomisation du groupe des 20 % par rapport au reste de la société. Autonomisation par sa place stratégique dans les sociétés modernes dont l'organisation et la production, et donc la chaîne de valeur, sont fortement tirées par l'expertise technologique et managériale. Autonomisation par la distance qu'elle a créée en regard du reste de la société par sa vision d'elle-même, une sorte de classe brahmane qui intellectualise les enjeux, cherche des solutions et souhaite avoir un impact sur l'orientation de la société. Autonomisation par son style de vie et la liberté de choix dont elle bénéficie en matière professionnelle et résidentielle. Ainsi ce groupe, composé de multiples segments, dont une fraction côtoie le pouvoir économique et dont l'autre fraction tutoie les couches moyennes, réunit suffisamment de critères communs et d'atouts pour constituer un monde en soi, prospérant pour son propre avantage. Ces catégories très diplômées effectueraient une échappée belle par rapport au reste de la société, affirmant des choix culturels et des modes de vie aussi attirants qu'inaccessibles pour les couches populaires, mais également en rupture avec l'élite dirigeante responsable directement des grandes orientations des appareils économiques et politiques et absorbée par la gestion complexe des intérêts dominants. Cette appartenance aux 1 % implique un engagement dans le travail particulièrement intensif dont une large part est consacrée à la décision et aux négociations, concertations et représentations qui vont avec. Elle est associée à un mode de vie et des niveaux de rémunération bien différents de ceux de la sous-élite ou de l'alter-élite.

Cette autonomisation vis-à-vis du reste de la société n'implique nullement que les 20 % constituent un bloc politique unifié. L'hypothèse de l'autonomisation du groupe diplômé repose tout d'abord sur l'observation de la situation politique. Le match gauche/droite d'autrefois, affrontement entre les privilégiés et les couches populaires, a laissé progressivement la place à un jeu considérablement brouillé, sur un échiquier politique français qui s'est complexifié, en particulier en raison de la redistribution des valeurs politiques que produit le clivage ouvert/fermé et de la montée en puissance du courant écologiste. La percée électorale de ce dernier a été nettement perçue lors des élections européennes de 2019 et elle n'a fait que se confirmer depuis la campagne des élections municipales de 2020. Surtout, le mouvement de pensée écologiste, issu des couches diplômées et plébiscité par elles, comme nous l'avons vu, irrigue aujourd'hui presque tout le champ politique. Depuis lors, nous assistons moins à une bipolarisation de la société qu'à une autonomisation du bloc diplômé, qui lui-même se recompose, se fissure, se refragmente et recrée son propre clivage interne entre la droite et la gauche.

Notre société est désormais tellement féconde en diplômés qu'une partie d'entre eux poursuit l'ambition de tirer la vie économique, alors qu'une autre portion s'investit désormais dans le changement socioculturel et environnemental. On pourrait qualifier ce phénomène d'archipelisation du bloc du haut, entre une force techno-libérale aujourd'hui représentée par LREM, mais demain probablement par d'autres forces politiques, et un courant vert qui prendra lui-même de nombreuses incarnations au-delà de l'actuel parti historique de l'écologie en France. Thomas Piketty repère cette hypothèse de la fragmentation interne au groupe éduqué dans l'article précité, évoquant une possible évolution vers un système électoral « à élites multiples » dans lequel une élite se spécialiserait dans l'accumulation des titres universitaires et du statut culturel, quand l'autre accumulerait le capital économique : « Nous pourrions imaginer une situation dans laquelle certaines familles et certains individus se spécialiseraient dans l'accumulation de l'éducation, et d'autres dans l'accumulation de la richesse, de sorte qu'un système de partis à “élites multiples” persisterait [*“multiple-elite” party system*]. De plus, certains membres de l'élite très éduquée choisiraient volontairement des carrières qui sont financièrement moins avantageuses que celles des élites à hauts revenus. »

Cette autonomisation de la classe diplômée se repère dans l'avènement de candidats et de partis qui, de plus en plus, constituent des *pure players* de la nouvelle stratification éducative : des mouvements créés exclusivement dans des cercles éduqués. Si En Marche ! et son « managérialisme high-tech », selon l'expression du politologue Luc Rouban[25] déjà citée, est le reflet sur les bancs de l'Assemblée des nouvelles professions libérales, des managers et des incubateurs de start-up des métropoles, des partis récents de l'alter-élite comme Génération-s de Benoît Hamon, Place publique de Raphaël Glucksmann ou Urgence Écologie de Dominique Bourg sont à la vie politique française ce que les podcasts natifs sont aux médias : des produits très ciblés et conçus pour parler à une niche socioculturelle, certes influente mais qui se condamne à la marginalité politique en raison de l'étroitesse du bassin dans lequel elle recrute ses sympathisants. Le risque étant à terme que l'affrontement politique ne devienne une activité uniquement réservée aux diplômés, se disputant le pouvoir à l'intérieur d'un ring aux dimensions finalement assez réduites et excluant une part importante de la population.

Ce tableau des forces politiques qui attirent les membres des 20 % ne se limite donc pas aux partis du double libéralisme, et serait incomplet sans aborder la question du « populisme de gauche ». Cette bannière est couramment utilisée pour désigner, dans le sillage des travaux de Chantal Moufle, des partis qui assument une ligne d'affrontement entre « peuple » et « élite », tout en se distinguant clairement des populismes conservateurs ou « nativistes » par leur ouverture culturelle, essentiellement sur le plan de l'immigration. Qu'il s'agisse de Podemos en Espagne, de Syriza en Grèce, de La France insoumise en France ou de Bernie Sanders aux États-Unis, tous ces partis et candidats séduisent un électorat jeune, urbain et très diplômé dont les membres travaillent dans l'économie de la connaissance[26]. Dès lors, la signature électorale de ce populisme érudit, la lutte contre l'« élite », est considérablement brouillée : comment être antiélitiste quand une fraction des membres les plus éduqués d'une population – certes économiquement déclassés pour une part – penchent pour vous ? En fait, la convergence des luttes tant attendue semble buter sur les écueils propres à ces partis. Premièrement, ils peinent à séduire la base ancienne des travailleurs, la *White working class* occidentale, pour les raisons expliquées plus haut. Le rendez-vous manqué avec le mouvement des Gilets jaunes est à ce titre parlant. Ils indiffèrent par ailleurs une partie de l'électorat issu des minorités qui, en dépit d'appels du pied de leur part, peut trouver le discours de ces partis trop radical ou simplement décalé par rapport à ses priorités (ce fut le cas de l'électorat afro-américain vis-à-vis de Bernie Sanders) ou se réfugier dans l'abstention.

Figure 6. Représentation schématique du clivage politique à l'intérieur du monde des superdiplômés : un schéma qui soutient l'hypothèse d'élites multiples et parfois opposées sur le plan politique

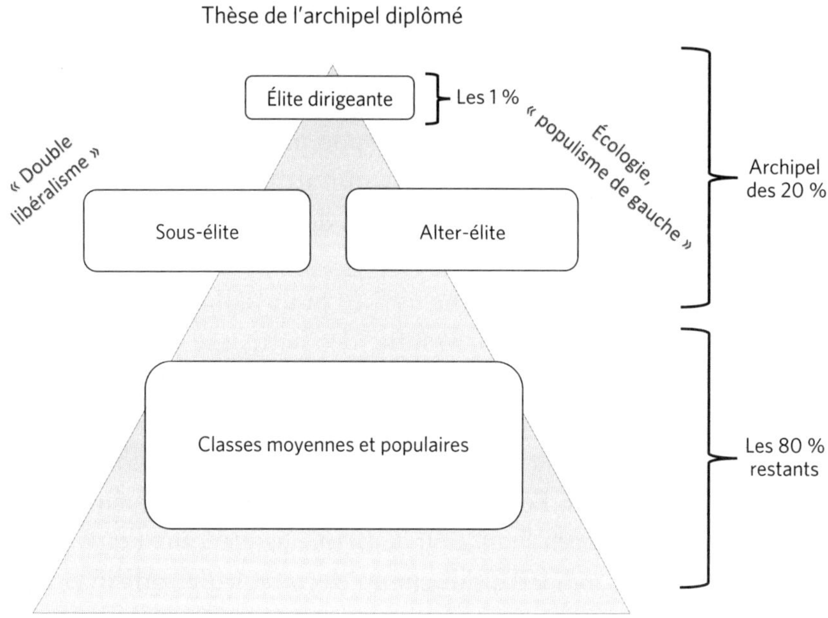

Les 20 % : quel ruissellement culturel ?

Depuis que la classe diplômée a fait irruption dans les sociétés occidentales avec la première massification scolaire des années 1960 et 1970, les chercheurs et les commentateurs s'affrontent à propos de sa véritable nature et donc de son rôle. Comme nous venons de le voir, les deux hypothèses symétriquement opposées – les 20 % ne pourraient être que les supplétifs du 1 %, sous-élite aux ordres de la véritable élite, ou bien la contre-élite qui prendrait la tête du mouvement révolutionnaire des masses – ne coïncident qu'imparfaitement avec les faits. On peut pourtant imaginer qu'au-delà de dynamiques de classe improbables, les 20 %

agissent comme éclaireurs du changement culturel à l'égard du reste de la société.

Ce groupe, particulièrement sensible à l'enjeu écologique, prêt à apporter son appui à la gauche dans ses multiples versions, porte en germe des formes de travail, un style de vie et des valeurs qui pourraient utilement être inspiratrices dans le modèle qu'il faudrait instiller face au changement climatique et aux excès et dérives du capitalisme. Est-il doué d'une force de traction et d'attraction, ou bien est-il une île socialement bien délimitée de l'archipel français parmi d'autres, vivant sa vie propre sans se soucier des autres groupes ?

La superbe perdue de la Silicon Valley

Dans le domaine techno-économique, ceux que nous avons baptisés « la sous-élite » innovent, certes, mais dans un contexte où l'enthousiasme à l'égard des retombées de l'économie numérique s'est émoussé et où ses contradictions les plus flagrantes sont pointées. Ses services ont transformé la sphère de l'information, bouleversé nos modes de consommation (Amazon, Uber, Deliveroo), notre rapport à la politique (mouvements de la base, révolutions Facebook et militantisme en ligne) et même recomposé nos rapports sociaux (réseaux sociaux, sites de rencontre). Ont-ils pour autant amélioré la situation du plus grand nombre ?

Aux États-Unis, les électeurs placés du mauvais côté de la transition numérique, en perte de vitesse dans la course contre les machines et qui ont subi la désindustrialisation massive, ont clairement voté en 2016 contre l'avenir radieux chanté par la Silicon Valley. L'image sémillante de la nouvelle élite à la fois milliardaire et anticonformiste, « riche et hip » selon les termes des auteurs de l'article culte « L'idéologie californienne[27] », s'est assombrie, tout comme l'évangélisme technologique émanant des mêmes milieux. La génération des milliardaires enfants gâtés de la Tech, à peu près tous issus de la bourgeoisie américaine la plus traditionnelle, orateurs aux discours motivationnels et adeptes de mantras bouddhistes, suscitent plutôt l'ironie que l'admiration. Ces geeks antihéros sont désormais aussi discutés que les magnats de la banque et du pétrole. Marc Zuckerberg a perdu son aura d'ingénu inventeur génial dans l'affaire Cambridge Analytica. Quant aux frasques, aux dérives, aux illuminations et aux abus de Travis Kalanick (Uber), d'Elon Musk (Tesla), d'Adam Neumann (WeWork) et de tant d'autres *moguls* du secteur, ils génèrent souvent un mélange d'effarement et d'indifférence de la part des médias et de la population.

La France sort à peine de la cyberbéatitude et dresse un bilan mitigé de ses entrepreneurs de la Tech : un impact très concentré dans les métropoles et auprès des candidats les plus qualifiés, peu d'emplois nets créés, une valeur boursière certaine dont on peine parfois à traduire la valeur sociale, et dont on voit mal quel chemin prend son ruissellement social vers les populations éloignées de ses incubateurs et ses open spaces. La sous-élite technologique invente, y croit, s'enrichit parfois, ou à tout le moins elle se maintient, mais a-t-elle embarqué les deuxièmes, troisièmes et derniers de cordée dans son envolée ?

Le plus surprenant dans ce spectaculaire retournement de perspective et dans cette irruption d'un discours virulent contre les sirènes de la Tech est qu'ils émanent de la sous-élite elle-même. Ou plus souvent de sa fraction en miroir, l'alter-élite, investie dans des associations et des tiers-lieux, qui du capitalisme numérique entend faire table rase au profit d'une promotion d'activités plus ancrées dans l'humain et la solidarité. En fait les réflexions apologétiques ou critiques à l'égard du monde nouveau et des temples de la disruption émanent d'un même milieu, les fameux surdiplômés, habiles à naviguer d'un bord à l'autre, à passer allègrement de l'extase technologique au cyberpessimisme, de l'exploration frénétique des ressources du Net à la *digital detox* (temporaire)[28], pour ne prendre qu'un seul aspect des débats. Pour le reste des utilisateurs des réseaux sociaux, notamment les jeunes et les couches populaires, le rapport à l'égard des nouvelles technologies est infiniment « moins égocentré » et celles-ci sont d'abord conçues comme des ressources à multiples usages pratiques[29]. Preuve, s'il en fallait, d'une fermeture de la classe culturelle sur elle-même, dont la plupart des débats se déroulent entre initiés.

L'alter-élite et le peuple : la divergence des imaginaires

Le bilan de l'alter-élite est-il meilleur ? Le fourmillement des initiatives citoyennes, le tournant localiste, la contre-offensive des alter-consommateurs inciteraient à conclure par l'affirmative. Mais, là encore, se pose la question du ruissellement, non pas monétaire mais de l'innovation sociétale et culturelle, au-delà des premiers cercles militants et conscientisés appartenant aux niveaux éducatifs supérieurs. S'affirmant – souvent avec sincérité – ouverts sur le monde, sur le quartier, sur la société, les nouveaux tiers-lieux s'apparentent souvent à des enclaves culturelles fréquentées de fait par les 20 % qui disposent des codes pour s'emparer des ressources conceptuelles, immatérielles et complexes qui y sont théoriquement accessibles à tous. La consommation alternative explose dans les centres-villes, auprès des professions cultivées. Il y a là un nouvel idéal alimentaire qui diffuse assez largement comme doxa du monde contemporain, mais son aspect moralisant, les efforts qu'il suppose de chacun et parfois son prix élevé inclinent à décourager les milieux moins éduqués, quand ils ne les dissuadent pas complètement de s'initier aux charmes de la doctrine du bien-être.

L'alter-élite semble de plus en plus acquise à l'idée d'une transition du modèle de production et de consommation de masse. Au même moment, les franges basses de la classe moyenne voient s'éloigner le compromis hérité des Trente Glorieuses, celui d'une intégration par le travail, la consommation et les loisirs. Le risque est que la divergence des imaginaires et des sens vers lesquels chacun se tourne aboutisse à une situation d'éclatement des socles de référence, avec une partie de la société, la plus diplômée, tournée vers l'avenir et la transition, et un peloton social qui reste bloqué sur la nostalgie et vote pour celui ou celle qui lui promettra le retour aux jours dorés de l'ordre ancien, sur le modèle de la campagne Trump de 2016, victorieuse grâce à sa volonté appuyée de rétablir la splendeur passée de l'Amérique (« *Make America great again* »).

Appelant à une alliance entre le rouge et le vert, les profs et les prolos, les éduqués et les ouvriers, les bobos et les Gilets jaunes, la gauche radicale rêve d'une fécondation réciproque entre l'imaginaire de la révolution sociale et celui de la transition écologique, et déplore qu'elle n'apparaisse pas à l'horizon : « La mondialisation a tracé comme un fil à couper le beurre entre ses vainqueurs et ses vaincus » et a fait diverger les « deux cœurs historiques de la gauche », écrit François Ruffin, député de La France insoumise[30].

Dans le même ordre d'idées, le conférencier Arthur Keller, spécialiste des questions liées à l'effondrement et aux risques systémiques, et qui se définit comme « expert des récits comme leviers de mobilisation et de transformation », déclare dans une interview[31] : « Il faut activer le désir mimétique des gens. Pour atteindre un jour la masse critique, il faut des pionniers et des icônes qui acceptent d'être mis en scène pour montrer que les nouvelles façons de faire sont enviables [...] Et il faut des icônes pour s'adresser à toutes les franges de la population. »

La question des modèles et de la désirabilité des scénarios alternatifs est centrale dans une société culturellement fragmentée. Le modèle culturel des 20 %, en tout cas de sa frange alternative et contestataire, prétend à l'universalité. Il est accusé d'être plutôt le reflet des aspirations de ses seuls promoteurs. De fait, l'amour que disent porter les membres de l'alter-élite aux classes populaires n'est pas récompensé par une réciprocité démonstrative. Lorsqu'une petite délégation de Gilets jaunes a voulu faire parler de son mouvement et afficher ses revendications, c'est spontanément vers le plateau de Cyril Hanouna que ses membres se sont tournés, pas vers la matinale de France Inter ou les pages « Opinions » et « Débats » des grands quotidiens nationaux. Ce fossé culturel aboutit à une incompréhension qui, depuis une quinzaine d'années, se traduit immuablement de la même manière dans les urnes : les classes populaires voteraient « contre leur intérêt », préférant des leaders populistes liés au monde des affaires comme Nicolas Sarkozy, Silvio Berlusconi, Donald Trump et tant d'autres aux sollicitations pourtant pressantes de l'élite culturelle qui forme l'état-major des nouveaux partis de la gauche radicale. Comme l'a formulé la chercheuse américaine Joan C. Williams après l'élection de Trump, les électeurs des catégories populaires conspuent les bobos (autrement dit les cadres supérieurs et les professions culturelles qui forment les 20 %) mais ils admirent les riches (autrement dit l'élite économique du 1 %)[32]. Comment l'expliquer ? Ce paradoxe est l'un des moins bien compris par la classe cultivée, probablement parce qu'il touche au cœur de son inconscient (on ose écrire fausse conscience) et qu'il remet radicalement en question l'image qu'elle a d'elle-même. La réponse tient selon la chercheuse dans le fait que les membres des classes populaires américaines ne souhaitent pas changer de modèle culturel. Leur idéal serait de poursuivre leur vie quotidienne exactement de la même manière : fréquenter les mêmes personnes, manger la même nourriture, simplement de le faire avec plus de pouvoir d'achat. Selon les mots d'un membre de cette classe, cochant toutes les cases de sa tribu (trentenaire parisien consultant en communication digitale, parents médecins bourgeois de province) : « mes parents sont des Gilets jaunes avec plus d'argent ». Autrement dit, bourgeoisie traditionnelle et membres des classes populaires et moyennes s'entendraient sur un modèle standard de société, équation à laquelle les membres de la classe culturelle peinent à s'identifier. De même, un gouffre sépare la sobriété volontaire et heureuse, marque de statut chez la classe ambitieuse culturellement privilégiée, de l'incapacité matérielle à payer ses factures ou à remplir son caddie de courses.

Changer le monde… ou changer son propre monde ?

Rencontré au cours de notre enquête, Adrien appartient à l'alter-élite. Il fait la navette entre Paris, où sont concentrées ses activités de consultant en urbanisme, et l'écovillage du sud de la France dans lequel il réside avec la plus petite de ses deux filles. Le lieu se compose de logements individuels et de parties collectives : réfectoire, salle de coworking, bibliothèque… Le fonctionnement quotidien implique beaucoup de réflexion et de gestion de la vie collective : « On remet à plat toutes les questions de vivre-ensemble, d'éducation, de participation », nous explique Adrien. L'école démocratique – « sans cours, sans programme, partant de l'idée que l'enfant est naturellement apprenant et qu'il pioche en fonction de ses besoins » est le point de convergence de tous les résidents de l'écovillage.

Lorsque nous demandons à Adrien, qui se présente comme proche du mouvement des Colibris de Pierre Rabhi, comment il voit son engagement, sa réponse semble synthétiser parfaitement l'état d'esprit de sa génération : « Mon obsession est d'arriver à proposer des modèles alternatifs. Je ne crois pas trop à l'idée de renverser le monde, je ne suis pas dans l'affrontement, je pense qu'on va sans doute plus vite et plus loin dans la coopération. Je suis vraiment sur l'alternative. Mon engagement politique réside plus dans l'ensemble des actions que je mène au quotidien. L'idée n'est pas de faire s'effondrer le modèle existant, c'est sans doute de lui donner une importance moindre en créant d'autres projets, d'autres espaces. »

Olivier, un entrepreneur social rencontré dans le Sud, complète et confirme cette approche. La politique de transformation du monde était abstraite, théorique, globale ? Lui se veut concret, pragmatique, local : « Je me méfie un peu de la politique, du débat pour le débat. Je suis plus pour les actes, je suis plus pour inventer un système B, étape par étape. Mon moteur c'est d'essayer d'inventer le système postcapitaliste. Il faut moins consommer, il faut être plus responsable, j'essaie de faire des boutures, je me sens un peu entrepreneur par rapport à l'engagement. »

Dans ces deux cas – et plusieurs autres que nous avons rencontrés –, ce mode de vie alternatif n'est en rien associé à un projet de prosélytisme, il est un choix pour soi. Et d'ailleurs il est une option dans un système de vie à choix multiples car ces défricheurs souvent, par ailleurs, combinent en plus de leurs expériences originales diverses activités rémunératrices comme consultant, ou animateur de réseaux, loueur d'espaces collectifs ou enseignant, ce qui les tient loin de la frugalité totale et des angoisses de fin de mois. Le haut diplôme permet ceci et cela : mener plusieurs vies, simultanément ou successivement, revenir sur ses choix ou les radicaliser, autrement dit optimiser son espace de liberté.

La frange techno-libérale des 20 % n'a pas renoncé à être représentée dans le pouvoir politique, et éventuellement à l'exercer ; elle imagine même des croisements inédits entre les nouvelles technologies et les manières de gouverner. Face aux difficultés à exporter son message au-delà de ses bases, l'alter-élite s'est quant à elle progressivement détournée de la politique partisane et des campagnes électorales traditionnelles, optant pour un repli local. Selon cette doctrine, les enclaves culturelles utopiques qui émergent en ville, en banlieue ou à la campagne formeraient progressivement un réseau de convaincus capables de provoquer des changements systémiques par effet de masse critique. La tendance à créer « un archipel d'oasis » qui « dessine une France des contre-sociétés » est tout à fait emblématique de l'époque[33]. Elle signale, côté positif, que l'alter-élite se mobilise car elle souhaite obtenir des résultats concrets et changer le monde par l'exemple et l'incarnation territoriale. Elle dénote, côté négatif, une incapacité structurelle à embarquer le plus grand nombre dans ce « plan B », pour reprendre une image souvent employée par nos enquêtés et dans les milieux de l'alternative culturelle. Les oasis et autres communautés intentionnelles prennent alors des airs de bunker culturel. N'y a-t-il pas dans ce regain de l'idéal communautaire et du retour au local une forme de séparatisme doux qui ne dit pas son nom ? L'idéal émergent n'est-il pas celui d'une société – enfin – débarrassée de cette majorité qui n'est pas culturellement prête à transiter vers un mode de vie plus sobre et postmatérialiste ?

Dans un article satirique à propos des *latte towns*, les villes universitaires de gauche qui concentrent les diplômés de l'économie de la connaissance, l'inventeur des bobos David Brooks s'amusait à la fin des années 1990 de ce passage d'une culture politique de l'affrontement, qui visait à prendre le pouvoir pour changer la société, à une culture politique alternative, dans laquelle les militants de gauche actent leur repli stratégique et se concentrent essentiellement sur des changements à l'échelle locale au détriment de la politique nationale[34]. Le but ultime ne serait plus de renverser le modèle dominant, mais de proposer un « archipel de lieux progressistes » aux élites culturelles, une sorte de monde parallèle au sein duquel elles pourraient se retirer et vivre en harmonie avec leurs valeurs, sans être jamais contredites par quiconque. Une démarche souvent décrite (ou critiquée) aux États-Unis comme relevant de la *lifestyle politics*, soit une politisation des modes de vie qui verrait la manière de remplir son réfrigérateur faire office d'engagement politique, et le changement par l'exemple rester… un exemple suivi seulement par ceux qui m'aiment.

Dans son enquête consacrée aux « défricheurs », les Français qui montent des lieux alternatifs écologiques et promeuvent l'alterconsommation, le journaliste et essayiste Éric Dupin identifiait dans le profil des innovateurs sociaux une nouvelle élite culturelle[35]. « Elle ne brille pas par sa supériorité en termes d'argent ou de pouvoir, mais peut se revendiquer d'appartenir au groupe des "meilleurs" du point de vue de l'éthique sociale et écologique. » Nous retrouvons la « classe ambitieuse » tant évoquée dans les pages qui précèdent. Or la « stratégie de l'essaimage » selon laquelle les oasis d'alternative susciteront l'imitation atteint rapidement ses limites. « Tout cela dessine le scénario de deux mondes parallèles qui coexisteraient dans le futur, analyse Éric Dupin dans sa conclusion. Vivant sainement, une minorité très substantielle aurait rompu avec le système productiviste et consumériste. Mais la majorité de la population demeurerait soumise à ses contraintes. » Tacitement, certains de nos interviewés le reconnaissent d'ailleurs : « Avec les études qu'on a faites, on devrait peut-être être plus ambitieux, avoir une portée plus grande, s'engager plus... Quand on regarde bien, ce qu'on entreprend, on le fait entre nous, dans notre quartier, avec nos proches. »

Paradoxalement, notre enquête consacrée à l'influence politique de la classe cultivée ne comprend pas de cas d'engagement partisan, dans la mesure où cette politisation s'exprime aujourd'hui principalement dans le domaine extra-politique : la quête de sens au travail est une manière douce de politiser son rapport au monde. Accepter de gagner moins pour un métier en cohérence avec ses valeurs, se tourner vers le social, l'humanitaire, le sanitaire, l'éducatif font partie des stratégies politiques qu'adopte la minorité agissante et conscientisée des 20 %. Tous ne militent pas dans des enclaves culturelles homogènes socialement et géographiquement délimitées : une partie continue de porter un projet émancipateur en direction du plus grand nombre. C'est le cas des personnels de l'Éducation nationale, des soignants ou des diplômés qui s'engagent dans le tiers-secteur. Ces métiers traditionnels de la sous-élite culturelle, qui ont en commun d'être en interface avec le reste de la population, avaient été mis en sourdine dans les récits de réussite de la nouvelle classe éduquée, plus volontiers portée vers l'innovation, l'entrepreneuriat ou le *freelancing*. La crise déclenchée par la pandémie de coronavirus en France a en quelque sorte signé le retour des professions de l'ancienne classe culturelle au détriment des métiers et des projets pouvant apparaître comme superflus en période de forte tension économique, sanitaire et sociale.

Cette crise inédite jouera peut-être un rôle d'accélérateur de certaines recompositions idéologiques et politiques. Peut-être l'aspiration à relocaliser le cours de sa vie, son travail, sa consommation va-t-elle se renforcer chez l'alter-élite dans les années qui viennent :

cette tendance sera d'autant plus consistante que les espoirs d'un monde radicalement différent nés de la période de confinement seront, au moins partiellement, déçus.

Au moins, ils essaient, pourrait-on nous rétorquer à la lecture de ces lignes finales. Les auteurs de cette enquête, eux-mêmes membres des 20 %, n'ont pas de position de surplomb par rapport à des enquêtés qui, sur bien des aspects, leur ressemblent et font partie de leur monde. Ils s'interrogent, mais sans avoir de solution prête à l'emploi à proposer. La société française ne connaît pas la polarisation extrême qu'on observe dans le monde anglo-saxon, dont les auteurs nous ont souvent servi de référence au fil de ces pages. Une grande partie de la société française adhère à l'idéal d'une société de la connaissance, à condition pour chacun d'y trouver sa place. La conscience verte, la préoccupation liée au réchauffement climatique sont largement répandues comme nous l'avons vu. Si tout le monde est à peu près d'accord pour affirmer qu'il faudrait changer les modes de vie (figure 3), l'exigence d'une répartition juste des efforts entre les catégories d'individus face à cet enjeu apparaît clairement, et les divergences de vues sur les priorités et les sacrifices à faire sont manifestes. Par exemple, on observe la réticence des catégories populaires à l'égard de mesures comme la taxe carbone, ou la taxe sur les véhicules polluants, mesures généralement soutenues par les diplômés. Parallèlement, face à l'emballement des catégories supérieures pour l'augmentation du prix des produits de consommation acheminés de manière polluante, ou pour les menus végétariens à la cantine, les plus modestes opposent leur réserve.

La France ne peut se résumer à l'affrontement entre une minorité éclairée, même élargie à un cinquième de sa population, totalement enfermée dans sa propre version du monde, et la masse de celles et ceux qui sont distanciés par la rapidité des transformations à l'œuvre. Nous ne ressemblons pas au modèle américain. Pas encore, dirons-nous. Mais la menace existe.

L'échappée belle des 20 % sous la bannière de l'écologie

Depuis plusieurs années, l'inquiétude climatique et l'aspiration à la qualité de la vie incitent la jeunesse – et en toute première ligne sa frange éduquée – à agir en faveur de la pensée écologique, ainsi que nous l'avons vu. Les retombées du Covid devraient accentuer ce tropisme. En effet, les jeunes diplômés vont subir pendant quelque temps les conséquences du fort ralentissement de l'économie (à l'heure où nous écrivons ces lignes, il est difficile de prévoir pour quelle durée), même s'ils continuent d'être mieux placés que les autres face au marché de l'emploi. Dans leurs choix budgétaires, les entreprises seront incitées à tailler dans des postes à la rentabilité aléatoire comme la communication, le marketing et surtout le conseil, eldorado des frais émoulus des grandes écoles (30 % pour les ingénieurs et 24 % pour les managers sortis en 2019)[36]. Le marché des diplômés peut aussi devenir moins tiré par l'offre, celle des profils rares que l'on s'arrache, que par les demandes pointues des entreprises, inversant ainsi la tendance des dernières années. Le « vivre autrement » et « travailler différemment » – expérimenter un nouveau métier, changer de vie, changer de décor, pratiquer le *do it yourself*, le *flygskam** et s'emballer pour le bio, se laisser emporter par un défi existentiel –, ces préceptes attachés à la démarche écologique pourraient alors avoir encore plus de succès auprès des 20 % qu'auparavant. Dans un contexte sociohistorique de transformation de paradigme par la production et la consommation, une friche s'offre ainsi aux plus audacieux et plus imaginatifs des hauts diplômés.

D'autre part, c'est du côté de l'invention sociale et technologique que les décideurs se tournent pour « réenchanter le capitalisme » et imaginer des solutions, pour enrayer la marche vers la détérioration climatique, de la *tech for good* à l'innovation tous azimuts.

* Honte de prendre l'avion.

Une multitude de domaines de recherche et d'activités naît pour contenir l'empreinte carbone – recycler les produits et les matières synthétiques, concevoir de l'énergie propre, repenser les modèles de consommation et les techniques de production, transformer les méthodes de l'agriculture –, et les secteurs du droit et de l'organisation connaissent une vitalité prolifique autour de cet enjeu. Tel que nous l'avons vu dans cette enquête, une armée d'ingénieurs, d'informaticiens et de managers du social sont déjà à l'œuvre. Suivent les spécialistes des biotechnologies aujourd'hui mobilisés pour concevoir remèdes, vaccins et thérapies dans la lutte contre la pandémie de covid-19. Enfin, et ceci n'est pas le moindre des bouleversements, les enseignants, les praticiens (en ville et à l'hôpital), les psychologues et d'autres gestionnaires de la vie sociale sont amenés à adapter leur mode d'exercice à cette situation inédite. Or ces champs d'intervention sont largement occupés par de hauts diplômés. On peut aussi parier que les start-upeurs, consultants et technologues, loin de sombrer dans l'obscurité d'un ancien « nouveau monde » qui n'aurait brillé et subjugué la planète que le temps d'une décennie, sauront se tailler un rôle offensif dans ce contexte.

Pris entre l'opportunité de réinventer leur propre trajectoire, par choix ou par contrainte, et celle de s'engager professionnellement et personnellement dans les nouveaux territoires du développement durable et des questions sanitaires, les 20 % sont destinés à donner la boussole de la transition écologique. Restant, une fois encore, les premiers ?

ANNEXE I

L'enquête sur les 20 %

1. Une enquête qualitative auprès de 37 surdiplômés (bac +5 et plus) âgés entre 25 et 39 ans. Les individus travaillant dans le secteur de l'innovation sont surreprésentés.

17 femmes et 20 hommes, travaillant et résidant dans les agglomérations de Paris, de Marseille, de Lille et de Lyon, sélectionnés selon un mode réputationnel (tous les prénoms ont été changés) :

- consultants (en entreprise ou en profession libérale) ; start-upeurs ;
- influenceurs et intermédiaires culturels ;
- entrepreneurs sociaux ;
- cadres d'entreprises, quelques enseignants et hauts cadres administratifs (en contre-point).

Lieux de travail des enquêtés : entreprises ou administrations publiques, incubateurs et espaces de coworking.

Les interviews, tenues en tête à tête et conduites avec une curiosité sociologique, suivent les parcours de vie et portent principalement sur :

– les parcours sociaux, scolaires et professionnels ;
– le contenu du travail, et la satisfaction au travail ;
– l'entreprise dans laquelle travaille l'interviewé(e), ses paramètres économiques et le type de management ;
– les paramètres économiques de chaque interviewé(e) (salaires, capital et notamment capital familial, logement) ;
– les modes de vie (sorties et loisirs, sports, pratiques médiatiques, pratiques alimentaires) ;
– la relation à la politique, la relation à la société (image de soi au sein de la société) et engagements.

2. Une enquête quantitative Ifop

Enquête menée auprès d'un échantillon de 902 personnes, se composant ainsi :

• Un échantillon de 702 représentatif de la population française âgée de 25 à 39 ans. La représentativité de l'échantillon a été assurée par la méthode des quotas (sexe, âge, statut professionnel) après stratification par région.

• Pour obtenir un nombre significatif de diplômés de niveau bac +5 et supérieur, l'enquête a intégré un suréchantillon de 200 Français diplômés de niveau bac +5 ou plus, âgés de 25 à 39 ans, autorisant ainsi des comparaisons entre niveaux de diplôme.

Au total 350 personnes diplômées de niveau bac +5 ou plus âgées de 25-39 ans ont été interrogées dans le cadre de cette enquête par sondage. Cette population a ensuite été remise informatiquement à son poids démographique réel pour le cumul des résultats d'ensemble.

Grâce au nombre significatif de diplômés de niveau bac +5 et supérieur de l'échantillon, il a été possible de subdiviser ce sous-groupe en identifiant des filières d'études (études commerciales et de management, études d'ingénieur et scientifiques, études littéraires, de langues et de sciences humaines et sociales).

Le sous-groupe des surdiplômés interrogés (21 % de l'échantillon) comporte en son sein une fraction importante d'anciens élèves de classes préparatoires (22 % des bac +5 de l'échantillon, soit 5 % de l'échantillon total interrogé) et/ou ayant obtenu un diplôme de grande école dans sa définition la plus large (53 % des bac +5 interrogés, soit 11 % de l'échantillon total).

La question posée pour identifier les diplômés d'une grande école, dans sa définition la plus large possible, était la suivante : « Lors de votre cursus, êtes-vous passé par une école ouverte sur concours ou examen, délivrant un diplôme de niveau bac +5 comme une école d'ingénieur, une école de commerce, une école de management, une école normale supérieure, un IEP ou une école spécialisée dans l'architecture, les beaux-arts, la communication, le numérique, le journalisme, etc. ? »

Les interviews ont été réalisées par l'institut de sondage Ifop, par questionnaire autoadministré en ligne du 21 au 29 octobre 2019.

Listes des questions du sondage

• Questions d'identification sociodémographiques :

Âge, sexe, tranche d'âge, taille de l'unité urbaine de résidence, etc., auxquelles nous avons ajouté des questions plus spécifiques sur le niveau de diplôme et le type d'études suivies (filière d'études, expérience d'une classe préparatoire et/ou d'une « grande école » sélectionnant ses étudiants sur concours ou examen).

• Questions sur les modes de vie :

– le type du logement occupé (appartement, maison individuelle…) ;
– le statut d'habitation (propriétaire, locataire…) ;
– la situation maritale ;
– le type de lieu et de réseau de rencontre du conjoint ;
– le niveau de diplôme du conjoint ;
– l'expérience de séjours à l'étranger dans le cadre professionnel ou universitaire ainsi que le continent du séjour ;

- le recours à différents services du quotidien (femme de ménage, nounou, livraison de repas, etc.) ;
- la lecture ou le visionnage de séries ou de films en anglais ;
- les réseaux sociaux utilisés quotidiennement ;
- la pratique de la détox digitale ;
- la pratique régulière d'un sport (individuel, collectif, en extérieur, en salle, etc.) ;
- les gestes pratiqués en faveur de l'environnement ou associés à la consommation éthique (réduire sa consommation de viande, faire du compost avec ses déchets alimentaires, réduire la fréquence de ses trajets en avion, consommer des fruits et légumes en circuit court, acheter des produits d'une marque éthique, etc.) ;
- le moyen de transport utilisé pour se rendre au travail ;
- la fréquence de voyages éventuels en TGV ;
- le lieu de vie par rapport à celui où l'on a grandi (même commune ou commune située juste à côté, autre commune du même département, autre commune de la même région, commune d'une autre région ou à l'étranger) ;

• Questions d'opinions :

- la proximité politique et partisane (positionnement à partir d'une liste des formations politiques) ;
- l'intérêt et l'implication dans la société française (« Je me préoccupe en priorité de mes proches, de ma famille et de mes amis », « Je m'intéresse beaucoup à la marche du monde grâce à l'information », « Je suis impliqué dans la vie publique, civique, associative ou politique »).

ANNEXE II

Les théoriciens de la *new class*

Nom du groupe social	Auteur	Définition et poids dans la population du pays	Groupes antagonistes
Les *anywhere*	David Goodhart	20 à 25 % constituant les « élites urbaines de gauche et de droite » qui travaillent dans la finance, la gestion, les médias, la santé, la culture et la recherche, fortement concentrés à Londres et dans les villes universitaires. Les *anywhere* « ont une identité "portative", définie par leur réussite universitaire et professionnelle, qui les rend généralement à l'aise et sûrs d'eux face à des lieux et des gens nouveaux ». Les *anywhere* ont voté pour le Remain lors du référendum du Brexit.	Les *somewhere*, c'est-à-dire ceux qui se sentent de quelque part, représentent environ la moitié de la population. Ils sont moins éduqués, moins mobiles et ont une identité plus liée à leur lieu de vie et à leur communauté. Ils ont voté en faveur du Brexit. Les entre-deux correspondent aux 30 % qui oscillent entre les deux pôles.
La *upper middle class*	Richard V. Reeves	20 % des Américains les plus éduqués et les plus aisés, qui confisquent le rêve américain de réussite sociale à leur profit en faisant profiter leurs enfants des meilleurs quartiers, des meilleures universités et de leurs carnets d'adresses.	« La fracture la plus importante est celle qui sépare les classes moyennes supérieures, définies comme le premier cinquième de la société, du reste », et non le 1 % des 99 % restants, une « obsession » qui permet aux classes moyennes supérieures de se ranger du côté des perdants.

Nom du groupe social	Auteur	Définition et poids dans la population du pays	Groupes antagonistes
L'*aspirational class*	Elizabeth Currid-Halkett	Une « classe ambitieuse », nouvelle élite socio-culturelle dont les membres se détournent du matérialisme et trouvent des manières plus subtiles de révéler leur statut, par exemple en choisissant des produits qui ne sont pas plus chers, mais plus vertueux. Leur temps libre est de plus en plus productif et judicieusement employé. Leurs investissements dans l'éducation et la santé leur assurent, ainsi qu'à leurs enfants, de se maintenir au sommet de la hiérarchie sociale.	Les ploutocrates (le 1 %), ainsi que les classes moyennes et populaires américaines, qui ont en commun de valoriser les biens matériels et la consommation ostentatoire, les premiers en achetant des yachts, les autres en consommant les produits low cost de la mondialisation.
L'élite de masse	Emmanuel Todd	20 à 30 % d'éduqués supérieurs dans la société française qui constituent une « élite de masse » et créent une « nouvelle stratification éducative ». « L'avènement d'une classe culturelle éduquée et nombreuse a créé les conditions objectives d'une fragmentation de la société et provoqué la diffusion d'une sensibilité inégalitaire d'un genre nouveau. Pour la première fois, les "éduqués supérieurs" peuvent vivre entre eux, produire et consommer leur propre culture. »	Les classes populaires et moyennes. Le signal de la nouvelle fragmentation est donné dès les années 1990 par l'opposition de ces dernières au référendum sur le traité de Maastricht. Le clivage ouvert/fermé concernant la construction européenne et la mondialisation relègue temporairement l'opposition gauche/droite. Les élites éduquées se rangent du côté de l'ouverture, les catégories moins éduquées du côté du souverainisme.

Nom du groupe social	Auteur	Définition et poids dans la population du pays	Groupes antagonistes
La bourgeoisie urbaine des métropoles	Christophe Guilluy	Une nouvelle bourgeoisie urbaine, formée des catégories supérieures et intellectuelles, regroupée dans les métropoles (grandes villes, leurs banlieues et leurs couronnes) et intégrée à la mondialisation. Au-delà des riches et du 1 %, c'est cette catégorie qui selon l'auteur bénéficie du modèle économique et capte les opportunités. La France des métropoles représente 40 % de la population dont une majorité de ces profils aisés et éduqués.	La France périphérique : petites et moyennes villes et leurs couronnes périurbaines et rurales, rassemblant 60 % de la population dont une majorité de classes populaires, éloignées des métropoles devenues des « citadelles » inaccessibles, bien que leurs habitants y prônent un discours d'ouverture.
La classe créative	Richard Florida	30 % des actifs américains qui occupent des emplois qualifiés de l'économie de la connaissance (cadres d'entreprise, consultants, enseignants), dont un « super noyau créatif » plus réduit de 12 % composé de chercheurs, ingénieurs, artistes et designers qui inventent les nouveaux produits et services et produisent les biens culturels contemporains.	La *working class* (classe ouvrière, un quart de la population active), en déclin, et la *service class* (tertiaire peu qualifié), qui représente plus de 40 % de la population active.
Les bobos	David Brooks	La nouvelle élite socioculturelle diplômée de l'éducation supérieure, qui travaille dans l'économie de l'information en plein boom à la fin des années 1990. Le grand exploit de ces nouvelles élites « fut de créer un mode de vie qui vous permettait de réussir financièrement tout en restant un rebelle à l'esprit libre ».	L'ancienne élite WASP conservatrice, riche et inculte (incarnée, déjà, par Donald Trump dans l'essai de Brooks paru en 2000).

Nom du groupe social	Auteur	Définition et poids dans la population du pays	Groupes antagonistes
Les analystes symboliques	Robert Reich	Les analystes symboliques manipulent l'information et les symboles pour vivre. Ils comprennent les ingénieurs, scientifiques, spécialistes de la communication, des relations publiques et du marketing, experts de la finance et banquiers d'investissement, consultants, professionnels de la culture, des symboles et du sens.	Les ouvriers, qui exercent un travail peu qualifié de routine dans la production et sont menacés par la concurrence internationale. Les gens qui exercent un travail peu qualifié de routine dans les services à la personne (serveur, coiffeur, femme de ménage), et sont donc épargnés par la délocalisation et l'automatisation des tâches.
La *new class*	Alvin Gouldner	En plus des capitalistes qui possèdent les moyens de production et des travailleurs du prolétariat, Gouldner identifie en 1979 une nouvelle classe en expansion, celle des « intellectuels » ou *new class* (« nouvelle classe »), qui se distingue par son capital culturel et se scinde en deux branches : l'une orientée vers la technique (donc plutôt du côté des dominants), l'autre vers le discours culturel critique (donc plutôt émancipatrice).	En fonction des situations, les intellectuels peuvent appuyer la bourgeoisie capitaliste ou le prolétariat, mais ils défendent avant tout leurs intérêts propres.

Notes bibliographiques

INTRODUCTION

Des 1 % (les superriches) aux 20 % (les superdiplômés)

1. Daniel Bell, « On equality : I. Meritocraty and equality », *Public Interest*, 1972, 29 (3).
2. Zygmunt Bauman, *Vies perdues. La modernité et ses exclus*, Payot, 2006.
3. Moins de 10 % des candidatures sont acceptés dans les *colleges* des universités Ivy League aux États-Unis, les équivalents de nos grandes écoles. Statistiques 2019 du Pew Research Center : https://www.pewresearch.org/fact-tank/2019/04/09/a-majority-colleges-admit-most-students-who-apply. Dans son livre *The Meritocracy Trap*, Penguin Press, 2019, Daniel Markovits indique que, dans les universités d'élite américaines, il y a trente ans, 30 % des candidatures étaient acceptées, contre moins de 10 % aujourd'hui (par exemple à l'Université de Chicago, 6 %). La sélection n'a cessé de se renforcer.
4. Mark Bovens et Anchrit Wille, *Diploma Democracy. The Rise of Political Meritocraty*, Oxford University Press, 2017.
5. Daniel Bell, *Les Contradictions culturelles du capitalisme*, PUF, 1979.
6. Alvin Gouldner, *The Future of the Intellectuals and the Rise of the New Class*, Seabury Press, 1979.
7. Christopher Lasch, *The Culture of Narcissism*, W. W. Norton & Company, 1979, tr. fr. *La Culture du narcissisme*, Flammarion, 2008.
8. Paul H. Ray et Sherry R. Anderson, *The Cultural Creatives : How 50 Million People are Changing the World*, Abebooks, 2000.
9. Richard Florida, *The Rise of the Creative Class and How It's Transforming Work, Leisure, Community and Everyday Life*, Basic Books, 2002 ; nouvelle édition augmentée, 2014.
10. David Brooks, *Bobos in Paradise*, S & S International, 2001.
11. Elizabeth Currid-Halkett, *The Sum of Small Things : A Theory of the Aspirational Class*, Princeton University Press, 2017.
12. Tyler Cowen, *The Complacent Class*, St Martin's Press, 2017.
13. Richard Reeves, *Dream Hoarders : How the American Upper Middle Class Is Leaving Everyone Else in the Dust, Why That Is a Problem, and What to Do About It*, Brookings Institution, 2017.

14. David Goodhart, *Les Deux Clans. La nouvelle fracture mondiale*, Les Arènes, 2019.
15. David Vann, « Le cauchemar américain », *America : American Dream*, 2019, 10/16.
16. Alvin Gouldner, *The Future of Intellectuals and the Rise of the New Class*, *op. cit.*
17. Lionel Trilling, *Liberal Imagination : Essays on Literature and Society*, Oxford University Press, 1981 – le texte a été publié en 1951.
18. Vincenzo Cieccelli, *L'Esprit cosmopolite. Voyages de formation juvéniles et cultures européennes*, Presses de Sciences Po, 2012.
19. Cécile Van de Velde, *Devenir adulte*, PUF, 2008. Voir aussi Pierre Cahuc, Stéphane Carcillo, Olivier Galland et André Zylberberg, *La Machine à trier. Comment la France divise sa jeunesse*, Eyrolles, 2011.
20. Chiffres de l'Éducation nationale pour les effectifs de 2019-2020 : https://cache.media.enseignementsup-recherche.gouv.fr/file/2020/17/9/NF_2020-02_cpge_1241179.pdf.
21. Emmanuel Todd, *Après la démocratie*, Gallimard, 2008.
22. Le chiffre cité par Emmanuel Todd est de 30 % à l'appui de sa démonstration dans plusieurs de ses écrits. En réalité 45-46 % des nouvelles générations en 2017 obtiennent un diplôme d'études supérieures. De cette masse des diplômés du supérieur, nous retenons, à l'appui de notre thèse, ceux qui ont accompli un cursus long : donc 20-23 %.
23. Jérôme Fourquet, *L'Archipel français. Naissance d'une nation multiple et divisée*, Seuil, 2019.
24. Jean-Laurent Cassely et Jérôme Fourquet, « L'exode sanitaire : nouvelle manifestation de la sécession des catégories supérieures », *Fondation Jean Jaurès*, 27 mars 2020 (note disponible en ligne).
25. Thomas Frank, « Occupy Wall Steet, un mouvement tombé amoureux de lui-même », *Le Monde diplomatique*, janvier 2013, consultable en ligne.
26. Monique Dagnaud, « Les indignés d'Amérique », *Telos*, 4 novembre 2011.
27. Elizabeth Currid-Halkett, *The Sum of Small Things*, *op. cit.*
28. Richard V. Reeves, *Dream Hoarders, op. cit.*
29. Ces chiffres sont tirés de Thomas Piketty, *Le Capital au XXIe siècle*, Seuil, 2013.
30. Marie-Cécile Cazenave-Lacrouts, David Guillas, Guillaume Lebrault et Bénédicte Mordier, « 10 % des ménages détiennent près de la moitié du patrimoine total », *Insee Focus*, 19 décembre 2019, n° 176.

PARTIE 1

Un jour, tu seras un « talent »

1. Chantal Jaquet et Gérard Bras, *La Fabrique des transclasses*, PUF, 2018.
2. Les analyses de Michael Young, *The Rise of Meritocraty*, Thames and Hudson, 1958, sont à la base de beaucoup de réflexions critiques ultérieures sur la méritocratie, dont *Diploma Democraty* et/ou le livre de David Guibaud, *L'Illusion démocratique*, Odile Jacob, 2018.
3. Débat entre Phillip Brown et Marie Duru-Bellat, animé par Agnès Van Zanten, « La méritocratie scolaire. Un modèle de justice à l'épreuve du marché », *Sociologie*, 2010, 1 (1).

4. Melvin J. Lerner, *The Belief in a Just World : A Fundamental Delusion*, Kluwer Acad. Publishers Group, 1980.
5. David Kirkpatrick, *The Facebook Effect*, Virgin Books, 2010. Julien Le Bot, *Dans la tête de Mark Zuckerberg*, Actes Sud, 2019.
6. Phillip Brown, Andy Green et Hugh Lauder, *High Skills, Globalization : Competitiveness, and Skill Formation*, Oxford University Press, 2001.
7. Robert Reich, *The Work of Nations*, Vintage Books, 1992.
8. Richard Florida, *The Rise of the Creative Class and How It's Transforming Work*, *op. cit.*
9. Richard Florida, « The role of the university : Leveraging talent, not technology », *Science and Technology*, 1999, 15 (4), p. 67-73.
10. Pierre-Michel Menger, *La Différence, la Concurrence et la Disproportion. Sociologie du travail créateur*, Fayard, « Leçons inaugurales du Collège de France », 2016.
11. Pierre Veltz, *La Société hyper-industrielle. Le nouveau capitalisme productif*, Seuil, 2017.
12. Monique Dagnaud, *Le Modèle californien. Comment l'esprit collaboratif change le monde*, Odile Jacob, 2016.
13. Damien Richet, Nicolas Bignon et Henri Mariotte, « Les créateurs d'entreprises : la frontière entre salariat et entrepreneuriat s'atténue », *Insee Première*, juin 2018, n° 1701.
14. *Silicon Valley Index*, 2019.
15. Richard Barbrook et Andy Cameron, « The Californian ideology », *Science and Culture*, 1996, 6 (1), p. 44-72, texte publié en ligne : https://www.researchgate.net/publication/249004663_The_Californian_Ideology.
16. Pierre-Antoine Marti, « Des "gogos" au "réseau". Persistances et évolutions des représentations de l'entreprise dans la science-fiction », *Entreprises et histoire*, 3/2019, 96, p. 106-118.
17. Pierre Mirallès, « La gestion des talents, émergence d'un nouveau modèle de management ? », *Management & Avenir*, 2007/1, 11, p. 29-42.
18. André Zylberberg, Olivier Galland et Stéphane Carcillo, *La Machine à trier, ou comment la France divise sa jeunesse*, Eyrolles, 2017.
19. David Guilbaud, *L'Illusion méritocratique*, Odile Jacob, 2018.
20. Sébastien Stenger, *Au cœur des cabinets d'audit et de conseil*, PUF, 2018. Sur une promotion d'auditeurs entrants, seulement 20 % en moyenne sont encore présents cinq ans plus tard au grade de manager.
21. Enquête effectuée auprès de 129 *founders* de la Silicon Valley par le journaliste technologue Gregory Ferenstein, « The politics of Silicon Valley », octobre 2015. Cité *in* Monique Dagnaud, *Le Modèle californien*, *op. cit.*
22. Jean-Laurent Cassely, *La Révolte des premiers de la classe*, Arkhê, 2017.
23. Phillip Brown, « The "Third Wave" : Education and the ideology of parentocracy », *British Journal of Sociology of Education*, 1990, 11 (1), p. 66-85.
24. Bernard Lahire (dir.), *Enfances de classes*, Seuil, 2019.
25. Chantal Jaquet et Gérard Bras, *La Fabrique des transclasses*, *op. cit.*
26. Guillemette Faure et Louise Tourret, *Pourquoi les enfants de profs réussissent mieux*, Les Arènes, 2019.
27. Richard V. Reeves, *Dream Hoarders*, *op. cit.*
28. Elizabeth Currid-Halkett, *The Sum of Small Things*, *op. cit.*
29. Richard V. Reeves, *Dream Hoarders*, *op. cit.*

30. L'indicateur retenu est le nombre d'années de scolarisation. Les études de mobilité sociale et éducative sur plusieurs générations sont particulièrement complexes donc nous renvoyons à la note méthodologique fournie par l'auteur : https ://www.brookings.edu/blog/social-mobility-memos/2014/10/27/the-inheritance-of-education.
31. Raj Chetty, John N. Friedman, Emmanuel Saez, Nicholas Turner et Danny Yagan, « Mobility report cards : The role of colleges in intergenerational mobility », http://www.equality-of-opportunity.org/papers/coll_mrc_paper.pdf, juillet 2017. Voir en particulier la figure 5-1 du livre de Richard V. Reeves (*Dream Hoarders, op. cit.*) construite à partir de cette étude « Percent of students by income background ».
32. Evgenia Peretz, « To cheat and lie in L.A. : How the college-admissions scandal ensnared the richest families in Southern California », *Vanity Fair*, septembre 2019.
33. J. D. Vance, *Hillbilly Elegy : A Memoir of a Family and Culture in Crisis*, Harper 2016, tr. fr. *Hillbilly Élégie*, Globe, 2017.
34. David Vann, « Le cauchemar américain », art. cit.
35. « Il y a, dans le paysage de l'hypermodernité, au moins deux profils d'individus : ceux qui sont les plus visibles parce qu'ils se déploient sur l'avant-scène de la modernité. Ce sont le présentateur de la télévision, le chef d'entreprise innovante, le jeune cadre dynamique, le créateur de start-up : tous ces individus actifs, mobiles, débordants de subjectivité et animés par un grand souci d'eux-mêmes. Mais il y a aussi des individus plus effacés, que je propose d'appeler "individus par défaut", parce qu'ils manquent de ressources pour occuper cette surface : le chômeur de longue durée ou le jeune en quête d'un emploi aléatoire. » Robert Castel, « La face caché de l'individu hypermoderne : l'individu par défaut », *in* Nicole Aubert, *L'Individu hypermoderne*, Érès, 2006.
36. Vincent de Gaulejac, *La Lutte des places*, Desclée de Brouwer, 2014.

PARTIE 2

Les surdiplômés au travail, entre innovation et impact social

1. Marie-Cécile Cazenave-Lacrouts, « Les très hauts revenus en 2015 », *Les Revenus et le patrimoine des ménages*, rapport Insee 2018 (p. 47-63). Pour rejoindre ce club très fermé des « 1 % » en France, une personne devait percevoir en 2015 annuellement au moins 106 210 euros par unité de consommation, 8 850 euros bruts par mois pour une personne seule ou 18 590 pour un couple avec deux enfants. Nous ne connaissons pas les revenus du ménage qu'il forme avec sa femme qui travaille chez Google, mais entre leurs deux salaires, il y a toutes les probabilités qu'il dépasse les 18 590 euros.
2. *Stack Overflow Survey*, 2019.
3. Antoine Crochet-Damais, « Les géants de la tech US font exploser les salaires des dev à Paris », *Le Journal du Net*, 27 septembre 2017. Là où le salaire annuel brut d'un développeur jeune diplômé peut atteindre facilement 120 000 dollars dans la Silicon Valley, il n'excède pas (ou rarement) 40 000 dollars en France. Compte tenu de ce différentiel, les R&D américaines présentes en France peuvent se permettre de proposer des rémunérations sensiblement plus élevées que celles historiquement

proposées sur le marché français en vue d'attirer les meilleurs talents chez elles… Du même coup, elles contribuent à créer une bulle des salaires.

4. Apec, *Mutations du marché de l'emploi cadre, perspectives 2019.*
5. Monique Dagnaud et Dominique Mehl, « Elite, sub-elite and counter elite », *Social Science Information*, 1983, (22) 6, p. 817-865.
6. Axelle Brodiez-Dolino, *Qu'est-ce que la « décence » ? Les malentendus d'une notion transnationale*, La Vie des Idées, 10 décembre 2019. Texte sur les politiques de revenus.
7. Elizabeth Currid-Halkett, *The Sum of Small Things*, *op. cit.*
8. Jean-Laurent Cassely, « Star-up : comment la bourgeoisie française a rattrapé la transition numérique », *Slate*, 19 avril 2016.
9. Arthur De Grave, « L'entrepreneur, superhéros de notre temps », *Socialter*, février-mars 2016, 15.
10. « *Today's ideal social form is not the commune or the movement or even the individual creator as such ; it's the small business. Every artistic or moral aspiration – music, food, good works, what have you – is expressed in those terms* », William Deresiewicz, « Generation sell », *The New York Times*, 12 novembre 2011.
11. James Manyika, Susan Lund, Jacques Bughin, Kelsey Robinson, Jan Mischke et Deepa Mahajan, « Independent work : Choice, necessity, and the gig economy », *McKinsey & Company*, McKinsey Global Institute, octobre 2016. En ligne sur le site de McKinsey Global Institute.
12. En France en 2016, un quart des non-salariés ont aussi occupé un emploi salarié dans l'année. Cette pluriactivité peut prendre différentes formes. Elle concerne 42 % des microentrepreneurs et 15 % des non-salariés classiques. Guilhem Théron, « Un non-salarié sur quatre travaille aussi en tant que salarié », *Insee Première*, 4 décembre 2019, 1785.
13. *Freelances et fiers de l'être*, étude Hopwork et Ouishare, 2017.
14. Michel Grossetti, Jean-François Bart et Nathalie Chauvac, *Les Start-up, des entreprises comme les autres ? Une enquête sociologique en France*, PUF-Paris Sorbonne, 2018.
15. Les politiques favorisant l'esprit et les initiatives de l'entrepreneuriat auprès des jeunes sont finement analysées dans la thèse d'Olivia Chambard, *La Fabrique de l'*Homo entreprenans. *Sociologie d'une politique éducative aux frontières du monde académique et du monde économique*, 2017. Voir le livre extrait de cette thèse : *Business Model. L'université, nouveau laboratoire de l'idéologie entrepreneuriale*, La Découverte, 2020.
16. Voir sur ce point l'idéologie des démos publiques, présentation d'objets technologiques, dans la Silicon Valley, *in* Claude Rosental, *La Société de démonstration*, Éditions du Croquant, 2019.
17. Bruno Martinaud, *Start-up. Anti-bible à l'usage des fous et futurs entrepreneurs*, Pearson, 2013.
18. *Paris-Saclay Le Média*, entretien par Sylvain Allemand, le 14 mai 2013.
19. Evgeny Morozov, *Pour tout résoudre cliquez ici*, FYP éditions, 2014.
20. « Les créateurs d'entreprises : la frontière entre salariat et entrepreneuriat s'atténue », *op. cit.*
21. Incubateur HEC, HEC Challenge, HEC-42 Startup Launchpad, programmes d'HEC Executive Education.

22. « Stanislas de Bentzmann (Devoteam), portrait d'un entrepreneur libéral », *Entreprendre*, 11 avril 2017.
23. Inès Gabarret et Benjamin Vedel, « Pour une nouvelle approche de la motivation entrepreneuriale », *Revue des sciences de gestion*, 2015/1, 271, p. 13-20. Voir aussi l'étude sur des étudiants-entrepreneurs d'une grande école de commerce : Inès Gabarret, Benjamin Vedel et Pascal Etzo, « Quelles valeurs se cachent derrière la motivation des jeunes étudiants-entrepreneurs ? », *Gestion 2000*, 2016/2-3, 33, p. 233-253.
24. Olivier Ezratty, *Le Guide des start-up 2019*. Le schéma publié dans un premier temps dans ce document a été sensiblement renforcé par l'auteur, à la suite d'un échange avec nous : nous mettons donc la version 2.
25. https://www.linkedin.com/pulse/les-chiffres-sur-la-survie-des-start-up-erik-vanrompay.
26. Denis Lacorne, *Tous milliardaires. Le rêve français de la Silicon Valley*, Fayard, 2019.
27. Interview de Maryvonne Hiance, la présidente de France Biotech, *L'Usine nouvelle*, 23 août 2019.
28. « "On ne naît pas différent, on le devient", je déforme légèrement la célèbre citation de Simone de Beauvoir ("On ne naît pas femme, on le devient"), mais j'ai trouvé intéressant de changer le sens de ce que l'on considère comme différent. Être différent ne devrait pas signifier être mis à l'écart, mais plutôt être partie prenante de quelque chose. Ce devrait être quelque chose que l'on poursuit, que l'on cultive, que l'on construit tout au long de sa vie. Dans un monde d'uniformisation, je crois que c'est devenu important. Et si être différent devenait la norme ? »
29. Dans notre enquête Ifop, le yoga (ou autre activité physique d'inspiration asiatique) est pratiqué par 8 % des 25-39 ans, cette pratique augmente avec le niveau de diplôme et atteint un sommet (16 %) pour les personnes passées par une classe préparatoire.
30. https://www.idole.net/Web-marketing-2/blogueuse-mode-influentes.html ou pour le yoga https://www.vogue.fr/beaute/en-vue/diaporama/les-10-comptes-instagram-de-yoga-les-plus-inspirants/21745.
31. Monique Dagnaud, « Comment le DIY s'est imposé comme un signe de distinction sociale », *Slate*, 7 juin 2018.
32. Daniela Amine Hinerasky, « Je porte, je photographie, je gagne : l'âge d'or des blogueurs de mode », *Sociétés*, 2017/3, 137, p. 49-58.
33. Brooke Erin Duffy et Emily Hund, « "Having it all" on social media : Entrepreneurial femininity and self-branding among fashion bloggers », *Social Media + Society*, septembre 2015, 1 (2).
34. Alice E. Marwick, « "They're really profound women, they're entrepreneurs" : Conceptions of authenticity in fashion blogging », 7e International Conference on Weblogs and Social Media (ICWSM), juillet 2013.
35. Monique Dagnaud, Norman, Cyprien, Hugo, Jérôme et les Youtubers, « L'humour avec un grand Y », *Slate*, 4 septembre 2012.
36. En France, le nombre d'immatriculations des vans et fourgons aménagés a ainsi enregistré une croissance de 15 % entre 2018 et 2019, soit 9 500 unités. http://www.autonews.fr/camping-car/actualite/van-life-la-fievre-instagram-87663.

37. V. K. et C. P., « Prix de l'entrepreneur social : "On réconcilie profit avec responsabilité environnementale" », *Le Parisien*, 20 janvier 2020.
38. Adeline Daboval et Victor Tassel, « Entrepreneurs sociaux, solidaires et… heureux ! », *Le Parisien*, 21 janvier 2019.
39. « Share Connection, 10 ans d'économie collaborative », KissKissBankBank.
40. Isabelle Berrebi-Hoffmann, Marie-Christine Bureau et Michel Lallement, *Makers. Enquête sur les laboratoires du changement social*, Seuil, 2018.

PARTIE 3

Lieux, modes et styles de vie : les choix des 20 %

1. *Observatoire des ingénieurs*, enquête annuelle de la Société des ingénieurs et scientifiques de France (IESF) menée auprès de 50 000 anciens élèves, édition 2019. Synthèse librement téléchargeable sur le site de l'IESF.
2. « Les Français à l'étranger. L'expatriation des Français, quelle réalité ? », CCI Paris Île-de-France, mars 2014. Consultable sur le site Cci-Paris-Idf.fr.
3. Benoît Coquard, *Ceux qui restent. Faire sa vie dans les campagnes en déclin*, La Découverte, 2019.
4. Nicolas Mathieu, *Leurs enfants après eux*, Actes Sud, 2018.
5. Ingrid Levavasseur en coll. avec Emmanuelle Anizon, *Rester digne*, Flammarion, 2019.
6. Richard Florida, *The New Urban Crisis. How Our Cities Are Increasing Inequality, Deepening Segregation, and Failing the Middle Class – and What We Can Do about It*, Basic Books, 2017.
7. Pierre Veltz, *La France des territoires, défis et promesses*, L'Aube, 2019.
8. Mathieu Garnier, « Gentrification résidentielle », *Mtmx.github.io*, 25 juin 2017 (https://mtmx.github.io/tags/gentrification/).
9. Éric Maurin, *Le Ghetto français. Enquête sur le séparatisme social*, Seuil, « La République des idées », 2004.
10. Catherine Rollot, « Le 16e arrondissement de Paris sort du ghetto », *Le Monde*, 9 septembre 2018.
11. « Néo-Rennais. La vie rêvée d'Antoine et Clarisse », *Le Télégramme*, 26 mars 2018.
12. Ces cartes réalisées par l'Observatoire des territoires peuvent être consultées en ligne : « Les mobilités résidentielles en France – tendances et impacts territoriaux », rapport 2018.
13. Armelle Bolusset et Christophe Rafraf, « Sept salariés sur dix vont travailler en voiture », *Insee Focus*, 13 février 2019, 143.
14. Éric Le Breton, *Mobilité. La fin du rêve ?*, Éditions Apogée, 2019.
15. Mickaël Faujour, « Marina Rollman, étoile montante de l'humour », *Les Échos Start*, 10 janvier 2018.
16. Quentin Périnel, « Chris Esquerre, polytechnicien de l'humour », *Le Figaro*, 7 avril 2019.
17. Emmanuel Todd, *Après la démocratie*, *op. cit.*
18. Pierre Bourdieu, *La Distinction*, Éditions de Minuit, 1979.

19. Michael Scott, « "Hipster capitalism" in the age of austerity ? Polanyi meets Bourdieu's new Petite Bourgeoisie », *Cultural Sociology*, mars 2017, 11 (1), p. 60-76.
20. Richard Florida, *The Rise of the Creative Class and How It's Transforming Work, op. cit.*
21. Étude réalisée par Jean-Laurent Cassely, « Les jeunes urbains créatifs, nouvelle figure de l'hyperconsommateur », *l'ObSoCo*, décembre 2018. L'enquête quantitative s'appuyait sur un large échantillon de 4 000 Français, parmi lesquels était isolée une population de « jeunes urbains créatifs » définis comme des individus âgés de moins de 35 ans, titulaires d'un diplôme de niveau bac +3 ou plus, résidant dans une agglomération de plus de 100 000 habitants et actifs dans les secteurs professionnels correspondant aux « classes créatives », soit : *média, art et culture, communication et publicité, enseignement et recherche, informatique et Web, études et conseil.* Les développements autour des nouveaux yuppies sont en partie issus de cette étude multiclients réalisée pour *L'ObSoCo*, que nous remercions de nous avoir autorisés à publier certains résultats dans ce livre.
22. Pascale Hébel, *La Révolte des moutons. Les consommateurs au pouvoir*, Autrement, 2013.
23. Sophie Dubuisson-Quellier, *La Consommation engagée*, Presses de Sciences Po, 2018.
24. Elizabeth Currid-Halkett, *The Sum of Small Things, op. cit.*

PARTIE 4

Les 20 % et la politique : le changement sans le peuple ?

1. Daniel Gaxie, *Le Sens caché*, Seuil, 1998.
2. Mark Bovens et Anchrit Wille, *Diploma Democracy, op. cit.*, p. 157.
3. *Idib.*
4. *Idib.*, p. 144.
5. *Ibid.*, « *Education system primarily serves to legitimate the unequal allocation of credentials, jobs, and rewards.* »
6. « L'individu contemporain aurait en propre d'être le premier individu à vivre en ignorant qu'il vit en société. Il l'ignore en ceci qu'il n'est pas organisé au plus profond de son être par la préséance du social et par l'englobement au sein d'une collectivité », Marcel Gauchet, « Essai de psychologie contemporaine. Un nouvel âge de la personnalité », *Le Débat*, 1998/2, 99.
7. Gilles Vervisch, *Peut-on réussir sans effort ni aucun talent ? Les mirages du mérite*, Le Passeur, 2020.
8. Nelly Didelot, « Le mouvement pour le climat est moins générationnel que social », *Libération*, 12 mars 2020.
9. Pascal Perrineau (dir.), *Le Vote disruptif*, Presses de Sciences Po, 2017.
10. Luc Rouban, « L'assemblée élue en 2017 : une aggravation de la crise de la représentation », *La Note de l'enquête électorale française*, 43, vague 16 Cevipof, 12 juillet 2017.
11. Luc Rouban, « De la présidentielle aux législatives, les mirages du renouvellement », *in* Pascal Perrineau (dir.), *Le Vote disruptif, op. cit.*, p. 295.

12. Sondage effectué chaque année depuis 2011 par l'Ademe (Agence de l'environnement et de la maîtrise de l'énergie). Étude dirigée par Daniel Boy, octobre 2019.
13. Anne Muxel, « Retour sur les municipales, les jeunes à la pointe du vote vert », *The Conversation*, 8 juillet 2020. Ce scrutin a toutefois été marqué par un taux exceptionnel d'abstention.
14. Jean-Laurent Cassely et Sylvain Manternach, « Comment la gauche néo-marseillaise a éjecté la bourgeoisie locale », note de la Fondation Jean-Jaurès, 1er août 2020.
15. Thomas Piketty, *Brahmin Left vs Merchant Right : Rising Inequality & the Changing Structure of Political Conflict (Evidence from France, Britain and the US, 1948-2017)*, working paper pour la World Inequality Database, mars 2018.
16. Dick Houtman et Peter Achterberg, « Deux gauches, deux droites. Vote de classe et vote culturel aux Pays-Bas, 2002 », *Sociologie*, 2010, 1 (1) (consultable en ligne).
17. Thomas Frank, *Pourquoi les riches votent à gauche*, Agone, 2018. Plutôt que les riches, la véritable thèse de l'auteur est que ce sont désormais les diplômés qui votent à gauche. Les « riches » qui tirent leurs revenus de la rente restant plutôt à droite, y compris dans le cas du vote Trump.
18. « Le vote des enseignants à l'élection présidentielle de 2017 », Ifop pour SOS Éducation, avril 2017.
19. Christophe Guilluy, *La France périphérique. Comment on a sacrifié les classes populaires*, Flammarion, 2015 et *Le Crépuscule de la France d'en haut*, Flammarion, 2017.
20. Jérôme Fourquet, *L'Archipel français*, *op. cit.*
21. Bruno Amable et Stefano Palombarini, *L'Illusion du bloc bourgeois*, Raisons d'Agir, 2017.
22. Jérôme Sainte-Marie, *Bloc contre bloc. La dynamique du macronisme*, Les éditions du Cerf, 2019.
23. Thomas Porcher, *Les Délaissés. Comment transformer un bloc divisé en force majoritaire*, Fayard, 2020.
24. Emmanuel Todd, *Les Luttes de classes en France au XXIe siècle*, Seuil, 2020.
25. Luc Rouban, *Le Paradoxe du macronisme*, Les Presses de Sciences Po, 2018.
26. Voir à ce sujet : Gaël Brustier, « Benoît Hamon ou la révolte des diplômés », *Slate*, 27 janvier 2017 et Anton Jäger, « We bet the house on left populism – and lost », *Jacobin*, 25 novembre 2019.
27. Richard Barbrook et Andy Cameron, « L'idéologie californienne », art. cit.
28. Monique Dagnaud, « Digital detox : le mantra de la classe culturelle », *Telos*, 26 septembre 2019.
29. Le rapport aux nouveaux outils d'information et de communication est plus ambigu chez les couches populaires, où prime à leur égard une appréciation positive, car ils sont conçus comme un moyen pour acquérir ou élargir des connaissances. Chez les familles modestes, Internet fonctionne d'abord comme une ressource, en particulier pour l'univers du travail : améliorer ses savoir-faire ou même acquérir de nouvelles qualifications professionnelles ou personnelles, résoudre des questions liées aux devoirs scolaires des enfants, et, plus largement, pour apprendre à apprendre. Parallèlement, Facebook se pose chez elles comme un vecteur d'échanges conversationnels au sein des groupes familiaux et/ou amicaux. Voir : Dominique Pasquier, *L'Internet des familles modestes*, Presses des Mines, 2018.

30. François Ruffin, *Il est où, le bonheur*, Les Liens qui libèrent, 2019. L'auteur ajoute : « L'écologie réclame, avant tout, une révolution de l'imaginaire, de l'imaginaire politique, de l'imaginaire social, mais aussi de l'imaginaire personnel, intime, j'ajouterai presque : un bouleversement spirituel. Qu'est-ce que le bonheur ? Et la réussite ? Et vivre ensemble ? C'est un changement de cap qui est réclamé, et d'abord dans nos têtes : "ralentir plutôt qu'accélérer", "les liens plutôt que les biens", "la décence commune" plutôt que des rêves de millionnaires. »
31. Vincent Lucchese, « Avec l'effondrement, une guerre des récits a commencé », *Usbek et Rica*, 10 septembre 2019.
32. Joan C. Williams, « What so many people don't get about the U.S. Working Class », *Harvard Business Review*, 10 novembre 2016.
33. Nicolas Truong, « La France des "îlots" de résistance intellectuelle, politique et spirituelle », *Le Monde*, 13 décembre 2019.
34. David Brooks, « The rise of the latte town », *Washington Examiner*, 15 septembre 1997.
35. Éric Dupin, *Les Défricheurs. Voyage dans la France qui innove vraiment*, La Découverte, 2014.
36. Enquête 2020 de la Conférence des grandes écoles (elle porte sur les promotions sorties en 2019).

Remerciements

Ce livre n'existerait pas sans l'aimable concours des jeunes adultes que nous avons interviewés et qui ont passé du temps à « se raconter » et à décrire finement leurs activités, leurs données économiques et leur mode de vie. Nous avons choisi de changer leurs prénoms, mais certains se reconnaîtront au fil du texte. Nous leur sommes sincèrement reconnaissants de s'être livrés à cet exercice délicat.

Une partie de l'enquête s'est déroulée dans plusieurs espaces de coworking, notamment Volumes dans le nord-est de Paris et le Café l'Écomotive à Marseille ; nous remercions leurs responsables de nous avoir ouvert leurs portes.

Le livre, alors en cours de rédaction, a été présenté à l'EHESS dans le cadre du séminaire «Le modèle californien» le 21 janvier 2020. Les chercheurs et les étudiants alors présents en ont vivement discuté les hypothèses et les arguments, ce qui nous a incités à approfondir le projet sous plusieurs aspects. Nous les remercions pour cette participation particulièrement stimulante. De même, de nombreux échanges plus informels avec des chercheurs, journalistes, consultants ou simples « enquêtés », souvent dotés d'une importante capacité d'autoanalyse, ont contribué à affiner le manuscrit définitif.

Nous nous sommes rencontrés aux conférences de rédaction de Slate – site d'information générale créé en 2009. Pendant de longues années nous avons participé à des débats incisifs et très intergénérationnels autour des enjeux politiques et culturels de l'époque. De cette expérience a mûri l'idée de ce livre. L'équipe de Slate et ses nombreux contributeurs méritent ainsi toute notre amicale gratitude.

Table

DE MONIQUE DAGNAUD
CHEZ ODILE JACOB

Le Modèle californien. Comment l'esprit collaboratif change le monde, 2016.
L'État et les Médias. Fin de partie, 2000.

Cet ouvrage a été composé
en Adobe Garamond Pro
par Nord Compo
à Villeneuve-d'Ascq (Nord).

JOUVE-PRINT, 733, rue Saint-Léonard, 53100 MAYENNE
N° d'édition : 7381-5402-X – N° d'impression : 2960304J
Dépôt légal : janvier 2021

Imprimé en France